中华优秀传统文化是炎黄子孙共同的精神家园

图书在版编目（CIP）数据

后汉书选译 / 李国祥，杨昶，彭益林译注. -- 南京：凤凰出版社，2017.1
（古代文史名著选译丛书 ： 珍藏版 / 章培恒，安平秋，马樟根主编）
ISBN 978-7-5506-2484-9

Ⅰ. ①后… Ⅱ. ①李… ②杨… ③彭… Ⅲ. ①中国历史－东汉时代－纪传体②《后汉书》－译文③《后汉书》－注释 Ⅳ. ①K234.204.2

中国版本图书馆CIP数据核字(2016)第257422号

书　　名	后汉书选译
主　　编	章培恒　安平秋　马樟根
译 注 者	李国祥　杨　昶　彭益林
责任编辑	陈晓清
装帧设计	姜　嵩
出版发行	凤凰出版传媒股份有限公司 凤凰出版社(原江苏古籍出版社) 发行部电话025-83223462
出版社地址	南京市中央路165号,邮编:210009
出版社网址	http://www.fhcbs.com
照　　排	江苏凤凰制版有限公司
印　　刷	苏州市越洋印刷有限公司 苏州市吴中区南官渡路20号　邮编:215104
开　　本	850×1168毫米　1/32
印　　张	9.25
字　　数	192千字
版　　次	2017年1月第1版　2017年1月第1次印刷
标准书号	ISBN 978-7-5506-2484-9
定　　价	37.00元 (本书凡印装错误可向承印厂调换,电话:0512-68180638)

后汉书选译

李国祥　杨昶　译注
彭益林　许嘉璐　审阅

古代文史名著选译丛书

（珍藏版）

主编　章培恒　安平秋　马樟根

凤凰出版社

目录

前 言

《后汉书》一百二十卷，是纪传体东汉史。本纪十卷，列传八十卷，南朝宋范晔撰；志三十卷，晋司马彪撰。

范晔(398—445)，字蔚宗，顺阳(今湖北光化，一说今河南淅川)人。他的家庭世代为官，祖父范宁，为晋豫章太守；父亲范泰，任晋御史中丞，南朝宋侍中。范晔从小就很好学，博览经史群书，善写文章，工于隶书，又通晓音律。因出继给堂伯范弘之为子，袭封武兴县侯。他十七岁以后，走上仕途，任过彭城王刘义康的参军，几次升迁，官至尚书吏部郎。宋文帝元嘉九年(432)，因事触怒刘义康，被外放为宣城太守。后来又几次升迁，官至左卫将军，太子詹事。元嘉二十二年(445)因被人控告参与密谋拥护刘义康做皇帝，于是以谋反的罪名被处死，时年四十八岁。

范晔多才多艺，但他成就最大的是史学。他在任宣城太守时，政治上不得志，便转而发愤从事《后汉书》的撰写。当时上距后汉虽已二百多年，但是可供参稽的后汉史料尚多，根据清代学者王先谦《后汉书集解述略》里的考证，范晔可能得见的后汉史书，除属于官史性质的《东观汉记》外，私人编撰有三国吴谢承的《后汉书》、晋薛莹的《后汉记》、晋司马彪的《续汉书》、晋华峤的《后汉书》、晋谢沈的《后汉书》、晋张莹的《后汉南记》、晋袁山松的《后汉书》等十八家。范晔对这些丰富的史料博观约取，加以剪裁熔铸，系统化条理化，写成《后汉书》的纪传部分。就其书中内容而言，多根据班固等人著的《东观汉记》及华峤的《后汉书》，此外对其他各家后汉书也颇有采择。由于他能够撷取众家之长，所以各家关于后汉的史书后来逐渐被淘汰，而他的《后汉书》却作为“正史”流传下来，并且跟《史记》、《汉书》、《三国志》合称“四史”。本来范晔还打算撰写各志，但因为他死得早，未能如愿。到南朝梁时，刘昭取司马彪《续汉书》的八志三十卷，加以注释增补，附在范书之后，以相配合。但当时纪传仍往往单独流传。直到北宋，才将范书和司马彪《续汉书》的八志重新校勘，合刻成今本《后汉书》。

范晔撰写的纪传，有许多特点。其一是史料赅详，取舍得当。南朝梁刘昭在《后汉书注补志序》中认为范晔之作，比原有各家《后汉书》都要好。唐代的刘知几称许范书“简而且周，疏而不漏”，并说他在取舍方面“颇有奇工”。过去治史的人也都有同样的赞许。由于除袁宏的《后汉纪》之外，其他各家著述先后都亡佚了，这样《后汉书》便成为后汉史料的宝库。我们综观《后汉书》，其保留汉代有价值的论著就不少。如《崔寔传》里的《政论》一篇；《桓谭传》里的《陈政事疏》一疏；《冯衍传》里载其《说廉丹》一书和《说鲍宣》一书；《王符传》里录载的《潜夫论》中的五篇，《仲长统传》载其《乐志论》及《昌言》二篇；《张衡传》中有《客问》一篇、《上疏陈事》一篇、《请禁图谶》一篇；《蔡邕传》载其《释诲》一篇，《条陈所宜行者七事》。这些短篇论著，都是研究后汉社会政治、经济、文化的珍贵材料，若不是范晔在各传中录载，恐怕后人是不可得而读之的。

其二是在编写体例方面有所创新。在范晔以前，列传中已有了以类相从的类传，如司马迁所撰《史记》里的《儒林传》等，范晔在过去已有的类传体例的基础上，能根据后汉社会的实际情况，创设了《党锢》、《宦者》、《文苑》、《独行》、《逸民》、《方术》、《列女》七种列传。有了这些列传，就更加深刻地反映出了后汉社会纷繁的社会历史现象，为后人提供了丰富的历史资料。如《党锢》、《独行》、《逸民》等传，对那些尚气节重操守的人物，叙述其行事的倜傥、言论的豪壮，即使今天读起来还是铿锵作响。《列女传》表彰卓越女子的聪颖才智，嘉言懿行，读之能体察范晔为妇女立传的深旨。虽然，范晔在传文中褒扬的气节贞行，都不过是为了提倡封建道德风范，欲使人们读之后仰首钦羡而受到深刻的感染。范晔刻意宣扬的伦常观念，在今天看来，并不都值得我们效法，但是，他所记述的这些内容，毕竟是当时社会情状的写照，而且只要我们对此加以批判分析，也不无借鉴的价值。

其三是对历史人物的评价大体能够做到"立论持平，褒贬允当"。特别是与《三国志》相比较，显得格外突出，如记"曹操自为丞相"，"曹操自进为王"等，凡是陈寿在《三国志》中有所回护避讳的事，范晔《后汉书》大都改正，以恢复历史的本来面貌。这种做法，曾受到章太炎先生的称赞，说："《史》、《汉》之后，首推《后汉书》。"（《略论读史之法》）赵翼在《廿二史札记》中也肯定说："范蔚宗于《三国志》方行之时，独不从其例……此史家正法也。"今天看来，作者在撰写《后汉书》时，与东汉的历史人物已无直接利害关系，这是其能正确记述史实和公允评价人物的客观原因；不过，他的良史品格，也应是不可忽视的主观因素。

其四是擅长文辞表述，笔势纵放而娓娓动人。例如这部书的传记，在人物形象的刻划上就很成功。如写外戚权贵梁冀的专横、贪赃，笔触犀利；写臧洪意气慷慨，激动人心；此外像写冯异、陈蕃、蔡文姬、乐羊子妻等，都有壮采奇情。因此《后汉书》中不乏杰出的历史散文。范晔对自己的撰述很重视，认为其序论超迈了前代史家，他在狱中给甥侄写的一封信中说道："吾杂传论，皆有精意深旨，诸序论笔势纵放，实天下之奇作，其中合者往往不减《过秦论》。"这也并非不实的自诩之辞，在《王充传论》、《党锢列传》等序论里都是有所体现的。从实际情况而言，其序论的中心思想是颂扬风节，这自然是出自对后汉史事及人物评价的需要，也是范晔所处时代的教化使然的。范晔自认为是佳作，是合乎情理的。至于整理排比史料，创制新编，他确乎表现了非凡的才能。因此对于范晔自视甚高这一点，我们不能采取全盘否定的态度。

当然，在肯定范晔《后汉书》的同时，也应该指出它的不足之处。就史学思想而言，他毕竟不可能超越自己的时代和阶级的局限。例如，他尽管对东汉末年的腐朽政治有所揭露和讽刺，但最终目的还是为了劝谏封建统治者，维护封建统治。而对黄巾起义军则斥为"盗贼"，甚至连一篇传记都未列，这和司马迁《史记》把陈胜列在"世家"相比，就显得逊色多了。就体例而言，由于范晔死得早，原计划撰写的十志没有完成，也是此书的一个缺憾。另外，范晔作史，主张"以意为主，以文传意"，他说"吾杂传论，皆有精意深旨"。这种思想和方法本应是无可厚非、甚至值得提倡的。但是因为他完全是以世家豪族的政治标准来权衡人物，所以不可避免地打上他那个阶级的烙印。加上书中过分注意文辞修饰，对如实反映历史真相也带来了相当损害，并给读者带来了一些阅读上的困难。

《后汉书》纪传部分的注，最著名、最通行的是唐高宗之子李贤组织张大安、刘纳言等人所作。志的部分是南朝梁刘昭注。李贤注主要诠释字句，刘昭注侧重说明或补订史实。清代学者惠栋有《后汉书补注》，沈钦韩有《后汉书疏证》，钱大昭有《后汉书辨疑》，周寿昌有《后汉书注补正》等。王先谦又在前人研究的基础上，博采前人的成果，撰成《后汉书集解》。这些考证和注解，是研究《后汉书》和东汉历史的重要辅助材料。

哈佛燕京学社引得编纂处编印的《后汉书及注释综合引得》，中华书局出版的《后汉书人名索引》等，都是研读《后汉书》的重要工具书。

我们这个选译本，篇目参考了郑天挺主编的《中国史学名著选》中的《后汉书选》（柬世澂编注），正文则参照中华书局1965年出版的校点本《后汉书》，部分篇章略有删节。注解和译文除参考李贤等旧注外，还汲取了今人各种《后汉书》选注本中的精言要义，限于体例，不能详为列举，敬希鉴谅。限于我们的水平，译文注释一定有错误和不准之处，敬请学者们批评指正。

李国祥（华中师范大学历史文献研究所）
杨　昶（华中师范大学历史文献研究所）
彭益林

光武帝纪

刘秀(公元前 6 年—公元 57 年),字文叔,南阳郡蔡阳县人,汉高祖刘邦九世孙,东汉王朝的创立者,史称汉光武帝。

公元 23 年,刘秀和长兄刘縯(yǐn 引)起兵反抗王莽,后加入绿林军。在著名的“昆阳之战”中,刘秀立了大功。以后刘秀吞并铜马军几十万人,势力开始强大。公元 25 年元月,他登帝位,定都洛阳,建立东汉王朝。

公元 36 年,刘秀统一全国,刘秀在执政时采取了“退功臣而进文吏”的政策,实施了一系列发展经济和稳定社会秩序的措施。这些都顺应了时代发展的需要,并取得了一定效果。但同时他对一些豪强地主妥协退让过多,这给后世留下了巨大的隐患。

公元 57 年二月,刘秀病逝于洛阳皇宫。

世祖光武皇帝讳秀[①],字文叔,南阳蔡阳人[②],高祖九世之孙也。出自景帝生长沙定王发,发生舂陵节侯买[③],买生郁林太守外[④],外生钜鹿都尉回,回生南顿令钦[⑤],钦生光武。光武年九岁而孤,养于叔父良。身长七尺三寸，美须眉，大口，隆准⑥，日角⑦。性勤于稼穑，而兄伯升好侠养士⑧，常非笑光武事田业，比之高祖兄仲⑨。

【注释】

① 世祖：刘秀死后的庙号。② 蔡阳：故城在今湖北枣阳西南。③ 春陵：西汉乡名，在今湖北枣阳东。④ 郁林：西汉郡名，治所在今广西桂平西故城。⑤ 南顿：西汉县名，治所在今河南项城西。⑥ 准：鼻头。⑦ 日角：额角饱满如日。古代相书认为是帝王之相。⑧ 伯升：刘缤的字。⑨ 高祖兄仲：汉高祖刘邦的仲兄刘喜，勤于农事。刘缤以此比况自己将比刘秀显达。

王莽天凤中，乃之长安，受《尚书》，略通大义。莽末，天下连岁灾蝗，寇盗锋起①。地皇三年，南阳荒饥，诸家宾客多为小盗。光武避吏新野，因卖谷于宛②。宛人李通等以图谶说光武云③：“刘氏复起，李氏为辅。”光武初不敢当，然独念兄伯升素结轻客，必举大事，且王莽败亡已兆，天下方乱，遂与定谋。于是乃市兵弩。十月，与李通从弟轶等起于宛，时年二十八。

十一月，有星孛于张④。光武遂将宾客还舂陵，时伯升已会众起兵。初，诸家子弟恐惧，皆亡逃自匿，曰：“伯升杀我。”及见光武绛衣大冠，皆惊曰“谨厚者亦复为之”，乃稍自安。伯升于是招新市、平林兵，与其帅王凤、陈牧西击长聚⑤。光武初骑牛，杀新野尉乃得马。进屠唐子乡，又杀湖阳尉。军中分财物不均，众恚恨，欲反攻诸刘。光武敛宗人所得物，悉以与之，众乃悦。进拔棘阳，与王莽前队大夫甄阜、属正梁丘赐战于小长安⑥，汉军大败，还保棘阳。

【注释】

① 锋：同"蜂"。② 宛：县名。在今河南南阳市。③ 图：是神秘性的图画，据说暗示着人事的未来。谶：是预言性的歌谣。两者都是方士编造出来的东西。④ 孛(bèi)：彗星的一种。"孛于张"即谓在二十八宿中的张宿发现了孛，古人认为是预示将有兵乱。⑤ 长聚：地属新市县(今湖北京山县一带)。当时小于乡的单位称聚。⑥ 前队(suì)：王莽设置六队，南阳为前队，河内为后队，颍川为左队，弘农为右队，河东为兆队，荥阳为祈队。大夫：职如太守。属正：职如郡都尉。小长安：聚名，地在今河南邓州南。

更始元年正月甲子朔①，汉军复与甄阜、梁丘赐战于沘水西②，大破之，斩阜、赐。伯升又破王莽纳言将军严尤、秩宗将军陈茂于淯阳，进围宛城。

二月辛巳，立刘圣公为天子③，以伯升为大司徒，光武为太常偏将军。

三月，光武别与诸将徇昆阳、定陵、郾④，皆下之。多得牛马财物，谷数十万斛，转以馈宛下。

莽闻阜、赐死，汉帝立，大惧，遣大司徒王寻、大司空王邑将兵百万，其甲士四十二万人，五月到颍川，复与严尤、陈茂合。初，光武为舂陵侯家讼逋租于尤，尤见而奇之。及是时，城中出降尤者言光武不取财物，但会兵计策。尤笑曰："是美须眉者邪？何为乃如是！"

【注释】

① 更始：刘玄的年号。② 泚（bǐ）水：今河南泌阳河及其下游唐河。③ 刘圣公：更始帝刘玄，字圣公。④ 昆阳：县名，在今河南叶县。定陵：县名，在今河南舞阳县北。郾：县名，在今河南漯河市郾城区。

初，王莽征天下能为兵法者六十三家数百人，并以为军吏；选练武卫，招募猛士，旌旗辎重，千里不绝。时有长人巨无霸，长一丈，大十围，以为垒尉；又驱诸猛兽虎豹犀象之属，以助威武。自秦、汉出师之盛，未尝有也。光武将数千兵，邀之于阳关，诸将见寻、邑兵盛，反走，驰入昆阳，皆惶怖，忧念妻孥，欲散归诸城。光武议曰："今兵谷既少，而外寇强大，并力御之，功庶可立；如欲分散，势无俱全。且宛城未拔，不能相救，昆阳即破，一日之间，诸部亦灭矣。今不同心胆共举功名，反欲守妻子财物邪？"诸将怒曰："刘将军，何敢如是！"光武笑而起。会候骑还，言大兵且至城北，军陈数百里，不见其后。诸将遽相谓曰："更请刘将军计之。"光武复为图画成败。诸将忧迫，皆曰："诺。"时城中唯有八、九千人，光武乃使成国上公王凤、廷尉大将军王常留守，夜自与骠骑大将军宗佻、五威将军李轶等十三骑，出城南门，于外收兵。时莽军到城下者且十万，光武几不得出。既至郾、定陵，悉发诸营兵，而诸将贪惜财货，欲分留守之。光武曰：“今若破敌，珍宝万倍，大功可成；如为所败，首领无余，何财物之有！”众乃从。

严尤说王邑曰：“昆阳城小而坚，今假号者在宛，亟进大兵，彼必奔走；宛败，昆阳自服。”邑曰：“吾昔以虎牙将军围翟义，坐不生得，以见责让。今将百万之众，遇城而不能下，何谓邪？”遂围之数十重，列营百数，云车十余丈，瞰临城中，旗帜蔽野，埃尘连天，钲鼓之声闻数百里。或为地道，冲輣橦城①。积弩乱发，矢下如雨，城中人负户而汲。王凤等乞降，不许。寻、邑自以为功在漏刻，意气甚逸。夜有流星坠营中，昼有云如坏山，当营而陨，不及地尺而散，吏士皆厌伏②。

【注释】

① 冲輣(péng)：冲、輣都是战车名。冲是橦车，輣是楼车。橦(chōng)：古代的冲锋车。这里用作动词。② 厌：通“压”。

六月己卯，光武遂与营部俱进，自将步骑千余，前去大军四、五里而陈。寻、邑亦遣兵数千合战。光武奔之，斩首数十级。诸部喜曰：“刘将军平生见小敌怯，今见大敌勇，甚可怪也，且复居前，请助将军！”光武复进，寻、邑兵却，诸部共乘之，斩首数百千级。连胜，遂前。时伯升拔宛已三日，而光武尚未知，乃伪使持书报城中，云“宛下兵到”，而阳堕其书。寻、邑得之，不憙。诸将既经累捷，胆气益壮，无不一当百。光武乃与敢死者三千人，从城西水上冲其中坚，寻、邑陈乱，乘锐崩之，遂杀王寻。城中亦鼓噪而出，中外合势，震呼动天地，莽兵大溃，走者相腾践，奔殪百余里间。会大雷风，屋瓦皆飞，雨下如注，滍川盛溢[①]，虎豹皆股战，士卒争赴，溺死者以万数，水为不流。王邑、严尤、陈茂轻骑乘死人度水逃去。尽获其军实辎重，车甲珍宝，不可胜算，举之连月不尽，或燔烧其余。

光武因复徇下颍阳[②]。会伯升为更始所害，光武自父城驰诣宛谢。司徒官属迎吊光武，光武难交私语，深引过而已，未尝自伐昆阳之功，又不敢为伯升服丧，饮食言笑如平常。更始以是惭，拜光武为破虏大将军，封武信侯。

【注释】

① 滍(zhì)川：俗名沙河。源出河南鲁山县西，东流经昆阳城北入汝水。② 颍阳：古县名。今河南许昌市。

九月庚戌，三辅豪杰共诛王莽[①]，传首诣宛。更始将北都洛阳，以光武行司隶校尉[②]，使前整修宫府。于是置僚属，作文移，从事司察[③]，一如旧章。时三辅吏士东迎更始，见诸将过，皆冠帻，而服妇人衣，诸于绣𧝓④，莫不笑之，或有畏而走者。及见司隶僚属，皆欢喜不自胜。老吏或垂涕曰：“不图今日复见汉官威仪！”由是识者皆属心焉。及更始至洛阳，乃遣光武以破虏将军行大司马事。十月，持节北渡河，镇慰州郡。所到郡县，辄见二千石、长吏、三老、官属⑤，下至佐史⑥，考察黜陟，如州牧行部事。辄平遣囚徒，除王莽苛政，复汉官名。吏人喜悦，争执牛、酒迎劳。进至邯郸，故赵缪王子林说光武曰：“赤眉今在河东，但决水灌之，百万之众可使为鱼。”光武不答，去之真定。林于是乃诈以卜者王郎为成帝子子舆，十二月，立郎为天子，都邯郸，遂遣使者降下郡国。

【注释】

① 三辅：即西汉时于京畿之地所设京兆尹、左冯翊、右扶风的合称。相当今陕西关中地区。② 司隶校尉：汉、晋监察卫戍京师及附近郡县的官员。③ 从事：即从事史。司隶校尉的属官，主督促文书，察举非法。④ 𧝓：汉唐时妇人的无袖短衣。⑤ 二千石：指俸禄二千石的官员。此处指郡守。三老：掌教化的乡官，东汉县也有三老。⑥ 佐史：汉代地方官的属吏。

二年正月，光武以王郎新盛，乃北徇蓟①。王郎移檄购光武十万户②，而故广阳王子刘接起兵蓟中以应郎，城内扰乱，转相惊恐，言邯郸使者方到，二千石以下皆出迎。于是光武趣驾南辕，晨夜不敢入城邑，舍食道傍。至饶阳，官属皆乏食。光武乃自称邯郸使者，入传舍③。传吏方进食，从者饥，争夺之。传吏疑其伪，乃椎鼓数十通，绐言邯郸将军至，官属皆失色。光武升车欲驰，既而惧不免，徐还坐，曰："请邯郸将军入。"久乃驾去。传中人遥语门者闭之。门长曰："天下讵可知，而闭长者乎？"遂得南出。晨夜兼行，蒙犯霜雪。天时寒，面皆破裂。至呼沱河④，无船，适遇冰合，得过，未毕数车而陷。进至下博城西，遑惑不知所之。有白衣老父在道旁，指曰："努力！信都郡为长安守，去此八十里。"光武即驰赴之，信都太守任光开门出迎。世祖因发旁县，得四千人，先击堂阳、贳阳，皆降之。王莽和成卒正邳彤亦举郡降⑤。又昌城人刘植，宋子人耿纯，各率宗亲子弟，据其县邑，以奉光武。于是北降下曲阳，众稍合，乐附者至有数万人。复北击中山，拔卢奴。所过发奔命兵⑥，移檄边郡，共击邯郸，郡县还复响应。南击新市、真定、元氏、防子，皆下之，因入赵界。时王郎大将李育屯柏人，汉兵不知而进，前部偏将朱浮、邓禹为育所破，亡失辎重。光武在后闻之，收浮、禹散卒，与育战于郭门，大破之，尽得其所获。育还保城，攻之不下，于是引兵拔广阿。会上谷太守耿况、渔阳太守彭宠各遣其将吴汉、寇恂等将突骑来助击王郎⑦，更始亦遣尚书仆射谢躬讨郎，光武因大飨士卒，遂东围钜鹿。王郎守将王饶坚守，月余不下。郎遣将倪宏、刘奉率数万人救钜鹿，光武逆战于南䜌⑧，斩首数千级。四月，进围邯郸，连战破之。五月甲辰，拔其城，诛王郎。收文书，得吏人与郎交关谤毁者数千章。光武不省，会诸将军烧之，曰："令反侧子自安。”

【注释】

① 蓟：古县名。在今北京市。② 檄(xí)：用来征召或声讨的文书。购：悬赏缉捕。③ 传(zhuàn)舍：古时供行人居住的旅舍、客馆。④ 呼沱河：或写作虖沱河，即今滹沱河。⑤ 和戎：郡名。卒正：王莽时的官名，职权和太守相同。⑥ 奔命兵：是用来应付紧急情况的部队。⑦ 突：突击敌军的骑兵。⑧ 南䜌(luán)：西汉县名。在今河北巨鹿县北。

更始遣侍御史持节立光武为萧王，悉令罢兵诣行在所。光武辞以河北未平，不就征。自是始贰于更始。是时长安政乱，四方背叛。梁王刘永擅命睢阳①，公孙述称王巴蜀，李宪自立为淮南王，秦丰自号楚黎王，张步起琅邪，董宪起东海，延岑起汉中，田戎起夷陵②，并置将帅，侵略郡县。又别号诸贼铜马、大彤、高湖、重连、铁胫、大抢、尤来、上江、青犊、五校、檀乡、五幡、五楼、富平、获索等③，各领部曲，众合数百万人，所在寇掠。

光武将击之，先遣吴汉北发十郡兵。幽州牧苗曾不从，汉遂斩曾而发其众。

【注释】

① 睢(suī)阳：古县名。在今河南商丘。② 夷陵：古县

名。在今湖北宜昌市。③ 贼：是对农民起义军的蔑称。肜（róng）：商代祭祀的名称。

秋，光武击铜马于鄡[①]，吴汉将突骑来会清阳[②]。贼数挑战，光武坚营自守；有出卤掠者[③]，辄击取之，绝其粮道。积月余日，贼食尽，夜遁去。追至馆陶，大破之。受降未尽，而高湖、重连从东南来，与铜马余众合，光武复与大战于蒲阳，悉破降之，封其渠帅为列侯[④]。降者犹不自安，光武知其意，敕令各归营勒兵，乃自乘轻骑按行部陈。降者更相语曰："萧王推赤心置人腹中，安得不投死乎！"由是皆服。悉将降人分配诸将，众遂数十万，故关西号光武为"铜马帝"。

赤眉别帅与大肜、青犊十余万众在射犬[⑤]，光武进击，大破之，众皆散走。使吴汉、岑彭袭杀谢躬于邺。

青犊、赤眉贼入函谷关，攻更始。光武乃遣邓禹率六裨将引兵而西，以乘更始、赤眉之乱。时更始使大司马朱鲔、舞阴王李轶等屯洛阳，光武亦令冯异守孟津以拒之[⑥]。……

【注释】

① 鄡（qiāo）：古县名，在今河北辛集东南。② 清阳：汉县名。今河北清河县东。③ 卤：同"虏"。④ 渠帅：在这里指主要将领。渠，大。列侯：汉代刘姓受封称诸侯，异姓因功受封或诸王之子分得父王土地而受封称列侯，为二十等爵的最高一级。⑤ 射犬：聚名。在今河南沁阳县东北。

⑥ 孟津：黄河古渡名。在今河南孟津县东北。

建武元年春正月，平陵人方望立前孺子刘婴为天子①，更始遣丞相李松击斩之。

光武北击尤来、大抢、五幡于元氏，追至右北平，连破之。又战于顺水北②，乘胜轻进，反为所败。贼追急，短兵接，光武自投高岸，遇突骑王丰，下马授光武，光武抚其肩而上，顾笑谓耿弇曰："几为虏嗤。"弇频射却贼，得免。士卒死者数千人，散兵归保范阳。军中不见光武，或云已殁，诸将不知所为。吴汉曰："卿曹努力！王兄子在南阳，何忧无主？"众恐惧，数日乃定。贼虽战胜，而素慑大威，客主不相知，夜遂引去。大军复进至安次，与战，破之，斩首三千余级。贼入渔阳，乃遣吴汉率耿弇、陈俊、马武等十二将军追战于潞东，及平谷，大破灭之。朱鲔遣讨难将军苏茂攻温，冯异、寇恂与战，大破之，斩其将贾强。

于是诸将议上尊号③。马武先进曰："天下无主，如有圣人承敝而起，虽仲尼为相，孙子为将，犹恐无能有益。反水不收，后悔无及。大王虽执谦退，奈宗庙社稷何④？宜且还蓟，即尊位，乃议征伐。今此谁贼而驰骛击之乎？"光武惊曰："何将军出是言？可斩也！"武曰："诸将尽然。"光武使出晓之，乃引军还至蓟。

夏四月，公孙述自称天子。

【注释】

① 平陵：汉昭帝陵所在地，因立为县。在今陕西咸

阳。刘婴：汉宣帝的玄孙，王莽杀平帝后立他为皇帝，号为孺子，在位二年后被王莽废去。② 顺水：徐水别名。③ 上：献上。尊号：即尊崇帝、后的称号。上尊号即拥戴刘秀称帝。④ 宗庙：是天子、诸侯祭祀祖先之处。社稷：是土、谷之神。宗庙、社稷常用来代指王室、国家和政权。

光武从蓟还，过范阳，命收葬吏士。至中山，诸将复上奏曰："汉遭王莽，宗庙废绝，豪杰愤怒，兆人涂炭①。王与伯升首举义兵，更始因其资以据帝位，而不能奉承大统，败乱纪纲，盗贼日多，群生危蹙②。大王初征昆阳，王莽自溃；后拔邯郸，北州弭定。参分天下而有其二，跨州据土，带甲百万。言武力则莫之敢抗，论文德则无所与辞。臣闻帝王不可以久旷，天命不可以谦拒，惟大王以社稷为计，万姓为心。"光武又不听。

行到南平棘③，诸将复固请之。光武曰："寇贼未平，四面受敌，何遽欲正号位乎？诸将且出。"耿纯进曰："天下士大夫捐亲戚，弃土壤，从大王于矢石之间者，其计固望其攀龙鳞，附凤翼④，以成其所志耳。今功业既定，天人亦应，而大王留时逆众⑤，不正号位，纯恐士大夫望绝计穷，则有去归之思，无为久自苦也。大众一散，难可复合。时不可留，众不可逆。"纯言甚诚切，光武深感，曰："吾将思之。"

【注释】

① 兆人：原写作兆民，唐人避李世民讳改。兆：亿万

为光。② 蹙(cù):窘迫。③ 南平棘:地在今河北赵县南。④ 攀龙鳞,附凤翼:意思是攀附皇帝。⑤ 留时:指白白浪费时光。

行至鄗[1]，光武先在长安时同舍生强华自关中奉《赤伏符》，曰："刘秀发兵捕不道，四夷云集龙斗野，四七之际火为主[2]。"群臣因复奏曰："受命之符，人应为大，万里合信，不议同情，周之白鱼[3]，曷足比焉？今上无天子，海内淆乱，符瑞之应[4]，昭然著闻，宜答天神，以塞群望。"光武于是命有司设坛场于鄗南千秋亭五成陌。

【注释】

① 鄗(hào):古县名,在今河北高邑县。② 四七:即二十八。从刘邦到光武起兵,共计二百二十八年,此即四七由来。火为主:刘氏汉朝崇尚火德,故有此言。③ 周之白鱼:传说武王伐纣,渡孟津,有白鱼跃入武王船中,鱼上写着讨伐商纣的文字。④ 符瑞:吉祥的兆头。符瑞之应是说天降的好兆头和人事相应。

六月己未，即皇帝位。燔燎告天[1]，禋于六宗[2]，望于群神[3]。其祝文曰[4]："皇天上帝，后土神祇[5]，眷顾降命，属秀黎元[6]，为人父母，秀不敢当。群下百辟[7]，不谋同辞，咸曰：'王莽篡位，秀发愤兴兵，破王

寻、王邑于昆阳，诛王郎、铜马于河北，平定天下，海内蒙恩。上当天地之心，下为元元所归。’谶记曰⑧：‘刘秀发兵捕不道，卯金修德为天子⑨。’秀犹固辞，至于再，至于三。群下佥曰：‘皇天大命，不可稽留。’敢不敬承。”于是建元为建武，大赦天下，改鄗为高邑。是月，赤眉立刘盆子为天子⑩。甲子，前将军邓禹击更始定国公王匡于安邑，大破之，斩其将刘钧。

【注释】

① 燔(fán)燎(liáo)：放火焚烧草木。古人燔烧柴木，让烟升入空中来祭天神。② 禋(yīn)：虔诚的祭祀。六宗：水、火、雷、风、山、泽。③ 望：古代祭祀山川不一定亲至其处，可以遥望而祭之，故称望。④ 祝文：告神祈福之文。⑤ 后土：地神或土神。神祇：天地之神。⑥ 属：托付。黎元：泛指人民。⑦ 百辟：指百官。⑧ 谶记：预言吉凶得失的文字和图记。这都是为达到某种目的而编造出来的。⑨ 卯金：合起来为繁体字“劉”的左半部，此处即指为“刘”字。⑩ 刘盆子：为西汉远支皇族，后为刘秀部将杀害。

秋七月……使吴汉率朱祐及廷尉岑彭、执金吾贾复、扬化将军坚镡等十一将军围朱鲔于洛阳。……九月，赤眉入长安，更始奔高陵。辛未，诏曰：“更始破败，弃城逃走，妻子裸袒，流冗道路。朕甚愍之。今封更始为淮阳王。吏人敢有贼害者，罪同大逆。”……辛卯，朱鲔举城降。

冬十月癸丑，车驾入洛阳，幸南宫却非殿，遂定都焉。遣岑彭击荆州群贼。十一月……刘永自称天子。十二月……赤眉杀更始，而隗嚣据陇右，卢芳起安定。

……二年春正月……大司马吴汉率九将军击檀乡贼于邺东，大破降之。庚辰，封功臣皆为列侯，大国四县，余各有差。……博士丁恭议曰："古帝王封诸侯不过百里，故利以建侯，取法于雷①，强干弱枝，所以为治也。今封诸侯四县，不合法制。"帝曰："古之亡国，皆以无道，未尝闻功臣地多而灭亡者。"乃遣谒者即授印绶②，策曰："在上不骄，高而不危；制节谨度，满而不溢。敬之戒之。传尔子孙，长为汉藩。"……壬子，起高庙，建社稷于洛阳，立郊兆于城南，始正火德，色尚赤。是月，赤眉焚西京宫室，发掘园陵，寇掠关中。大司徒邓禹入长安，遣府掾奉十一帝神主③，纳于高庙。

【注释】

① 取法于雷：《易经》上说雷声能传百里，故诸侯封地一般都是方圆百里。② 谒者：接待宾客和传达使命的官。印：官印。绶：系印的丝带。③ 十一帝：指汉高祖到平帝的十一位皇帝。

……二月……遣骠骑大将军景丹率征虏将军祭遵等二将军击弘农贼①，破之。因遣祭遵围蛮中贼张满②。渔阳太守彭宠反，攻幽州牧朱浮于蓟。延岑自称武安王于汉中。……三月乙未，大赦天下，诏曰："顷狱多冤人，用刑深刻，朕甚愍之。孔子云：‘刑罚不中，则民无所措手足。’其与中二千石、诸大夫、博士、议郎议省刑法③。”遣执金吾贾复率二将军击更始郾王尹遵，破降之。……遣虎牙大将军盖延率四将军伐刘永。

夏四月，围永于睢阳。更始将苏茂杀淮阳太守潘蹇而附刘永。……五月……癸未，诏曰：“民有嫁妻卖子欲归父母者，恣听之。敢拘执，论如律。”六月戊戌，立贵人郭氏为皇后，子强为皇太子，大赦天下。增郎、谒者、从官秩各一等④。

【注释】

① 祭(zhài)：姓氏。② 蛮中：聚名。在今河南临汝县西南。③ 中(zhòng)二千石：汉代职官品级的一种。俸禄等级为“二千石”的，分为三等：中二千石，月得一百八十斛；二千石，月得一百二十斛；比二千石，月得一百斛。④ 从官：即皇帝的侍从官。

……秋八月，帝自将征五校。丙辰，幸内黄，大破五校于羛阳①，降之。遣游击将军邓隆救朱浮，与彭宠战于潞，隆军败绩。盖延拔睢阳，刘永奔谯②。破虏将军邓奉据淯阳反③。九月壬戌，至自内黄。……延岑大破赤眉于杜陵④。关中饥，民相食。

冬十一月，以廷尉岑彭为征南大将军，率八将军讨邓奉于堵乡。铜马、青犊、尤来余贼共立孙登为天子于上郡⑤。登将乐玄杀登，以其众五万余人降。遣偏将军冯异代邓禹伐赤眉。使太中大夫伏隆持节安辑青、徐二州，招张步降之。十二月戊午，诏曰："惟宗室列侯为王莽所废，先灵无所依归，朕甚愍之。其并复故国。若侯身已殁，属所上其子孙见名尚书⑥，封拜。"是岁，盖延等大破刘永于沛西。初，王莽末，天下旱蝗，黄金一斤易粟一斛；至是野谷旅生，麻尗尤盛，野蚕成茧，被于山阜，人收其利焉。

【注释】

① 蕲（xì）阳：古地名。在今河南内黄县西南。② 谯（qiáo）：古县名。在今安徽亳州。③ 淯（yù）阳：汉县名。在今河南南阳。④ 杜陵：古县名。在今陕西西安市东南。⑤ 上郡：郡名。在今无定海流域及内蒙古鄂托克旗等地。⑥ 见：同"现"。

三年春正月甲子，以偏将军冯异为征西大将军，杜茂为骠骑大将军。大司徒邓禹及冯异与赤眉战于回溪①，禹、异败绩。征虏将军祭遵破蛮中，斩张满。……闰月乙巳……冯异与赤眉战于崤底，大破之，余众南向宜阳②，帝自将征之。己亥，幸宜阳。甲辰，亲勒六军，大陈戎马，大司马吴汉精卒当前，中军次之，骁骑、武卫分陈左右。赤眉望见震怖，遣使乞降。丙午，赤眉君臣面缚，奉高皇帝玺绶，诏以属城门校尉。戊申，至自宜阳。己酉，诏曰："群盗纵横，贼害元元。盆子窃尊号，乱惑天下。朕奋兵讨击，应时崩解，十余万众束手降服，先帝玺绶归之王府。斯皆祖宗之灵，士人之力，朕曷足以享斯哉！其择吉日祠高庙，赐天下长子当为父后者爵，人一级。”二月己未，祠高庙，受传国玺。刘永立董宪为海西王，张步为齐王。步杀光禄大夫伏隆而反。幸怀，遣吴汉率二将军击青犊于轵西[3]，大破降之。三月……彭宠陷蓟城，宠自立为燕王。帝自将征邓奉，幸堵阳。

【注释】

①回溪：溪名，也称回坑。在今河南洛宁县境。②宜阳：县名。在今河南宜阳县。③轵（zhǐ）：汉县名。在今河南济源。

夏四月，大破邓奉于小长安，斩之。冯异与延岑战于上林，破之。吴汉率七将军与刘永将苏茂战于广乐[1]，大破之。虎牙大将军盖延围刘永于睢阳。五月己酉，车驾还宫。六月……耿弇于延岑战于穰[2]，大破之。

秋七月，征南大将军岑彭率三将军伐秦丰，战于黎丘，大破之，获其将蔡宏。庚辰，诏曰：“吏不满六百石，下至墨绶长、相[3]，有罪先请。男子八十以上，十岁以下，及妇人从坐者，自非不道、诏所名捕[4]，皆不得系。当验问者即就验。女徒雇山归家。”盖延拔睢阳，获刘永，而苏茂、周建立永子纡为梁王。冬十月壬申，幸舂陵，祠园庙[5]，因置酒旧宅，大会故人父老。十一月乙未，至自舂陵。涿郡太守张丰反。

【注释】

①广乐：古地名。在今河南虞城县西。②穰：汉县名。在今河南邓州。③墨绶长、相：指县令、侯国相一级的地方官吏。④自非：假若不是。不道：汉律，杀不辜一家三人为不道。⑤园庙：皇帝墓地所在的寝庙。园是帝、后的陵园，庙是祭祀祖先的地方。

……五年二月……彭宠为其苍头所杀，渔阳平。大司马吴汉率建威大将军耿弇击富平、获索贼于平原，大破降之。复遣耿弇率二将军讨张步。……夏四月，旱，蝗。……五月丙子，诏曰："久旱伤麦，秋种未下，朕甚忧之。将残吏未胜，狱多冤结，元元愁恨，感动天地乎？其令中都官[①]，三辅、郡、国出系囚，罪非犯殊死一切勿案，见徒免为庶人。务进柔良，退贪酷，各正厥事焉。"六月……庞萌、苏茂围桃城[②]。帝时幸蒙[③]，因自将征之。先理兵任城，乃进救桃城，大破萌等。……八月己酉，进幸郯[④]，留吴汉攻刘纡、董宪等，车驾转徇彭城、下邳。吴汉拔郯，获刘纡；汉进围董宪、庞萌于朐[⑤]。冬十月，还，幸鲁，使大司空祠孔子。耿弇等与张步战于临淄，大破之。帝幸临淄，进幸剧。张步斩苏茂以降，齐地平。初起太学。车驾还宫，幸太学，赐博士弟子各有差。……十二月，卢芳自称天子于九原。西州大将军隗嚣遣子恂入侍[⑥]。……

诏复济阳二年徭役。是岁，野谷渐少，田亩益广焉。

【注释】

①中都官：指京城洛阳各官府。②桃城：即桃聚。在今山东济宁市北。③蒙：汉县名。在今山东蒙阴县。④郯（tán）：古县名。在今山东郯城县北。⑤朐（qú）：古县名。在今江苏连云港市西南。⑥入侍：实际是作人质。

六年春正月丙辰，改舂陵乡为章陵县。世世复徭役，比丰、沛，无有所豫①。辛酉，诏曰："往岁水、旱、蝗虫为灾，谷价腾跃，人用困乏。朕惟百姓无以自赡，恻然愍之。其命郡国有谷者，给禀高年、鳏、寡、孤、独及笃癃、无家属贫不能自存者②，如《律》。二千石勉加循抚，无令失职③。"扬武将军马成等拔舒，获李宪。二月，大司马吴汉拔朐，获董宪、庞萌，山东悉平。

……夏四月丙子，幸长安，始谒高庙，遂有事十一陵④。遣虎牙大将军盖延等七将军从陇道伐公孙述。五月己未，至自长安。隗嚣反，盖延等因与嚣战于陇阺，诸将败绩。辛丑，诏曰："惟天水、陇西、安定、北地吏人为隗嚣所诖误者，又三辅遭难赤眉，有犯法不道者，自殊死以下，皆赦除之。"六月辛卯，诏曰："夫张官置吏，所以为人也。今百姓遭难，户口耗少，而县官吏职所置尚繁，其令司隶、州牧各实所部，省减吏员。县国不足置长吏可并合者，上大司徒，大司空二府。"于是条奏并省四百余县，吏职减损，十置其一。……秋……遣前将军李通率二将军与公孙述将战于西城，破之。

【注释】

①豫：犹豫，变动。②笃（dǔ）：病重。癃（lóng）：衰弱多病。③失职：失常。不能生活的意思。④有事：有祭祀之事，即行祭礼。

……冬十月丁丑，诏曰："吾德薄不明，寇贼为害，强弱相陵，元元失所。《诗》云：'日月告凶，不用其行。'永念厥咎，内疚于心。其敕公卿举贤良、方正各一人；百僚并上封事，无有隐讳；有司修职，务遵法度。"十一月丁卯，诏王莽时吏人没入为奴婢不应旧法者，皆免为庶人。十二月……癸巳，诏曰："顷者师旅未解，用度不足，故行什一之税。今军士屯田，粮储差积。其令郡国收见田租三十税一，如旧制。"隗嚣遣将行巡寇扶风，征西大将军冯异拒破之。是岁，初罢郡国都尉官①。始遣列侯就国。匈奴遣使来献，使中郎将报命。

七年春正月丙申，诏中都官、三辅、郡、国出系囚，非犯殊死，皆一切勿案其罪。见徒免为庶人。耐罪亡命，吏以文除之。又诏曰："世以厚葬为德，薄终为鄙，至于富者奢僭，贫者单财，法令不能禁，礼义不能止，仓卒乃知其咎。其布告天下，令知忠臣、孝子、慈兄、悌弟薄葬送终之义。”……三月丁酉，诏曰：“今国有众军，并多精勇，宜且罢轻车、骑士、材官、楼船士及军假吏，令还复民伍。”公孙述立隗嚣为朔宁王。癸亥晦，日有食之，避正殿，寝兵[2]，不听事五日。……夏四月壬午，诏曰：“比阴阳错谬，日月薄食。百姓有过，在予一人，大赦天下。公、卿、司隶、州牧举贤良、方正各一人，遣诣公车，朕将览试焉。”五月……甲寅，诏吏人遭饥乱及为青、徐贼所略为奴婢下妻，欲去留者，恣听之。敢拘制不还，以卖人法从事。……冬，卢芳所置朔方太守田飒、云中太守乔扈各举郡降。

【注释】

①“国”字为衍文。② 寝(qǐn)兵：息兵，停止军事活动。

……八年春正月，中郎将来歙袭略阳，杀隗嚣守将而据其城。夏四月……隗嚣攻来歙，不能下。闰月，帝自征嚣，河西大将军窦融率五郡太守与车驾会高平。陇右溃，隗嚣奔西城，遣大司马吴汉、征南大将军岑彭围之，进幸上邽，不降，命虎牙大将军盖延、建威大将军耿弇攻之。颍川盗贼寇没属县[1]，河东守守兵亦叛，京师骚动。秋，大水。八月，帝自上邽晨夜东驰。九月乙卯，车驾还宫。庚申，帝自征颍川盗贼，皆降。安丘侯张步叛归琅邪，琅邪太守陈俊讨获之。戊寅，至自颍川。……十一月……公孙述遣兵救隗嚣，吴汉、盖延等还军长安。天水、陇西复反归嚣。

……九年春正月，隗嚣病死，其将王元、周宗复立嚣子纯为王。……三月……公孙述遣将田戎、任满据荆门。夏六月丙戌，幸缑氏，登轘辕[②]。遣大司马吴汉率四将军击卢芳将贾览于高柳[③]，战不利。秋八月，遣中郎将来歙监征西大将军冯异等五将军讨隗纯于天水。骠骑大将军杜茂与贾览战于繁畤[④]，茂军败绩。

【注释】

①没：指攻陷、占据。②轘辕：指轘辕关。古关名，在今河南偃师。③高柳：汉县名。在今山西阳高县北。④繁畤（zhì）：汉县名。在今山西浑源县西。

……十年春正月，大司马吴汉率捕虏将军王霸等五将军击贾览于高柳，匈奴遣骑救览，诸将与战，却之。……夏，征西大将军冯异破公孙述将赵匡于天水，斩之。征西大将军冯异薨。……冬十月，中郎将来歙等大破隗纯于落门[①]，其将王元奔蜀，纯与周宗降，陇右平。

……十一年春二月己卯，诏曰："天地之性人为贵。其杀奴婢，不得减罪。"……闰月，征南大将军岑彭率三将军与公孙述将田戎、任满战于荆门，大破之，获任满。威虏将军冯峻围田戎于江州[②]，岑彭遂率舟师伐公孙述，平巴郡。……六月，中郎将来歙率扬武将军马成破公孙述将王元、环安于下辩[③]。安遣间人刺杀中郎将来歙。帝自将征公孙述。秋七月，次长安。八月，岑彭破公孙述将侯丹于黄石。辅威将军臧宫与公孙述将延岑战于沈水④，大破之。王元降。至自长安。癸亥，诏曰："敢炙灼奴婢，论如律，免所炙灼者为庶人。"冬十月壬午，诏除奴婢射伤人弃市律。公孙述遣间人刺杀征南大将军岑彭。……十二月，大司马吴汉率舟师伐公孙述。是岁……初断州牧自还奏事。

【注释】

① 落门：聚名。在今甘肃甘谷县西。② 江州：汉县名。在今四川江北。③ 下辩：汉县名。在今甘肃成县西。④ 沈（chén）水：水名。即今四川射洪东南涪江支流杨桃溪。

十二年春正月，大司马吴汉与公孙述将史兴战于武阳①，斩之。三月癸酉，诏陇、蜀民被略为奴婢自讼者，及狱官未报，一切免为庶人。……秋七月，威虏将军冯峻拔江州，获田戎。九月，吴汉大破公孙述将谢丰于广都，斩之。辅威将军臧宫拔涪城，斩公孙恢。……冬十一月戊寅，吴汉、臧宫与公孙述战于成都，大破之。述被创，夜死。辛巳，吴汉屠成都，夷述宗族及延岑等。……是岁，九真徼外蛮夷张游率种人内属，封为归汉里君。……诏边吏力不足战则守，追虏料敌不拘以逗留法。……遣骠骑大将军杜茂将众郡施刑屯北边②，筑亭候，修烽燧。

【注释】

① 武阳：汉县名。在今四川眉州市彭山区东。② 施：通“弛”，松弛，解开。施刑，指不带镣铐，不穿囚服，仍要服劳役的犯人。

十三年春正月……戊子，诏曰：“往年已敕郡国，异味不得有所献御，今犹未止，非徒有豫养导择之劳，至乃烦扰道上，疲费过所。其令太官勿复受。明敕下以远方口实所以荐宗庙，自如旧制。”二月，遣捕虏将军马武屯呼沱河以备匈奴。卢芳自五原亡入匈奴。丙辰，诏曰：“长沙王兴、真定王得、河间王邵、中山王茂，皆袭爵为王，不应经义。其以兴为临湘侯、得为真定侯、邵为乐成侯、茂为单父侯。”其宗室及绝国封侯者凡一百三十七人。丁巳，降赵王良为赵公，太原王章为齐公，鲁王兴为鲁公。庚午，以殷绍嘉公孔安为宋公，周承休公姬武为卫公。省并西京十三国[①]：广平属钜鹿，真定属常山，河间属信都，城阳属琅邪，泗水属广陵，淄川属高密，胶东属北海，六安属庐江，广阳属上谷。……夏四月，大司马吴汉自蜀还京师，于是大飨将士，班劳策勋。功臣增邑更封，凡三百六十五人。其外戚恩泽封者四十五人。罢左右将军官。建威大将军耿弇罢。益州传送公孙述瞽师、郊庙乐器、葆车、舆辇[②]，于是法物始备[③]。时兵革既息，天下少事，文书调役，务从简寡，至乃十存一焉。……冬十二月甲寅，诏益州民自八年以来被略为奴婢者，皆一切免为庶人；

或依托为人下妻，欲去者，恣听之；敢拘留者，比青、徐二州以略人法从事。……

【注释】

①此处只有九国，说十三国可能有误。②瞽师：由盲人担任的乐师。郊庙乐器：郊祀所用的尊彝等器物和钟磬等乐器。葆车：装饰有五彩羽毛的车。舆：泛指车。辇：人拉的车，秦汉以后专指皇帝的车子。③法物：帝王仪仗所用的器物。

十四年春正月，起南宫前殿。匈奴遣使奉献，使中郎将报命。夏四月辛巳，封孔子后志为褒成侯。……是岁，会稽大疫。莎车国、鄯善国遣使奉献。十二月癸卯，诏益、凉二州奴婢，自八年以来自讼在所官，一切免为庶人，卖者无还直。

十五年……二月，徙雁门、代郡、上谷三郡民置常山关、居庸关以东。初，巴蜀既平，大司马吴汉上书请封皇子，不许，重奏连岁。三月，乃诏群臣议。大司空融、固始侯通、胶东侯复、高密侯禹、太常登等奏议曰："古者封建诸侯，以藩屏京师。周封八百，同姓诸姬并为建国，夹辅王室，尊事天子，享国永长，为后世法。故《诗》云：'大启尔宇，为周室辅。'高祖圣德，光有天下，亦务亲亲，封立兄弟诸子，不违旧章。陛下德横天地，兴复宗统，褒德赏勋，亲睦九族，功臣宗室，咸蒙封爵，多受广地，或连属县。今皇子赖天，能胜衣趋拜，陛下恭谦克让，抑而未议，群臣百姓，莫不失望。宜因盛夏吉时，定号位，以广藩辅，明亲亲，尊宗庙，重社稷，应古合旧，厌塞众心。臣请大司空上舆地图，太常择吉日①，具礼仪。”制曰：“可。”夏四月戊申，以太牢告祠宗庙。丁巳，使大司空融告庙，封皇子辅为右翊公，英为楚公，阳为东海公，康为济南公，苍为东平公，延为淮阳公，荆为山阳公，衡为临淮公，焉为左翊公，京为琅邪公。……六月……诏下州郡检核垦田顷亩及户口年纪，又考实二千石长吏阿枉不平者。冬十一月甲戌，大司徒欧阳歙下狱死。十二月庚午，关内侯戴涉为大司徒。卢芳自匈奴入居高柳。……

【注释】

① 太常：为管祭祀礼乐的官。

十六年……秋九月，河南尹张伋及诸郡守十余人，坐度田不实，皆下狱死。郡国大姓及兵长、群盗处处并起，攻劫在所，害杀长吏。郡县追讨，到则解散，去复屯结。青、徐、幽、冀四州尤甚。冬十月，遣使者下郡国，听群盗自相纠擿，五人共斩一人者，除其罪。吏虽逗留回避故纵者，皆勿问，听以禽讨为效。其牧守令长坐界内盗贼而不收捕者，又以畏愞捐城委守者，皆不以为负，但取获贼多少为殿最，唯蔽匿者乃罪之。于是更相追捕，贼并解散。徙其魁帅于它郡，赋田受禀，使安生业。自是牛马放牧，邑门不闭。卢芳遣使乞降。十二月甲辰，封芳为代王。初，王莽乱后，货币杂用布、帛、金、粟。是岁，始行五铢钱。

十七年……秋七月，妖巫李广等群起据皖城，遣虎贲中郎将马援、骠骑将军段志讨之。九月，破皖城，斩李广等。冬十月辛巳，废皇后郭氏为中山太后，立贵人阴氏为皇后。进右翊公辅为中山王，食常山郡。其余九国公，皆即旧封进爵为王。甲申，幸章陵。修园庙，祠旧宅，观田庐，置酒作乐，赏赐。时宗室诸母因酣悦，相与语曰："文叔少时谨信，与人不款曲，唯直柔耳。今乃能如此！"帝闻之，大笑曰："吾理天下，亦欲以柔道行之。"乃悉为春陵宗室起祠堂。……十二月，至自章陵。……

十八年春二月，蜀郡守将史歆叛，遣大司马吴汉率二将军讨之，围成都。……夏四月……甲戌，诏曰："今边郡盗谷五十斛，罪至于死，开残吏妄杀之路，其蠲除此法，同之内郡。"……五月，旱。卢芳复亡入匈奴。秋七月，吴汉拔成都，斩史歆等。壬戌，赦益州所部殊死以下。……是岁，罢州牧，置刺史。

十九年……闰月戊申，进赵、齐、鲁三国公爵为王。六月戊申，诏曰："《春秋》之义，立子以贵。东海王阳，皇后之子，宜承大统。皇太子强，崇执谦退，愿备藩国。父子之情，重久违之。其以强为东海王，立阳为皇太子，改名庄。"秋九月，南巡狩。壬申，幸南阳，进幸汝南南顿县舍，置酒会，赐吏人，复南顿田租岁。父老前叩头言："皇考居此日久，陛下识知寺舍，每来辄加厚恩，愿赐复十年。"帝曰："天下重器，常恐不任，日复一日，安敢远期十岁乎？"吏人又言："陛下实惜之，何言谦也？”帝大笑，复增一岁。进幸淮阳、梁、沛。……是岁，复置函谷关都尉。修西京宫室。

二十年春二月戊子，车驾还宫。夏四月庚辰，大司徒戴涉下狱死。大司空窦融免。五月……匈奴寇上党、天水，遂至扶风。……冬十月，东巡狩。甲午，幸鲁，进幸东海、楚、沛国。十二月，匈奴寇天水。壬寅，车驾还宫。是岁……复济阳县徭役六岁。

二十一年春正月，武威将军刘尚破益州夷，平之。夏四月，安定属国胡叛，屯聚青山[①]，遣将兵长史陈欣讨平之。秋，鲜卑寇辽东，辽东太守祭肜大破之。冬十月，遣伏波将军马援出塞击乌桓，不克。匈奴寇上谷、中山。其冬，鄯善王、车师王等十六国皆遣子入侍奉献，愿请都护。帝以中国初定，未遑外事，乃还其侍子，厚加赏赐。二十二年……秋七月，司隶校尉苏邺下狱死。九月戊辰，地震裂。制诏曰：“日者地震，南阳尤甚。夫地者，任物至重，静而不动者也。而今震裂，咎在君上。鬼神不顺无德，灾殃将及吏人，朕甚惧焉。其令南阳勿输今年田租刍稾。遣谒者案行，其死罪系囚在戊辰以前，减死罪一等，徒者弛解钳，衣丝絮。赐郡中居人压死者棺钱，人三千。其口赋逋税而庐宅尤破坏者，勿收责。吏人死亡，或在坏垣毁屋之下，而家羸弱不能收拾者，其以见钱谷取佣，为寻求之。”……是岁……匈奴薁鞬日逐王比遣使诣渔阳请和亲[②]，使中郎将李茂报命。乌桓击破匈奴，匈奴北徙，幕南地空。诏罢诸边郡亭候吏卒。

【注释】

① 青山：在今甘肃环县。② 比：为匈奴王之名。

二十三年春正月，南郡蛮叛，遣武威将军刘尚讨破之，徙其种人于江夏。……十二月，武陵蛮叛，寇掠郡县，遣刘尚讨之，战于沅水，尚军败殁。是岁，匈奴薁鞬日逐王比率部曲遣使诣西河内附①。

二十四年春正月乙亥，大赦天下。匈奴薁鞬日逐王比遣使款五原塞，求扞御北虏。秋七月，武陵蛮寇临沅，遣谒者李嵩、中山太守马成讨蛮，不克，于是伏波将军马援率四将军讨之。诏有司申明旧制阿附蕃王法。冬十月，匈奴薁鞬日逐王比自立为南单于，于是分为南、北匈奴。

二十五年春正月，辽东徼外貊人寇右北平、渔阳、上谷、太原②，辽东太守祭肜招降之。乌桓大人来朝。南单于遣使诣阙贡献，奉蕃称臣③；又遣其左贤王击破北匈奴，却地千余里。三月南单于遣子入侍。……伏波将军马援等破武陵蛮于临沅。冬十月，叛蛮悉降。夫余王遣使奉献。是岁，乌桓大人率众内属，诣阙朝贡。

【注释】

① 部曲：为古代军队编制单位，这里指军队。② 貊（mò）：古族名。③ 蕃：通“藩”。

二十六年春正月，诏有司增百官奉。其千石已上，减于西京旧制；六百石以下，增于旧秩。初作寿陵，将作大匠窦融上言园林广袤，无虑所用，帝曰："古者帝王之葬，皆陶人瓦器，木车茅马，使后世之人不知其处。太宗识终始之义，景帝能述尊孝道，遭天下反覆，而霸陵独完受其福①，岂不美哉！今所制地不过二、三顷，无为山陵，陂池裁令流水而已。"遣中郎将段郴授南单于玺绶，令入居云中，始置使匈奴中郎将，将兵卫护之。南单于遣子入侍，奉奏诣阙。于是云中、五原、朔方、北地、定襄、雁门、上谷、代八郡民归于本土。遣谒者分将施刑、补理城郭。发遣边民在中国者，布还诸县，皆赐以装钱，转输给食。

二十七年……五月丁丑，诏曰："昔契作司徒，禹作司空，皆无'大'名，其令二府去'大'。"又改大司马为太尉。骠骑大将军行大司马刘隆即日罢，以太仆赵憙为太尉，大司农冯勤为司徒。益州郡徼外蛮夷率种人内属。北匈奴遣使诣武威乞和亲。冬，鲁王兴、齐王石始就国。

二十八年春正月己巳，徙鲁王兴为北海王，以鲁国益东海。赐东海王强虎贲、旄头、钟虡之乐②。……秋八月戊寅，东海王强、沛王辅、楚王英、济南王康、淮阳王延始就国。冬十月癸酉，诏死罪系囚皆一切募下蚕室③，其女子宫。北匈奴遣使贡献，乞和亲。

【注释】

① 霸陵：西汉文帝的陵墓。在陕西西安东郊。② 旄

头：皇帝仪仗队中警卫先驱的骑兵。虡(jù)：悬挂钟、磬的木架。③ 蚕室：温室，为行宫刑的牢狱。受宫刑的人怕风，所以让其居蚕室。

二十九年春二月丁巳朔，日有食之。遣使者举冤狱，出系囚。庚申，赐天下男子爵，人二级；鳏、寡、孤、独、笃癃、贫不能自存者粟，人五斛。夏四月乙丑，诏令天下系囚自殊死已下及徒各减本罪一等，其余赎罪输作各有差。

三十年春正月，鲜卑大人内属，朝贺。二月，东巡狩。甲子，幸鲁，进幸济南。闰月癸丑，车驾还宫。有星孛于紫宫①。夏四月戊子，徙左翊王焉为中山王。五月，大水。赐天下男子爵，人二级；鳏、寡、孤、独、笃癃、贫不能自存者粟，人五斛。秋七月丁酉，幸鲁国②。复济阳县是年徭役。冬十一月丁酉，至自鲁。

三十一年夏五月，大水。戊辰，赐天下男子爵，人二级；鳏、寡、孤、独、笃癃、贫不能自存者粟，人六斛。癸酉晦，日有食之。是夏，蝗。秋九月甲辰，诏令死罪系囚皆一切募下蚕室，其女子宫。是岁，陈留雨谷，形如稗实。北匈奴遣使奉献。

【注释】

① 紫宫：紫微垣，北极星附近的星空，古代认为是天帝所居，与人间帝宫相应。② 此处“国”字应是衍文。

中元元年春正月，东海王强、沛王辅、楚王英、济南王康、淮阳王延、赵王盱皆来朝。丁卯，东巡狩。二月己卯，幸鲁，进幸太山。北海王兴、齐王石朝于东岳。辛卯，柴望岱宗，登封太山；甲午，禅于梁父。……夏四月癸酉，车驾还宫。己卯，大赦天下。复嬴、博、梁父、奉高，勿出今年田租刍稾。改年为中元。……是夏，京师醴泉涌出，饮之者固疾皆愈，惟眇、蹇者不瘳。又有赤草生于水崖。郡国频上甘露。群臣奏言："地祇灵应而朱草萌生。孝宣帝每有嘉瑞，辄以改元，神爵、五凤、甘露、黄龙，列为年纪，盖以感致神祇，表彰德信。是以化致升平，称为中兴。今天下清宁，灵物仍降①。陛下情存损挹，推而不居，岂可使祥符显庆，没而无闻？宜令太史撰集，以传来世。"帝不纳。常自谦无德，每郡国所上，辄抑而不当，故史官罕得记焉。秋，郡国三蝗。冬十月……甲申，使司空告祠高庙曰："高皇帝与群臣约，非刘氏不王。吕太后贼害三赵，专王吕氏。赖社稷之灵，禄、产伏诛，天命几坠，危朝更安。吕太后不宜配食高庙，同祧至尊。薄太后母德慈仁，孝文皇帝贤明临国，子孙赖福，延祚至今。其上薄太后尊号曰高皇后，配食地祇。迁吕太后庙主于园，四时上祭。"……是岁，初起明堂、灵台、辟雍②，及北郊兆域③。宣布图谶于天下。复济阳、南顿是年徭役。……

【注释】

① 仍：接续，接连。② 明堂：古代天子宣明政教的场

所。凡朝会、祭祀、庆赏等大典，皆在其中进行。灵台：汉代天象台。辟雍：东汉为祭祀之所。③ 北郊：城北郊祀之处。古代天子夏至日祭地于京师之北。

……二年春正月辛未，初立北郊，祀后土①。东夷倭奴国王遣使奉献。二月戊戌，帝崩于南宫前殿，年六十二。遗诏曰："朕无益百姓，皆如孝文皇帝制度，务从约省。刺史、二千石长吏皆无离城郭，无遣吏及因邮奏。"初，帝在兵间久，厌武事，且知天下疲耗，思乐息肩。自陇、蜀平后，非儆急，未尝复言军旅。皇太子尝问攻战之事，帝曰："昔卫灵公问陈，孔子不对，此非尔所及。"每旦视朝，日仄乃罢。数引公卿、郎、将讲论经理，夜分乃寐。皇太子见帝勤劳不怠，承间谏曰："陛下有禹汤之明，而失黄老养性之福，愿颐爱精神，优游自宁。"帝曰："我自乐此，不为疲也。"虽身济大业，兢兢如不及，故能明慎政体，总揽权纲，量时度力，举无过事。退功臣而进文吏，戢弓矢而散马牛，虽道未方古，斯亦止戈之武焉。

【注释】

① 后土：古代称地神或土神为后土。后，君。

【翻译】

世祖光武皇帝名秀，字文叔，南阳郡蔡阳县人，高祖刘邦的第九代孙。出自景帝所生的长沙定王刘发，刘发生春陵节侯刘买，刘买生郁林太守刘外，刘外生钜鹿都尉刘回，刘回生南顿令刘钦，刘钦生光武。光武九岁时就死了父亲，由叔父刘良养大。他身高七尺三寸，须眉浓美，有着大大的嘴巴，高高的鼻梁，饱满的额角。光武对农事勤劳不懈，而长兄刘縯喜好侠义，收养宾客，他常耻笑光武经营田业，把他比作高祖刘邦的兄长刘喜一样。

王莽天凤年间，光武才来到长安，学习《尚书》，大略弄懂了书中的内容。王莽末年，天下连年遭受蝗虫之害，贼寇强盗纷纷竞起。地皇三年，南阳闹饥荒，各家的宾客门人多聚为小股盗贼。光武此时在新野躲避官吏的追究，因而到宛城卖粮。宛城人李通等人用图谶劝说光武："刘家要重新兴盛，李家是刘家的辅佐。"光武一开始还不敢答应，但暗自想到长兄刘縯一向结交不怕事的人，必定要举兵起事，而且王莽衰败灭亡的迹象已经显露，天下正处于混乱之中，便和李通决定起事，于是就购置弓箭武器。十月，光武和李通堂弟轶等人在宛城起兵，这年他二十八岁。

十一月，彗星在张宿出现。光武于是率领宾客返回春陵。这时刘縯已经聚众起兵。一开始，各家的年轻人很害怕，纷纷逃跑，各自躲藏起来，他们说："刘縯要杀害我。"等见到光武穿戴将军的红衣大帽，都惊奇地说："谨慎厚道的人也干起兴兵造反的事了。"于是便渐渐安定下来。刘縯就招来新市、平林兵，和他们的主帅王凤、陈牧一起向西攻打长聚。光武起初骑牛，杀了新野县尉后才得到马。进军荡平唐子乡，随后又杀了湖阳县尉。因军中分财物不均，众人忿恨，要反过来攻打刘氏家族的人。光武收集刘姓族人所得财物，全数给予众人，众人方才喜悦。汉军推进占领了棘阳，和王莽前队大夫甄阜、属正梁丘赐在小长安接战，汉军大败，退守棘阳。

更始元年正月初一甲子日，汉军在沘水西又和甄阜、梁丘赐交战，大破了他们的军队，杀了甄阜、梁丘赐两人。刘缜又在淯阳打败了王莽的纳言将军严尤、秩宗将军陈茂，于是进军包围宛城。

二月辛巳，拥立刘玄为天子，刘玄任命刘缜为大司徒，光武为太常、偏将军。

三月，光武另外和众将去攻取昆阳，定陵、郾，结果都攻克了。得到许多牛、马、财物，还得到数十万斛粮食，光武将这些物品都转运供给宛城下的刘缜军。

王莽得知甄阜、梁丘赐已死，汉帝已立的消息，十分恐惧，于是派大司徒王寻、大司空王邑率兵百万，其中身着铠甲之士四十二万人，五月到达颍川，又与严尤、陈茂会合。当初，光武替叔父舂陵侯刘敞到严尤那儿告佃户拖欠租子，严尤见了光武就很器重他。到这时，从城里跑出去投降严尤的人告诉他光武不掠取财物，只知操练军队和策划战守方略。严尤笑着说："是那个须眉浓美的人吧，怎么竟然会像这样！"

起初，王莽征调国内六十三家通兵法的共数百人，一起委派为军吏。挑选和训练禁卫军，征募勇士。军队的战旗辎重，千里不绝。当时有个巨人叫巨无霸，身长一丈，腰圆十围，委派为负责守卫营垒的官。又驱逐虎、豹、犀、象等各种猛兽奔跑在阵前，以助军威。自秦、汉以来出师的盛况，从没有像这样威武的。光武率领数千人到阳关截击王莽军。众将见王寻、王邑的兵力强大，掉头逃跑，奔回了昆阳。于是都惶恐不安地惦记着妻子儿女，打算分散返回各自的城邑。光武提议说："现在兵马粮草已经很少，而外敌强大，我们合力抵抗，功绩或许能成就；如果分散开来，势必不能都得以保全。而且宛城尚未攻克，那边的人不能来相救，昆阳一旦陷落，一日之间，各部兵马都要被消灭。现在不同心同德共举功名，反而想去保妻子儿女和财物吗？"众将发怒说："刘将军怎敢这样说话？"光武笑着起身。恰巧这时侦察的骑兵返回，告知大兵将到城北，兵马队列数百里，看不到队尾。众将急忙互相说道："还是请刘将军考虑对策。"光武又为大家谋划成败之计。众将忧愁急迫，都诺诺连声，表示同意。这时城中只有八九千人，光武于是派成国上公王凤、廷尉大将军王常留守城中。自己则趁着夜幕和骠骑大将军宗佻、五威将军李轶等十三骑冲出昆阳城南门，到外面去调集兵力。这时到达城下的王莽军有将近十万人，光武差一点出不了城门。到了郾、定陵之后，光武调拨各营全部兵力增援昆阳，而众将却贪恋财物，打算留下人看守营垒。光武说："现在如能打败敌人，就能得到万倍的珍宝，大功就能告成；如果我们被打败了，脑袋都保不住，还能有什么财物呢！"众人这才听从了光武的主意。

严尤向王邑进策说："昆阳城虽小，却很坚固。现在僭称帝王的刘玄在宛城，我们急速进兵宛城，他们必定逃跑；宛城一败，昆阳可不战而自行降服。"王邑说："过去我以虎牙将军的身份围歼翟义，因为没有活捉他，而受到责难。现在我率领百万大军，遇到城池不能攻克，将如何交待呢？"于是将昆阳重重包围，构筑军营好几百，升起十多丈高的云车，俯视昆阳城中，旗帜布满原野，战尘直冲九天，金鼓声传出数百里，有的军士在挖地道，有的用橦车和楼车在冲击城门。无数的弓弩朝城里乱发，箭下如雨，城里的人要顶着门板才能去取水。王凤等人要求投降，却得不到允许。王寻、王邑自以为胜利就在顷刻之中，得意洋洋。夜里有流星坠落到军营中；白天有云像崩塌的山一样，对着营地坠落下来，到离地不及一尺处才散开，官兵都被压得趴在地上。

六月己卯日，光武便和招集来的队伍一起行进，他亲自率领千余名步兵和骑兵，进军到离王莽军四五里的地方列阵。王寻、王邑也派出数千人迎战。光武冲杀在战场上，一气斩下了几十个敌军的首级。众将惊喜地说："刘将军平时看见小股敌人就胆怯，今天见到大敌反而英勇，真是奇怪。我们再往前进，去协助刘将军。"大军向前冲杀，王寻、王邑的部队退却，各部一齐乘胜而进，杀敌成百上千。光武连连取胜，于是向前推进。这时刘缜攻占宛城已三天，光武却还不知道，他让人装扮成刘缜的人去昆阳报信说："围攻宛城的援兵到了。"却让送信的人装作把信失落了。王寻、王邑得到了信，很扫兴。而起义军众将已经取得多次胜利，胆量益壮，无不以一当百。光武便率不怕死的三千勇士，从城西渡水，冲击敌军最精锐的中军，王寻、王邑的阵势开始混乱，光武乘着锐气摧毁了敌人的阵势，从而杀了王寻。昆阳城里的人也击鼓呼喊冲杀出来，起义军城里的和城外的汇合一处，呼声震天动地。于是王莽军大溃，逃跑的人互相践踏，奔退中死伤的人遍及百余里间。恰巧这时天空中雷鸣电闪，狂风呼号，屋顶的瓦都刮飞了，雨如倾盆而下，滍川河水大泛滥，虎豹都吓得四腿直抖，而士卒们抢着渡河，淹死的人数以万计，河水都堵得流不动了。王邑、严尤、陈茂等人轻装骑马踏着死尸渡水逃走。光武缴获了王莽军的全部粮草、辎重、装备和珍宝，多得数不清，清理了几个月都清不完，只好把剩下的物资放火烧掉了。

光武于是又攻下了颍阳，这时正逢刘縯被更始帝所害，光武从父城赶到宛城谢过。司徒府的官员来迎接慰问光武，光武难以和他们背地里交谈，只是重重地责备自己的过错罢了，没有夸耀自己在昆阳的功劳，又不敢为兄长刘縯服丧，饮食谈笑都和平常一样。更始帝因此感到惭愧，于是授给光武破虏大将军的官职，封他为武信侯。

九月庚戌，三辅豪杰一起杀了王莽，把他的头送到了宛城。更始帝将北上到洛阳建都，便让光武代理司隶校尉的职务，委派他前往洛阳整修宫廷府署。光武于是设置下属官员，起草公文，以从事史察禁非法，一切都按汉朝的章程办理。当时三辅官员和士人到东方来迎接更始帝，见众将走过，都戴着平民百姓的头巾，穿着女人的服装，大掖上衣和绣花短袖衣，因而没有不笑话他们的，甚至有人以为不祥而害怕，便跑开的。等看到司隶府的人，都喜不自禁。老吏中有人垂泪说道："想不到今日又见到汉家官员的威严仪表！"从此有见识的人都心向光武了。等到更始帝到了洛阳，便委派光武以破虏将军的名义代理大司马职务。十月，光武带着符节北渡黄河，安定抚慰各州郡。他每到各郡县，就会见郡守、长吏、三老、下属官吏，直至各部门的佐史们，考察他们的政绩并加以罢免或提升，就像州牧巡查所属郡国一样。光武还立即平反冤案,遣返囚徒,废除王莽时苛刻的政令,恢复汉朝的官名。吏人们喜笑颜开,争着拿出牛肉美酒欢迎慰劳光武。光武行进到邯郸县,已故赵缪王之子刘林向光武献策说:"赤眉军现在河东,只要决开黄河之水淹灌他们,就可以使赤眉百万人马变成鱼虾。"光武没有理睬,而是离开邯郸前往真定县。刘林于是弄虚作假,让从事占卜的王郎冒充成帝的儿子刘子舆,十二月,立王郎为天子,定都邯郸,并派遣使者招降下属郡国。

更始二年正月,光武因为王郎新近强盛,便北上巡行蓟城。王郎发出檄文,愿以封给十万户的奖赏悬赏捉拿光武。已故广阳王刘嘉的儿子刘接在蓟城起兵来响应王郎,于是蓟城内部混乱,人们相继惊恐起来,又有传言说邯郸的使者就要到来,品秩二千石以下的官员都出城迎接。于是光武急忙驾车南奔,白天黑夜都不敢进城,只得在大路旁睡觉吃饭。到了饶阳,随从都没吃的了。光武便自称是邯郸来的使者,进入客馆。客馆的吏人刚刚送进饭来,光武的随从们肚子饿坏了,一看到饭就抢起来。客馆的吏人因此怀疑光武他们有假,便把鼓敲了数十通,假装说邯郸的将军来到,随从们都大惊失色。光武登上车子要跑,接着又担心邯郸的将军真的来了,自己是跑不掉的,便慢慢地坐下,说:"请邯郸将军进来。"等了许久,才驾车离去。客馆中的吏人远远地叫守城门的人把光武一行关在城里。看门的官员却说:"天下将来归谁难道能预先知道,现在就把尊贵的人关起来吗?"于是光武一行得以出了南门。他们日夜兼程,冒着严冬的雪霜,当时的天气正冷,大家的脸都冻裂了。到了呼沱河，河边没有渡船，恰巧河面封冻，能够过河。队伍还没有完全过去，就有好几辆车陷进水里。行进到下博县城西，他们惶惑起来，不知该往哪里去。这时有位白衣老人站在道旁，用手指着说："加把劲儿吧！信都郡的人还在为长安政权坚守着，那儿离这里有八十里。"光武马上奔赴到信都。信都太守任光打开城门出来迎接。于是光武调拨周围各县的兵马，得到四千人，先攻打堂阳、贳县，两处都投降了光武。王莽的和成郡的卒正邳彤也带领该郡投降。又有昌城县人刘植，宋子县人耿纯，率领自己同宗的亲属和子弟，占领了各自的县城，来拥戴光武。于是向北降服了下曲阳县，人马渐渐聚集起来，乐于依附光武的人达到好几万。光武又北上攻打中山国，占领了卢奴县，凡所经过的郡县，光武便调拨"奔命兵"，又传送檄文到边境各部，要他们一起攻打邯郸，各郡县答复表示响应。光武又向南出击新市县、真定县、元氏县、防子县，都一一攻克了，于是进入赵地。这时王郎的大将李育在柏人县屯兵，汉军不知道此事，向前进军，先头部队的偏将朱浮、邓禹被李育打败，失掉了装备和粮草。在后的光武得知消息，收集了朱浮、邓禹的散兵，和李育在柏人城门交战，大破李育军，全部夺回了李育从朱浮、邓禹那里夺去的装备和粮草。李育退回，坚守城池。光武攻城不下，于是领兵攻下了广阿县。正巧这时上谷太守耿况、渔阳太守彭宠各派自己的将领吴汉、寇恂等率领骑兵突击队来协助打击王郎，更始帝也派尚书仆射谢躬来讨伐王郎。光武乘机重重犒劳士兵，便向东进军包围钜鹿。王郎的守城将领王饶坚守城中，一个多月未攻下。王郎派遣将领倪宏、刘奉率领数万人马援救钜鹿，光武在南䜌县迎战援军，杀了对方好几千人。四月，光武进军包围了邯郸，连战连胜。五月甲辰日，占领了全城，杀了王郎。光武收集王郎的公文档案，得到自己的部下和王郎勾结诽谤自己的书信有数千件。他对这些信函连看也不看，反而把将领们召集起来当着他们的面烧掉。光武说："让那些反反复复的人安下心来。"

更始帝派侍御史持符节立光武为萧王，让他交出所有的兵权，到更始所在的地方去。光武以河北尚未平定为由推辞，不接受更始的征召。从此他开始对更始帝怀有二心。这时长安政治混乱，各地都背叛更始。梁王刘永在睢阳专擅一方，公孙述在巴蜀自称为主，李宪自封为淮南王，秦丰自号为楚黎王，张步在琅邪起兵，董宪在东海叛乱，延岑在汉中造反，田戎在夷陵发难，他们竞相立将封帅，侵夺各郡县。还有各种名号的队伍如铜马、大彤、高湖、重连、铁胫、大抢、尤来、上江、青犊、五校、檀乡、五幡、五楼、富平、获索等，各自统率部下，各路乱兵合计有数百万人，到处侵害抢掠。

光武将要征伐他们，便先派吴汉北上调发十郡的人马。幽州牧苗曾不听从命令，吴汉就杀了苗曾并调发了他的军队。

秋天，光武在鄡县攻打铜马军，吴汉率领骑兵突击队在清阳县和光武会合。铜马军数次挑战，光武加固营垒自保；铜马军中有人出去掳掠时，光武就出击消灭他们，断绝了铜马军运粮草的通路。过了一个多月，铜马军粮食吃尽，只得乘夜逃离，光武追击到馆陶县，大破铜马军。受降的事宜还没有了结，高湖、重连两支人马便从东南来到，和铜马的余部会合。光武又和他们在蒲阳山大战，把高湖、重连及铜马余部全部打败并迫降了他们，把投降的将帅封为列侯。但他们仍不放心，光武知道他们的心思，便命令他们各自回营统率约束部队。自己则乘轻骑视察巡行各营阵地。投降的人互相说："萧王待人推心置腹，我们哪能不以死效力！"从此都诚心归附了。光武总领各路降兵分配各部将领，光武的人马达到数十万。所以关西称光武是"铜马帝"。

赤眉别部的将领和大彤、青犊军的十多万人驻扎在射犬，光武向他们发起攻击，大败敌军，十多万人都逃散了。光武派吴汉、岑彭偷袭邺城，杀了谢躬。

青犊、赤眉军进入函谷关，攻打更始。光武便派邓禹率领六位副将向西进军，以便从更始、赤眉的混战中获益。这时更始派大司马朱鲔、舞阴王李轶等在洛阳屯兵，光武也命令冯异驻守孟津来防御他们。……

建武元年春正月，平陵人方望立前汉孺子刘婴为天子，更始帝派丞相李松出击并杀了刘婴。

光武北上到元氏县，攻打尤来、大抢、五幡，追击到右北平郡，接连打败对方。两军又在顺水北岸接战，光武乘胜冒进，反而被打败。尤来等部穷追不舍，两军短兵相接，光武从高坡上跳下来，遇到了骑兵突击队的王丰，王丰把马让给光武，光武按着他的肩膀上了马，回头笑着对耿弇说："几乎让强盗们笑话了。"耿弇不停地射箭，击退了敌人，光武得以脱身。这一次光武的士卒死了几千人，剩下的兵士退到范阳城中坚守。军中的人因见不到光武，有人说他已经战死了，众将都不知该怎么办。吴汉说："大家要鼓起劲来！大王哥哥刘縯的儿子在南阳，还怕以后没有主公？”大家还是害怕担心，过了好几天才安定下来。这时尤来等部虽然打了胜仗，然而他们平素畏惧光武的声威，加上双方都不摸底细，于是他们夜里就撤退了。光武的人马随即又推进到安次县，和尤来等部交战，击溃了对方，并杀了三千多人。尤来等部进入渔阳郡，光武便派吴汉带领耿弇、陈俊、马武等十二位将军跟踪追击，在潞城东面交战，一路战到平谷县，彻底击溃并消灭了尤来等部。这时朱鲔派讨难将军苏茂攻打温城，冯异、寇恂和他交战，大破苏茂军，杀了苏茂的大将贾强。

这时众将议论刘秀称帝的事。马武首先进言说：“天下没有君主，如果有圣人趁着衰败的机会兴起，即使让孔子担任丞相，让孙子担任大将，还要担心于事无补。泼出的水是收不回来的，机会错过了后悔是来不及的。大王虽然坚持谦虚退让，怎么对得起汉王朝的先帝和祖宗、国家呢，您理应暂且返回蓟城就皇帝尊位，然后再计议征伐的事。现在您不称天子，谁又是贼人呢，而您又驰骋攻打哪个贼呢？”光武吃惊地说：“将军怎么说出这种话？该杀头的呀！”马武答道：“众将军都这样看。”光武派人晓谕各位将军，便率领人马返回蓟城。初夏四月，公孙述自称为皇帝。

光武从蓟城返回，经过范阳县，命令收聚埋葬死去的官吏士卒遗体。到达中山国时，众将又上奏说：“大汉遭受王莽的祸乱，刘氏的统治中断，天下豪杰愤怒，万民陷于水火之中。大王与刘縯首起义兵，更始却凭宗室资格占据了帝位，然而他却不能继承汉朝的大业，又败乱纲纪，使得盗贼日渐增多，天下生灵困苦不堪。起初大王征伐昆阳，王莽军不战而败；后又占领邯郸，北方各州得以平定。三分天下而你占有二分，横跨数州占据疆土，拥有披甲之众百万。论武力没有谁敢与您对抗，论文德您更没有辞让的理由。我们听说皇帝的位子不能长久空缺，上天的意志不可以用谦让来违抗，盼大王为国家着想，把兆民放在心中。”光武还是不听从。

行进到南平棘，众将军又坚决请求光武就天子之位。光武说：“强盗和贼人还没有消灭，我们四面受敌，何必急着要称天子，即帝位呢？各位将军姑且出去。”耿纯进言说：“天下的士大夫们抛开亲属，离别家乡，跟随大王冲杀在刀箭之间，他们的打算本来就是企望攀龙附凤，来实现自己的夙愿罢了。现在大功即将告成，天象和人事也互相应和，而大王却拖延时间，违背大家的意愿，迟迟不就帝位，我担心士大夫们的希望和打算落空，就会产生离归的念头，不干这遥遥无期困苦自己的事了。部众一散，就难得再聚合了。时间不可拖延，众愿不能违背。”耿纯的话非常诚恳真切，光武深受感动，说：“我将考虑这事。”

行进到鄗县，光武以前在长安学习时住在一起的书生强华，从关中献来《赤伏符》，其中说：“刘秀起兵捉拿无道的人，四方各族云集，像群龙搏斗于原野，二百二十八年之际火德为数运之主。”群臣乘机又进言说：“受天命的符瑞，以有人事应验的为上。万里外的物象与符命正合，众人不谋而同心，就是周武王的白鱼之应，又怎能和这相比？现在万民之上没有天子，四海之内混乱，天降的吉兆在人世间的应验明白显著，人所共知，你应该回报天神，以满足大家的愿望。”光武于是命令官员们在鄗城南面的千秋亭五成陌设立祭天的坛场。

六月己未日，光武登皇帝位。于是烧柴祭天，敬祀“六宗”，遥祭群神。他的祝文中说：“皇天上帝，后土神祇，关怀我们而降下大命，把百姓托付给刘秀，让他当天下臣民的父母，可刘秀实在是不敢承担这个重任。但各位文官武将，不谋而异口同辞，都说：‘王莽篡夺皇帝之位，刘秀因此发愤起兵，在昆阳击溃王寻、王邑，在河北诛灭王郎、铜马，平定天下，海内都受其恩。上应皇天后土之心，下被百姓归心拥护。’谶记说‘刘秀起兵捉拿无道的人，刘氏修养德行当为天子’。刘秀还是坚决推辞，推辞了两次不行，又第三次推辞，文武官员都说：‘上天的重大命令不可耽搁。’刘秀哪敢不敬奉天命。”于是立年号为建武，赦免天下的犯人，改鄗县为高邑。这个月，赤眉军立刘盆子当皇帝。甲子日，前将军邓禹在安邑攻打更始的定国公王匡，大破王匡军，杀了他的将领刘钧。

秋七月……派吴汉率领朱祐和廷尉岑彭、执金吾贾复，扬化将军坚镡等十一位将军在洛阳围攻朱鲔。……九月，赤眉进入长安，更始逃奔到高陵县。辛未日，光武下诏说：“更始战败，弃城逃跑，妻子儿女衣不遮体，流亡失散于道路之上。我很怜悯他们。现在封更始为淮阳王。官员们中间有敢杀害他的，以大逆罪论处。”……辛卯日，朱鲔率领洛阳全城人马投降。

冬十月癸丑日，光武进入洛阳，登上南宫却非殿，于是定都洛阳。光武派岑彭攻打荆州地方的群贼。十一月…… 刘永自称为天子。十二月……赤眉杀了更始，而隗嚣占据了陇西郡，卢芳在安定郡起兵。

……建武二年正月……大司马吴汉率领九位将军在邺城东进攻檀乡军，彻底击溃了檀乡军，并使他们投降。庚辰，把功臣都封为列侯，其中封邑大的拥有四个县，其余的人封邑大小各有不等。……博士丁恭提出建议说："古代帝王封给诸侯的地方不超过百里。所以根据有利与否分封诸侯，效法雷声震惊百里，封侯以百里为限；增强主干，削弱枝叶，使封国不要过大，这是达到天下治理的方法。现在封给诸侯以四县那么大的地方，不合古代的法度。"光武帝说："古时国家灭亡，都是因为国君无道，不曾听说过因为功臣封地大而使国家灭亡的。"于是派谒者去授给被封诸侯们印绶，策命上说："居于上位的人不骄横，那么虽然位高却没有危险；守节制谨法度，那么虽然满盈也不会漫溢。你们要敬肃戒慎，传给你们的后代，长久地成为汉家的屏障。"……壬子日，在洛阳建立祭祀高祖刘邦等的庙堂，营造祭社稷的祭坛，在城南设立郊祀的坛场，开始定为顺应火德，崇尚赤色。这个月，赤眉军烧了长安的宫殿，发掘帝王的园陵，在关中抢掠。大司徒邓禹进入长安，派司徒府的掾属取前汉十一个皇帝的神主牌位，放置在高庙里。

……二月……光武派骠骑大将军景丹率领征虏将军祭遵等二位将军攻打弘农郡的贼人，击溃了他们。于是又派祭遵围歼蛮中聚的贼人张满，渔阳太守彭宠造反，在蓟城攻打幽州牧朱浮。延岑在汉中自称武安王。……三月乙未日，大赦天下囚徒，光武帝下诏说："近来，狱中关了许多受冤枉的人，施刑也很残酷，我很怜悯受冤枉的人。孔子说：'刑罚不得当，那么人民就会手足无措。'应当和中二千石、各位大夫、博士、议郎商议减轻刑法。"光武帝派执金吾贾复率领二位将军攻打更始的郾王尹遵，击败并收降了他。……派虎牙大将军盖延率领四位将军讨伐刘永。

四月，在睢阳包围了刘永。更始的部将苏茂杀了淮阳太守潘蹇，并投靠刘永。……五月癸未日，光武帝下诏说："民间不得已嫁为人妻的女儿和卖出的儿子有要返回父母身边的，完全听任他们的意愿。谁敢拘禁他们，依法论处。"六月戊戌日，立贵人郭氏为皇后，儿子刘强为皇太子。大赦天下囚徒，增加郎官、谒者和从官的俸禄各一等。

……秋八月，光武帝亲自率领人马征伐五校军。丙辰日，到达内黄县，在羛阳大败五校军，并使他们投降。派游击将军邓隆援救朱浮，在潞城和彭宠交战，邓隆的军队吃了大败仗。盖延占领了睢阳，刘永逃到谯城。破虏将军邓奉占据了淯阳造反。九月壬戌，光武从内黄返回洛阳。……延岑在杜陵大破赤眉军。关中闹饥荒，发生了人吃人的现象。

冬十一月，光武任命廷尉岑彭为征南大将军，率领八位将军在堵乡讨伐邓奉。铜马、青犊、尤来余部在上郡共立孙登为皇帝。孙登的将领乐玄杀了他，率领五万多人投降。光武派遣偏将军冯异代替邓禹攻打赤眉。派遣太中大夫伏隆拿着皇帝的符节安抚青、徐二州，招降了张步。十二月戊午日，光武帝下诏说："念宗室列侯被王莽废掉，先人的神灵没有依归之处，我很怜悯他们。一并恢复他们的封国。若列侯本人已去世，让其子孙所在郡县把他们的现名上报尚书，分别封授爵位。"这年，盖延等人在沛县西面大破刘永。起初在王莽末年，天下发生旱灾、蝗灾，一斤黄金才换一斛粟；到这时野生的谷子不播而长，麻、豆长得尤其茂盛。野蚕结茧，布满山岗，人们从中得到许多利益。

建武三年春正月甲子日，光武任命偏将军冯异为征西大将军，杜茂为骠骑大将军。大司徒邓禹和冯异在回溪和赤眉交战，邓禹和冯异吃了大败仗。征虏将军祭遵攻下了蛮中聚，杀了张满。……闰月乙巳日……冯异与赤眉在崤底交战，大破赤眉军。赤眉余部向南退到宜阳，光武帝亲自率领兵马前往征伐。己亥日，光武帝到宜阳。甲辰，光武帝亲自统率六军，大摆兵阵，大司马吴汉的精兵列队于前，中军跟在后面，骁骑、武卫两军分别列于左右。赤眉军看到这阵势震惊恐怖，派人请求投降。丙午日，赤眉的皇帝、大臣反绑两手，奉献高祖刘邦传下的玺印前来投降，光武帝下诏把受降事宜交给城门校尉办理。戊申日，光武帝从宜阳回到洛阳。己酉日，光武帝下诏说："各路强盗横行天下，残害人民，刘盆子窃取皇帝尊号，惑乱天下。我急速兴兵讨伐，他们立刻崩溃，十万多人束手就降，先帝的玺印归还到了我的宫府中。这都是靠祖宗的威灵，将士的力量取得的，我哪里够格享有这些呢？可选定良辰吉日祭祀高祖，赏给天下应当继承父亲地位的长子以爵位，每人一级。"二月己未日，光武帝到高庙祭祀，接受传国印玺。刘永立董宪为海西王，张步为齐王。张步杀光禄大夫伏隆而叛乱。光武帝到怀城，派吴汉率领二位将军在轵县西面攻打青犊，彻底打败了青犊军，并使他们投降。三月……彭宠攻陷了蓟城，自立为燕王。光武帝亲自率兵征伐邓奉，并行进到堵阳县。

夏四月，汉军在小长安大破邓奉，杀了他。冯异和延岑在上林苑交战，冯异击败了延岑。吴汉率领七位将军在广乐与刘永的部将苏茂交战，大败苏茂。虎牙大将军盖延在睢阳包围了刘永。五月己酉日，光武帝返回洛阳。六月…… 耿弇与延岑在穰县交战，大破延岑。

秋七月，征南大将军岑彭率领三位将军讨伐秦丰，在黎丘交战，大败秦丰，俘获了他的将领蔡宏。庚辰日，光武帝下诏说："俸禄不满六百石的官吏，直到下面县令一级的地方官，犯罪后，都必须奏请后才能治罪。八十岁以上，十岁以下的男子，和跟随罪犯连坐的妇女，假若不是犯有'不道'罪、或诏书中指名逮捕的，都不允许拘禁。对该查问的人当即前往察问。女子犯徒罪让她出钱雇人上山伐木抵罪，本人则放还回家。"盖延占领了睢阳，捉住了刘永。而苏茂、周建又立刘永之子刘纡为梁王。冬十月壬申日，光武帝到舂陵，祭祀亡父，接着在旧居里安排酒宴，大规模地会聚故旧与父老乡亲。十一月乙未日，光武帝从舂陵回到洛阳。涿郡太守张丰造反。

……建武五年二月……彭宠被他的奴仆杀死，渔阳得以平定。大司马吴汉率建威大将军耿弇在平原郡攻打富平、获索军，大败富平、获索军，并降服了他们。又派耿弇率领二位将军讨伐张步。……夏四月，发生旱灾和蝗灾。五月丙子日，光武帝下诏说："长久的干旱毁坏了麦子，秋庄稼的种子还没有下地，我为这事很焦虑。或许是因为残酷的官吏不称职，致使监牢里有许多冤屈郁结的无辜，人民愁苦怨恨，感动了上天的云气吧？现在我命令中都官、三辅、各郡、各诸侯国释放牢里的囚徒，不是犯死罪的姑且不要追究，正在服徒刑的放免为平民。务必提升柔顺善良的人，罢免贪婪残酷的人，各人整顿自己的职事。”六月…… 庞萌、苏茂包围了桃城。光武帝正好来到了蒙县，于是他亲自率领兵马征伐庞萌、苏茂。他先在任城整顿部队，再进军援救桃城，大败庞萌等。……八月己酉日，光武帝行进到了郯县境内，他留下吴汉攻打刘纡、董宪等部，自己转而巡行彭城县、下邳县。吴汉占领了郯县城，捉住了刘纡；又向前推进，在朐县包围了董宪、庞萌。冬十月，光武帝起程往回走，途经鲁地，派大司空祭祀孔子。耿弇等与张步在临淄交战，大破张步。光武帝到临淄，又行进到剧县，张步杀了苏茂来归降光武帝，齐地平定。开始在洛阳兴办太学。光武帝返抵洛阳宫，亲临太学巡视，赏赐博士弟子们，等级不一。……十二月，卢芳在九原县自称天子。西州大将军隗嚣遣送儿子隗恂入洛阳侍奉光武。…… 光武帝下诏免除济阳全县两年的徭役。这年，野生的谷物渐渐减少，耕种的田地越来越多。

建武六年春正月丙辰日，改舂陵乡为章陵县。免除章陵县人世世代代的徭役，比照着高祖刘邦家乡丰邑及沛县的旧例，让章陵县的人不再顾虑今后的岁月。辛酉日，光武帝下诏说：“去年水、旱、蝗虫成灾，谷价飞涨，人们因而缺吃少穿。我想到百姓们无法供养自己，心里很难过，十分怜悯他们。现在命令存有粮食的各个郡国，供给老人、鳏夫、寡妇、无父、无子女的五种人以及病重体弱、没有家属而不能自养的人粮食，供给标准依照颁布的法律。各郡太守要多加慰问安抚人民，切莫让这些人无法正常生活。”扬武将军马成等攻占了舒县，俘获了李宪。二月，大司马吴汉攻占了朐县，俘获了董宪、庞萌，太行山以东都得到平定。

……夏四月丙子日，光武帝到长安，第一次拜谒了高皇帝的神庙，一一祭扫了西汉十一位皇帝的陵墓。派遣虎牙大将军盖延等七位将军取道陇地讨伐公孙述。五月己未日，光武帝从长安返回洛阳。隗嚣反叛，盖延等于是和隗嚣在陇坻交战，盖延等各位将领吃了大败仗。辛丑日，光武帝下诏说："念天水、陇西、安定、北地四郡被隗嚣欺骗而连累的官员，和三辅遭受赤眉之难时，有一些犯法定为'不道'罪的人，他们中凡判斩首以下的，一律赦免释放。"六月辛卯日，光武帝下诏说："设置官吏，是用来治理人民的。现在百姓遭难，户口减少，而所设置县官吏员依然过多，命令京畿及各州长官分别核实自己辖区的官吏设置，减少官吏人数。那些不必设长吏又可以合并的县和侯国，就上报大司徒、大司空二府。"于是京畿、各州分列条文上奏，合并减少了四百多县，官吏的职位减少，以前有十个这时只设一个。……秋天……派遣前将军李通率领二位将军，在西城县与公孙述的部将交战，打败了他们。

……冬十月丁丑日，光武帝下诏说："我德行浅薄而不圣明，致使寇贼造成祸害，强暴欺凌弱小，人民流离失所。《诗经》说：'日月显示天下凶亡的征兆，是不按正常轨道运行。'我要永远记住自己的过失，心里充满内疚。今敕令公卿推举贤良、方正各一人，百官都要奏上秘密封的报告，不要有所隐瞒和避讳；官员们要履行职责，务必遵守法度。"十一月丁卯日，光武帝下诏：王莽时的官民，籍没为奴婢而又不符合前汉法令的人，一律把他们放免为平民。十二月癸巳日，光武帝下诏说："不久前，战争未结束，国家费用不足，所以实行十分之一的田税。现在士兵们经营屯田，粮食储备略有增多，命令各郡国收现有田地收获的三十分之一为田租，如同景帝时的制度一样。"隗嚣派将军行巡侵犯扶风，征西大将军冯异迎战，并击败了他。这年，开始撤销各郡的都尉官。开始派遣诸侯王到自己的封国去。匈奴派使者向光武帝进贡，光武帝派中郎将回访。

建武七年春正月丙申日，光武帝下诏令中都官、三辅、各郡、各诸侯国释放牢里的囚犯，不是判为斩首死刑的，都权且不予追究。被判徒刑的免为平民。应服二至四年徒刑而逃亡的，官吏们记下他们的姓名而免除其罪。光武帝又下诏说："世人都把厚葬当成美德，把节俭地处理丧事当成鄙野无礼的事，以至有钱的人奢侈、越礼，贫苦的人因此费尽家财，法令禁止不了，礼义也阻止不了，直到丧乱时因墓中财物多而被盗掘才知道害处。今布告天下，让百姓都懂得忠正的臣子、孝顺的儿子、仁慈的兄长、温顺的弟弟以及薄葬送终的大义。"……三月丁酉日，光武帝下诏说："现在国家有多种部队，并且大多精锐勇武，应该暂且撤销轻车、骑士、材官、楼船士这些士卒以及军中临时添置的官员，让他们还乡为民。"公孙述立隗嚣为朔宁王。三月的最后一天癸亥日，日食发生。光武帝离开正殿，停止用兵，五天中不上朝理政。……夏四月壬午日，光武帝下诏说："近来阴阳错乱乖谬，日月迫近相食。百姓们有过失，责任都在我身上，现在大赦天下罪犯。三公、九卿、京畿、州牧推举贤良、方正各一人，让他们到公车门那里去，我将接见和考察他们。"五月甲寅日，光武帝下诏：官员、百姓因为遭受饥荒、战乱以及被青、徐二州强盗掳去当奴隶、小妾的，要离开或留在主人家，完全听任本人的意愿。有敢强制拘留不让他们返还的人，按卖人法治罪。……冬天，卢芳任命的朔方太守田飒、云中太守乔扈各自率领全郡投降。

……建武八年春正月，中郎将来歙偷袭略阳县，杀了隗嚣的守城将领并占据了略阳城。夏四月……隗嚣攻打来歙，没有能攻下来。闰六月，光武帝亲自征伐隗嚣，河西大将军窦融率领五个郡的太守在高平县和光武帝会合。隗嚣在陇西郡溃败，逃奔到西城县，光武帝派大司马吴汉、征南大将军岑彭包围了西城。光武帝行进到上邽县，西城仍不投降，他便命令虎牙大将军盖延、建威大将军耿弇发起攻击。颍川的强盗们侵犯并陷没该郡所辖的县，河东太守统率的守兵也发生叛乱，京城洛阳群情骚动不安。秋天，大水泛滥。八月，光武帝从上邽昼夜兼程地向东赶路，九月乙卯日，他抵达洛阳宫。庚申日，光武帝亲自征伐颍川的盗贼，盗贼全数投降。安丘侯张步叛乱后返回琅邪，琅邪太守陈俊征讨并捉拿了他。庚寅日，光武帝从颍川返回洛阳。……十一月……公孙述派兵援救隗嚣，吴汉、盖延等回师长安。天水、陇西又反叛朝廷归顺隗嚣。

……建武九年春正月，隗嚣病死，他的将领王元、周宗又立隗嚣的儿子隗纯为王。……三月……公孙述派部将田戎、任满占据了荆门山。夏六月丙戌日，光武帝来到缑氏县，登上轘辕山。派大司马吴汉率领四位将军在高柳县攻打卢芳的部将贾览，战斗失利。秋八月，派中郎将来歙监督征西大将军冯异等五位将军在天水讨伐隗纯。骠骑大将军杜茂与贾览在繁畤县交战，杜茂的军队吃了大败仗。

……建武十年春正月，大司马吴汉率领捕虏将军王霸等五位将军在高柳攻打贾览，匈奴派兵马援救贾览，吴汉和众将与匈奴交战，击退了匈奴兵。……夏天，征西大将军冯异在天水击败公孙述的部将赵匡，并杀了他。征西大将军冯异去世。……冬十月，中郎将来歙等在落门大破隗纯。隗纯的大将王元逃奔蜀地。隗纯本人和周宗投降，陇西得到平定。

……建武十一年春二月己卯日，光武帝下诏说："天地之间的灵性以人最为贵重。如果杀害的是奴婢，也不能减轻他的杀人罪。"……闰三月，征南大将军岑彭率领三位将军在荆门山与公孙述大将田戎、任满交战，岑彭大破田戎、任满，擒获了任满。威虏将军冯峻在江州包围了田戎，岑彭随即率领水军讨伐公孙述，平定了巴郡。……六月，中郎将来歙率领扬武将军马成在下辩县打败公孙述的大将王元、环安。环安派间谍刺杀了中郎将来歙。光武帝亲自率军讨伐公孙述。秋七月，光武帝驻扎长安。八月，岑彭在黄石滩击溃公孙述的大将侯丹。辅威将军臧宫在沈水与公孙述的大将延岑交战，臧宫大败延岑。王元投降。光武帝从长安返回洛阳。癸亥日，光武帝下诏说："有敢烧灼奴婢的人，依法论罪，并将所烧灼的奴婢放免为平民。"十月壬午日，光武帝下令取消奴隶因射箭伤人要被处死示众的法律。公孙述派间谍刺死了征南大将军岑彭。……十二月，大司马吴汉率领水军讨伐公孙述。这年……开始废止州牧年终进京奏事的制度。

建武十二年春正月，大司马吴汉与公孙述的部将史兴在武阳县大战，吴汉杀了史兴。三月癸酉日，光武帝下诏：陇、蜀两地百姓中被抢去当奴婢后自己到官府诉讼的人，以及司法官员未予判决的，临时免为平民。……秋七月，威虏将军冯峻占领了江州，捉住了田戎。九月，吴汉在广都县大败公孙述部将谢丰，斩杀了谢丰。辅威将军臧宫占领了涪城，斩杀了公孙恢。……十一月戊寅日，吴汉、臧宫与公孙述在成都交战，大破公孙述。公孙述本人受重伤，当夜死去。辛巳，吴汉在成都进行大屠杀，将公孙述族人及延岑等全部处死。……这年，九真郡境外的蛮夷张游率领部族归属汉朝，封张游为汉归里君。……光武帝下诏：边境官吏如力量不足出战，就采取防守之策；追击敌人时以敌进退定我进退，不以“逗留法”治将帅的罪。……派骠骑大将军杜茂率领各郡弛刑的罪犯屯驻北部边境，构筑瞭望路亭哨所，修建烽火台。

建武十三年春正月戊子日，光武帝下诏说：“往年我已经敕命各郡国，不得进献奇异的美味，但至今仍未停止。这不仅有预先饲养和挑选的劳累，甚至于还要使沿途烦劳搅扰，让所经过地区增加劳累和耗费。现命令掌御膳的太官令不得再接受各郡国的进献。我明确地发布敕戒，进献远方食物只是用来供奉宗庙，一如以往的制度。”二月，光武帝派捕虏将军马武在滹沱河边驻军来防备匈奴。卢芳从五原逃入匈奴。丙辰日，光武帝下诏说：“长沙王刘兴、真定王刘得、河间王刘邵、中山王刘茂，经继承爵位当了诸侯国王，但他们是皇室的远支，当王不合经典的义理。现在改封刘兴为临湘侯，刘得为真定侯，刘邵为乐成侯，刘茂为单父侯。”那些宗室及中断了国嗣的诸侯，改封为侯的，共计一百三十七人。丁巳日，赵王刘良被降为赵公，太原王刘章降为齐公，鲁王刘兴降为鲁公。庚午日，任命殷绍嘉公孔安为宋公，周承休公姬武为卫公。撤销合并了西汉时的十三个诸侯国：广平并到钜鹿，真定并到常山，河间并到信都，城阳并到琅邪，泗水并到广陵，淄川并到高密，胶东并到北海，六安并到庐江，广阳并到上谷。……夏四月，大司马吴汉从蜀地返回洛阳，于是大张筵席慰劳将士，颁布各人功劳并记录在册。增加封地，更新爵位的功臣，共计三百六十五人。那些外戚中承蒙皇帝恩命加封者有四十五人。撤销左右将军官职。建威大将军耿弇被罢官。益州送来公孙述的瞽师、郊庙乐器、葆车、舆辇，至此皇家仪仗的用物才开始完备。这时战争已经平息，天下很少事变，通过文书调发劳役力求简省不滥，以至于数量只有以前的十分之一。……冬十二月甲寅日，光武帝下诏：益州百姓凡是从建武八年以来被抢去做奴婢的，临时决定都放免为平民；有依托别人当小妾而想离开的，完全听从她们的意愿；对敢于滞留不放她们的人，照青、徐二州的方式，按掠人法治罪。……

建武十四年春正月，修造南宫的前殿。匈奴派使者进献贡物，光武帝派中郎将刘襄作为使者去匈奴回访。夏四月辛巳日，封孔子的后裔孔志为褒成侯。……这年，会稽发生严重瘟疫。西域的莎车国、鄯善国派使者进献贡物。十二月癸卯日，光武帝下诏：盖、凉二州的奴婢，从建武八年以来凡到所在地官府自己申诉过的，都放免为平民。卖身为奴的人不必把卖身钱还给主人。

建武十五年二月，迁移雁门、代郡、上谷三郡的人口，安置在常山关、居庸关以东地区。当初，巴蜀平定以后，大司马吴汉上书请封皇子，光武帝没答应。吴汉便连年反复为此事上书。三月，光武帝才下诏让群臣商议此事。大司空窦融、固始侯李通、胶东侯贾复、高密侯邓禹、太常登等向光武帝上书陈述意见说："古时候分封建立诸侯国，来作为京城的屏障。周朝封八百诸侯，同宗各姬姓，一起建立诸侯国，在周围辅佐王室，恭敬地侍奉天子，使得周朝的王位长久地延续，成为后世的榜样。所以《诗经》上说：'大力开拓你们的疆土，作为我周室的辅助。'高祖刘邦具有崇高的德行，广有天下，也曾尽力爱护宗亲、封兄弟和各个皇子为诸侯王，不违背过去的典章。陛下您的德行横贯天地，复兴了刘家正统，褒扬美德，奖励功勋，亲近九族，功臣宗室都承受封爵，大多得到大片的封地，有的甚至连接数县。现在您的儿子们靠上天保佑，已经能穿戴成人的衣冠，行趋拜之仪，陛下谦虚退让，压着没有让群臣商议分封皇子的事，群臣百姓，没有不失望的。应该趁着盛夏这一古代封建诸侯的好季节，确定封号名位，从而广建中央政权的屏障和辅佐，体现您爱护亲属，尊崇祖先，重视国家，这才符合古代的传统和旧时的制度，满足众人的心愿。我们请求您命令大司空呈上地图，太常选择吉祥的日子，准备好礼仪。"光武帝下旨说："可以。"夏四月戊申日，用牛猪羊三牲告祭宗庙。丁巳日，派大司空窦融告祭祖宗，封皇子刘辅为右翊公，刘英为楚公，刘阳为东海公，刘康为济南公，刘苍为东平公，刘延为淮官公，刘荆为山阳公，刘衡为临淮公，刘焉为左翊公，刘京为琅邪公。……六月……光武帝下诏：各州郡要检查核实开垦田地的数字和户口年龄情况，还要考查核实郡守的属官中那些枉法而不秉公办事的。冬十一月甲戌日，大司徒欧阳歙犯罪入狱而死。十二月庚午日，关内侯戴涉担任大司徒。卢芳从匈奴回到高柳县定居。

建武十六年……秋九月，河南尹张伋和十余个郡守，犯审核田亩数字不实罪，都入狱处死。各郡国的世家大族和军吏、群盗到处兴起作乱，攻击抢劫所在地区，杀害地方上的官吏。郡县的军队去追剿，军队一到，他们就逃散，一离开，他们又聚集作乱。青、徐、幽、冀四州这种情况尤其严重。冬十月，光武帝派使者到各郡国去传达诏令：听凭强盗们互相检举揭发，五人一起杀掉一人的，可免除他们的杀人罪。官吏过去虽然拖延，回避捕盗的事，甚至有意放纵强盗，一律不加追究，听任他们用捕获盗贼的行动来作为最终衡量的实际效果。那些州、郡、县的长官，因犯有不捉拿境内强盗的罪过，以及因为畏惧强盗而弃城失守，都不作为失职论处，仅以最终捉拿强盗多少来区分高低优劣，只是他们中掩护窝藏盗贼的人才加以治罪。于是各级官吏竞相追捕，强盗们纷纷解散。又将强盗头目迁徙到别的郡中，发给土地和粮食，使他们安于谋生之业。从此放牛牧马不须有人看守，城门也不用关闭。卢芳派人来求降。十二月甲辰日，封卢芳为代王。起初，王莽作乱以后，货币混杂使用“布”钱、丝绸、金银、粮食，这年，开始使用五铢钱。

建武十七年……秋七月，妖巫李广等聚集而起占据了皖城县，派遣虎贲中郎将马援、骠骑将军段志讨伐他们。九月，攻破皖城，杀了李广等人。冬十月辛巳日，废除郭皇后，改为中山王太后，立贵人阴氏当皇后。加封右翊公刘辅为中山王，以常山郡为食邑。其他九位封为公爵的皇子，都就着当初的封地提高爵位称王。甲申日，光武帝到章陵县。他修理园庙，在旧居进行祭祀，观看田间庐舍，举行宴会，演出舞乐，赏赐众人。这时宗室的诸位上一辈妇女借着喝得畅快高兴，互相说道："文叔小时就谨厚忠信，不跟旁人应酬，仅仅以坦诚柔和待人罢了。今天竟能当上了皇帝！"光武帝听到这话，大笑说："我治理天下，也要用柔道来施行政教。"于是光武帝为在春陵的宗族人家全部建造了祠堂。……十二月，光武帝从章陵返回洛阳。……

建武十八年春二月，蜀郡守将史歆叛乱，光武帝派大司马吴汉率二位将军去讨伐，包围了成都。……夏四月…… 甲戌日，光武帝下诏说："现在边境各郡对偷粮食五十斛的人，判罪达到死刑，这就开启了残酷的官吏随便杀人的途径，应该取消这种法律，定罪标准与内地各郡相同。"……五月，旱灾发生。卢芳又逃入匈奴地界。秋七月，吴汉占领成都，杀了史歆等人。壬戌日，赦免益州叛乱者死罪以下的人。……这年，取消州牧之职，设置刺史。

建武十九年……闰四月戊申日，光武加封赵、齐、鲁三国公的爵位为王。六月戊申日，下诏说："按《春秋》的经义，应以高贵者立为太子。东海王刘阳，是阴皇后的儿子，应该继承帝位。皇太子刘强，崇礼执着谦让，愿到诸侯国为王。父子之间的感情，使我难以长久地违背他的意愿。封刘强为东海王，立刘阳为皇太子，改名为庄。"秋九月，光武帝向南巡行。壬申日，到南阳，又行进到汝南郡南顿县县舍，置办酒宴，赏赐官民，减免南顿田租一年。南顿的老人上前叩头说:“皇上的父亲在此居住时日长久,您也熟悉这里的官舍府署,每次一来就给我们丰厚的恩惠,请赐予南顿减免十年田租。”光武帝说:“天下的大权,我常常怕不能胜任,时光一天一天地过去,哪敢奢望能活到十年啊?”官民们又说:“皇上实际是舍不得减免,何必出言这么谦逊呢?”光武帝大笑,又把免租的期限加了一年。光武帝从南顿行进到淮阳、梁、沛等地。……这年,恢复设置函谷关都尉。修缮西京长安的宫室。

建武二十年春二月戊子日,光武帝返回洛阳皇宫。夏四月庚辰日,大司徒戴涉犯罪入狱而死。大司空窦融被免官。五月……匈奴侵扰上党、天水,接着兵临扶风。……冬十月,光武帝向东巡视。甲午日,到鲁地,又行进到东海国、楚国、沛国。十二月,匈奴侵扰天水。壬寅日,光武帝返回洛阳。这年……免除济阳县六年徭役。

建武二十一年春正月,武威将军刘尚击败益州夷,平定益州。夏四月,安定郡内的附庸国的胡人叛乱,在青山屯聚兵马,光武帝派将兵长史陈欣讨伐,平定了叛乱。秋天,鲜卑侵扰辽东,辽东太守祭肜大败了他们。冬十月,派遣伏波将军马援出关攻打乌桓,没有取胜。匈奴侵扰上谷郡、中山国。这年冬天,西域的鄯善王、车师王等十六国都送王子到汉宫侍奉光武并献上贡物,请光武帝在他们那里设置都护。光武帝因为中原刚刚平定,还无暇顾及外部事务,因而把他们派来侍奉的王子送回,并给予丰厚的赏赐。

建武二十二年……秋七月,司隶校尉苏邺犯罪入狱而死。九月戊辰日,发生地震地裂。光武帝下诏说:“日前发生地震,南阳最严重。大地,它所承担的东西特别重,是平稳不动的。而如今大地震裂，罪过在于我国君。鬼神不顺应没有德行的人，灾祸将降临在官民头上，我对此非常恐惧。命令南阳不再交纳今年的田租和柴草。并且派谒者去南阳巡视。那些在戊辰日以前的在押死刑囚犯，减死罪一等；刑徒都取下脚镣，允许他们穿丝絮衣服。赏给郡中被压死的居民棺材钱，每人三千。那些应交人口税和拖欠田租而房屋严重毁坏的人家，不必再去索债。死亡的官吏和平民，有压在毁坏的墙垣和房屋下，而家人贫弱无力收拾的，当拿现钱和粮食雇人为他们寻找收拾死去的人。”……这一年……匈奴薁鞬日逐王比派使者到渔阳请求和亲，汉朝派中郎将李茂为使者回访匈奴。乌桓击溃了匈奴，匈奴向北迁徙，沙漠南部地区空旷无人。光武帝下诏撤销各边郡瞭望台的吏卒。

建武二十三年春正月，南郡蛮叛乱，光武派武威将军刘尚征伐打败了他们，将他们的部族迁移到江夏郡。……十二月，武陵蛮叛乱，侵犯并抢掠郡县，光武帝派刘尚讨伐他们，激战于沅水，刘尚战败军队覆没。这年，匈奴薁鞬日逐王比领部曲并派使者到西河郡依附汉朝。

建武二十四年春正月乙亥日，大赦天下罪犯。匈奴薁鞬日逐王比派使者到五原塞叩关，请求为汉朝防御北方的敌人。秋七月，武陵蛮侵犯临沅县，光武派遣谒者李嵩、中山太守马成去讨伐，没有取胜，于是伏波将军马援率领四位将军去讨伐武陵蛮。光武帝下诏让主管部门申明以前制定的有关处罚非法依附诸侯王的法律。冬十月，匈奴薁鞬日逐王比自封为南单于，于是匈奴分为南、北匈奴。

建武二十五年春正月，辽东境外貊人侵扰右北平、渔阳、上谷、太原，辽东太守祭肜招降了他们。乌桓首领来朝拜。匈奴的南单于派使者到洛阳皇宫进献贡物，奉藩国之礼向光武帝称臣；南单于又派他的左贤王击败了北匈奴，拓地千余里。三月，南单于送儿子来洛阳皇宫侍奉光武。……伏波将军马援等人在临沅县击破了武陵蛮。冬十月，叛乱的武陵蛮全数投降。夫余国王派遣使者来进献贡物。这年，乌桓首领率领部众归附汉朝，并到洛阳皇宫朝贡。

建武二十六年春正月，光武帝下令有关部门增加官员的俸禄。俸禄千石以上的，比西汉的旧有标准要减少；俸禄六百石以下的，比西汉的旧有等级有所增加。开始建造号为“寿陵”的陵墓，将作大匠窦融报告园陵的占地面积，大概需用的面积，光武帝说：“古时帝王的葬礼，用的是陶人瓦器、木车草马，让后世人不知道埋葬的地点。文帝懂得人生人死的意义，景帝能遵循孝道，都实行节葬，所以碰到天下变乱，只有霸陵完好无损，享受其福，岂不是美事啊？现今修建陵墓用地不要超过二三顷，不要堆起高陵，池塘里的水只要能流动就行了。”派中郎将段郴授给南单于印玺，让他们进入云中郡居住，开始设置使匈奴中郎将，率领军队保护南匈奴。南单于送王子到汉宫服务，奉上南单于的奏本到皇宫大门行礼。于是云中、五原、朔方、北地、定襄、雁门、上谷、代八个郡的人都回归本土。派遣谒者分别到各郡执行弛刑和修理城邑的任务。调发遣送在内地的边民，分别让他们返回原籍各县，一律发给治理行装的费用，用车辆运输供给食物。

建武二十七年……五月丁丑日，光武帝下诏说：“过去契做司徒，禹做司空，都没有‘大’字，命令大司徒、大司空二府去掉‘大’字。”又把大司马改称为太尉。代理大司马的骠骑大将军刘隆当日被罢免，任命太仆赵憙为太尉，大司农冯勤为司徒。益州郡境外蛮夷率领部族归附汉朝。北匈奴派人到武威请求和亲。冬天，鲁王刘兴、齐王刘石开始离开京城到自己的封国去。

建武二十八年春正月己巳日，改封鲁王刘兴为北海王，将鲁国加封给东海王刘强。赏赐给东海王刘强虎贲勇士、旄头骑兵和铜钟、钟架等礼乐器。……秋八月戊寅日，东海王刘强、沛王刘辅、楚王刘英、济南王刘康、淮阳王刘延开始到自己的封国。冬十月癸酉日，光武帝下诏：在押死囚都权且集中关进蚕室，那些女囚则行幽闭之刑。北匈奴派使者进献贡物，请求和亲。

建武二十九年春二月初一丁巳日，日食发生。于是派使者清查冤案，释放囚犯。庚申日，赏赐天下男子爵位，每人二级；赏赐鳏夫、寡妇、无父、无子女、病重体弱、生活穷困不能自保的人粮食，每人五斛。夏四月乙丑日，光武帝下诏命令将各地的囚犯，从判斩首罪以下的和被罚服劳役的减轻各人罪行一等，其余的用钱赎罪和罚作苦工的各有等级。

建武三十年春正月，鲜卑首领归附汉朝，前来朝贺。二月，光武帝到东方巡视。甲子日，到鲁地，又行进到济南。闰三月癸丑日，返回洛阳宫。有彗星在紫微垣出现。夏四月戊子日，改封左翊王刘焉为中山王。五月，洪水泛滥。赏赐天下男子爵位，每人二级；赏赐鳏夫、寡妇、无父、无子女、病重体弱、生活穷困不能自保的人粮食，每人五斛。秋七月丁酉日，光武帝到鲁地。免除济阳县当年徭役。冬十一月丁酉日，从鲁地返回洛阳。

建武三十一年夏五月，洪水泛滥。戊辰日，赏赐天下男子爵位，每人二级；赏赐鳏夫、寡妇、无父、无子女、病重体弱、生活穷困不能自保的人粮食，每人六斛。本月最后一天癸酉日，日食发生。这年夏天，发生蝗灾。秋九月甲辰日，光武帝下诏命令在押死囚都权且集中关进蚕室，那些女囚则行幽闭之刑。这年，陈留从天上降下谷子，谷子形状如同稗子。北匈奴派遣使者进贡。

中元元年春正月，东海王刘强、沛王刘辅、楚王刘英、济南王刘康、淮阳王刘延、赵王刘盱都来洛阳朝拜。丁卯日，光武帝到东方巡视。二月己卯日，到鲁地，又行进到泰山。北海王刘兴、齐王刘石在东岳泰山朝拜光武帝。辛卯日，烧柴望祭泰山，后又登上泰山堆土为坛以祭天；甲午日，在梁父山祠地。……夏四月癸酉日，光武帝返回洛阳宫。己卯日，大赦天下罪犯。免去嬴、博、梁父、奉高四县当年交纳的田租和柴草。改年号为中元。……这年夏天，京城有甘泉涌出，久病之人喝了都能痊愈，只有眼瞎、腿跛的人喝了无效。同时还有赤草出现在河岸上。各郡国连连献上甘露。群臣上奏说："地神显示灵应就有朱草萌发生长。汉宣帝每逢有吉祥的现象出现，就根据瑞应改变年号，神爵、五凤、甘露、黄龙，列为纪年之号，大约是以它们感动神祇，表明自己的德行和诚信。因此当代变为升平之世，称作汉代的中兴。当今天下清静安宁，神灵之物频频降生。您虽然内心存有谦虚退让之意，推辞功德而不占为己有，但是岂能让吉兆显庆隐没至使世人不知道呢？应该命令史官记录汇总,用来传给后世。"光武帝没有采纳这些意见,他常常谦虚地说自己没有德行,每次郡国报上的祥瑞,往往压住而不回答,所以史官对此很少得以记录下来。秋天,各郡国出现了三次蝗灾。冬十月……甲申日,光武帝派司空到高祖庙禀告祭祀说:"高祖刘邦和各位大臣相约,不是刘姓的人不得封王。吕太后残害赵幽王刘友、赵恭王刘恢、赵隐王刘如意,专封吕家的人当诸侯王。依赖国家的威灵,吕禄、吕产伏法受诛,天命即将失坠之时,朝廷转危为安。吕太后不应该在高庙里配享祭祀,和最尊贵的高祖同列祖庙。薄太后的母德慈爱仁厚,她生的孝文皇帝以其贤明治理国家,子孙们托他的福,才使刘氏的皇位延续到今天。现在奉上薄太后的尊号为高皇后,配享地神的祭祀。把吕太后的神主牌位迁到园陵里去,在那儿四季供奉祭祀。"……这年,开始建造明堂、灵台、辟雍,以及北郊祭地的场所。向全国宣布图谶。免去济阳、南顿当年的徭役。

……中元二年春正月辛未日,开始建起北郊祭地的场所,祭祀后土。东方的倭奴国王派使者来进献贡物。二月戊戌日,光武帝在南宫前殿去世,享年六十二岁。他留下遗诏说:"我没做什么有益百姓的事,死后一切都像孝文皇帝那样,丧礼的规格务必从简从省。州郡地方长官和他们的属官不要离开自己的城郭来奔丧,也不要派人或通过邮寄唁函来吊唁。"当初,光武帝从戎时间已久,厌倦战争,再加上他又知道天下疲敝虚耗,都向往太平安乐休养生息。自从陇、蜀两地平定以后,不是非常紧急的事情,光武就不再提征战之事。皇太子曾经问他攻战的事，光武帝说："过去卫灵公向孔子问列阵用兵的事，孔子不回答他。这些事不是你所能知道的。"光武帝每天一早上朝视事，一直到太阳偏西才休息。他经常带领公卿、郎官、将领们讨论经书的义理，半夜时候才睡觉。皇太子见他勤苦劳累，从不懈怠，就趁方便之机劝谏说："您有如同大禹和商汤一样的贤明，却丢掉黄帝、老子养性的福气，愿您能保养珍惜精神，悠闲自得求得安宁。"光武帝说："我自己很乐意干这些，不能算是疲倦啊。"光武帝虽然自己成就了大业，却处事谨慎，如同没有成就大事一样，所以能明智谨慎地处置政体，总揽政权朝纲，审度时势，权衡能力，行为没有失误的举动。他削减开国功臣的权力而提拔文官执政，收藏起弓矢而把军用的马牛散至民间放牧，即使他的治国之道还不能与古代圣贤并驾齐驱，这也是能制止战争的武德啊。

献帝伏皇后纪

这篇传记概略地记述了献帝皇后伏寿的家世和生平。汉献帝是个傀儡皇帝，是曹操挟天子以令诸侯的工具。名为皇帝，实为囚徒。传记中记载了伏皇后随献帝东奔西逃、缺衣少粮的窘况，臣下对她的无礼以及她被害的情况。

献帝伏皇后，讳寿，琅邪东武人①，大司徒湛之八世孙也。父完，沈深有大度，袭爵不其侯②，尚桓帝女阳安公主，为侍中。初平元年，从大驾西迁长安，后时入掖庭为贵人③。兴平二年，立为皇后，完迁执金吾。帝寻而东归，李傕、郭汜等追败乘舆于曹阳④，帝乃潜夜度河走，六宫皆步行出营。后手持缣数匹，董承使符节令孙徽以刃胁夺之，杀傍侍者，血溅后衣。既至安邑，御服穿敝，唯以枣栗为粮。

建安元年，拜完辅国将军，仪比三司。完以政在曹操，自嫌尊戚，乃上印绶，拜中散大夫，寻迁屯骑校尉。十四年卒，子典嗣。自帝都许，守位而已，宿卫兵侍，莫非曹氏党旧姻戚。议郎赵彦，尝为帝陈言时策，曹操恶而杀之，其余内外，多见诛戮。

【注释】

① 东武：汉县名，在今山东诸城。② 不其（jī）：汉侯国，在今山东即墨。③ 掖庭：宫中的旁舍，为后妃宫嫔所住的地方。④ 曹阳：地名，在今河南三门峡市。

操后以事入见殿中，帝不任其愤，因曰："君若能相辅则厚，不尔，幸垂恩相舍。"操失色，俛仰求出①。旧仪，三公领兵朝见，令虎贲持刃挟之。操出顾左右，汗流浃背，自后不敢复朝请。

董承女为贵人，操诛承而求贵人杀之。帝以贵人有妊，累为请，不能得。后自是怀惧，乃与父完书，言曹操残逼之状，令密图之。完不敢发。至十九年，事乃露泄。操追大怒，遂逼帝废后。假为策曰："……今使御史大夫郗虑持节策诏，其上皇后玺绶，退避中宫，迁于它馆。……"又以尚书令华歆为郗虑副，勒兵入宫收后。闭户藏壁中②，歆就牵后出。时帝在外殿，引虑于坐。后被发徒跣行泣过诀曰："不能复相活耶？"帝曰："我亦不知命在何时！"顾谓虑曰："郗公，天下宁有是邪！"遂将后下暴室③，以幽崩。所生二皇子，皆酖杀之。后在位二十年，兄弟及宗族死者百余人，母盈等十九人徙涿郡。

【注释】

① 俛（fǔ）：通"俯"。②"闭"字前当有一"后"字。③ 暴室：暴室有二。一，宫中监狱；二，医治宫中患病妇女的处

所，皇后、贵人有罪幽禁在此。

【翻译】

汉献帝的伏皇后名寿，琅邪郡东武县人，是大司徒伏湛的第八代孙。她的父亲伏完，为人沉着稳重，豁达大度，他继承了不其侯这个爵位。娶了汉桓帝的女儿阳安公主为妻，任侍中。初平元年，跟随汉献帝西迁长安，伏寿就在这时进入掖庭成了献帝的贵人。兴平二年，被立为皇后，伏完也升任为执金吾。不久，献帝又东归洛阳，李傕、郭汜带兵在曹阳追上并击溃了献帝的随从和警卫，汉献帝偷偷地在夜里渡过黄河逃走，伏后和嫔妃们都是步行逃出营地的。伏皇后随身带了几匹缣帛，董承指使符节令孙徽持刀威逼抢夺，杀死了伏皇后身边的侍者；鲜血溅到了伏皇后的衣服上。到了安邑后，衣服已经破破烂烂了，唯有用枣子、板栗充饥。

建安元年，任命伏完为辅国将军，所享受的礼仪和司徒、司马、司空三公相同。伏完认为朝政都由曹操把持，他自然会厌恶皇帝的姻戚，就退回了辅国将军的印绶，改任中散大夫。不久，调任屯骑校尉。建安十四年去世。其子伏典继承爵位。自从汉献帝迁都到了许昌，只是空守皇位而已，皇帝的警卫和侍从，无不是曹操的朋党亲家，议郎赵彦曾经给献帝陈述时事，提出对策，曹操知道后，非常憎恶，便把他杀了。其他内外官员，也多有被杀害的。

曹操后来有一次因事在殿中见献帝，献帝忍不住内心的气愤，就说："你若能辅佐我就好好地对待我，若不能，请你开恩把我废了。"曹操听后大惊失色，再三拜请献帝让他出去。汉代的旧仪制规定，三公官员佩带兵器朝见皇帝时，要命令虎贲勇士持刀站在他的两边。曹操出殿后，环顾左右，吓得汗流浃背。此后再也不敢去朝见请示献帝了。

董承之女为献帝的贵人，曹操杀了董承，要献帝交出董贵人，要将她杀掉。献帝因为董贵人怀孕，多次向曹操求情，都没有达到目的。伏皇后从此心中很恐惧，于是就给父亲伏完写了封密信，讲述了曹操残酷地威逼汉献帝和自己的情况，要他密谋策划除掉曹操，伏完不敢行动。至建安十九年，事情才泄露出来。曹操追究这件事，非常愤怒，就强迫献帝废掉伏后。他伪造了废掉伏后的策书说："……现在派御史大夫郗虑手持符节策书命令伏寿缴上皇后印绶，离开中宫，迁到其他地方。……"又让尚书令华歆做郗虑的副手，带兵入宫逮捕伏后。伏后紧闭门户，藏进夹壁里，华歆走过去把伏后拉了出来。当时献帝正在外殿，把郗领到座位上。伏后披头散发，光着脚，哭泣着从献帝身边走过，她与献帝诀别道："不能救我一命吗？"献帝说："我也不知道我的命何时了结！"回头对郗虑说道："郗公，天下难道有这样的事吗？"就这样将伏后送进暴室，幽禁致死。她所生的两个皇子也被鸩酒毒死。伏后在位二十年，兄弟和宗族一百余人被杀，伏后的母亲盈等亲属十九人被迁到涿郡。

刘玄传

本篇是西汉末年农民起义军绿林、新市、平林等部拥立的皇帝——更始帝刘玄的传记。文中记载了绿林等起义军的建立和发展;占领长安之后起义将领的不思进取,享乐腐化。刘玄宠信佞臣,不听劝谏,导致将领离心离德,各行其是,最后在与赤眉军的混战中,队伍被消灭,刘玄本人也被俘而死。

作为一个旧时代的史学家,作者的记述和描写带有鲜明的正统倾向。如记载刘玄被推为皇帝后接见群臣的样子,其意在说明绿林军中本无"真龙天子",不过是一群乌合之众。又如引民谣对农民起义军所设置的官员进行丑化,这些都是读者应当注意识别的。

刘玄,字圣公,光武族兄也。弟为人所杀,圣公结客欲报之。客犯法,圣公避吏于平林。吏系圣公父子张。圣公诈死,使人持丧归舂陵,吏乃出子张,圣公因自逃匿。

王莽末,南方饥馑,人庶群入野泽掘凫茈而食之①,更相争夺。新市人王匡、王凤为平理争讼②,遂推为渠帅，众数百人。于是诸亡命马武、王常、成丹等往从之；共攻离乡聚，藏于绿林中③，数月间至七八千人。地皇二年，荆州牧某发奔命二万人攻之。匡等相率迎击于云杜④，大破牧军，杀数千人，尽获辎重，遂攻拔竟陵⑤。转击云杜、安陆，多略妇女，还入绿林中，至有五万余口，州郡不能制。

【注释】

① 凫茈(fú cí)：荸荠。② 新市：在今湖北京山。③ 绿林：在今湖北大洪山。④ 云杜：县名，今湖北仙桃。⑤ 竟陵：县名，今湖北天门。

三年，大疾疫，死者且半，乃各分散引去。王常、成丹西入南郡，号下江兵；王匡、王凤、马武及其支党朱鲔、张卬等北入南阳，号新市兵：皆自称将军。七月，匡等进攻随，未能下。平林人陈牧、廖湛复聚众千余人，号平林兵，以应之。圣公因往从牧等，为其军安集掾①。是时光武及兄伯升亦起舂陵，与诸部合兵而进。

四年正月，破王莽前队大夫甄阜、属正梁丘赐，斩之，号圣公为更始将军。众虽多而无所统一，诸将遂共议立更始为天子。二月辛巳，设坛场于淯水上沙中，陈兵大会。更始即帝位，南面立，朝群臣。素懦弱，羞愧流汗，举手不能言。于是大赦天下，建元曰更始元年，悉拜置诸将，以族父良为国三老，王匡为定国上公，王凤成国上公，朱鲔大司马，伯升大司徒，陈牧大司空，余皆九卿、将军。五月，伯升拔宛。六月，更始入都宛城，尽封宗室及诸将为列侯者百余人。

【注释】

① 安集掾：安集军队的官。

更始忌伯升威名，遂诛之，以光禄勋刘赐为大司徒。前钟武侯刘望起兵，略有汝南。时王莽纳言将军严尤、秩宗将军陈茂既败于昆阳，往归之。八月，望遂自立为天子，以尤为大司马，茂为丞相。王莽使太师王匡、国将哀章守洛阳。更始遣定国上公王匡攻洛阳，西屏大将军申屠建、丞相司直李松攻武关[①]，三辅震动。是时海内豪杰翕然响应[②]，皆杀其牧守，自称将军，用汉年号，以待诏命，旬月之间，遍于天下。长安中起兵攻未央宫。九月，东海人公宾就斩王莽于渐台，收玺绶，传首诣宛。更始时便坐黄堂[③]，取视之，喜曰："莽不如是，当与霍光等。"宠姬韩夫人笑曰："若不如是，帝焉得之乎？"更始悦，乃悬莽首于宛城市。是月，拔洛阳，生缚王匡、哀章，至，皆斩之。十月，使奋威大将军刘信击杀刘望于汝南，并诛严尤、陈茂。更始遂北都洛阳，以刘赐为丞相。申屠建、李松自长安传送乘舆服御，又遣中黄门从官奉迎迁都。二年二月，更始自洛阳而西。初发，李松奉引，马惊奔，触北宫铁柱门，三马皆死。

【注释】

① 丞相司直：佐丞相纠举不法，位在司隶校尉上。武关：战国秦置，在今陕西商洛西南。② 翕（xī）然：聚合、趋附的样子。③ 黄堂：天子的便殿。

初，王莽败，唯未央宫被焚而已，其余宫馆一无所毁。宫女数千，备列后庭，自钟鼓、帷帐、舆辇、器服、太仓、武库、官府、市里，不改于旧。更始既至，居长乐宫，升前殿，郎吏以次列庭中。更始羞怍，俯首刮席不敢视。诸将后至者，更始问虏掠得几何，左右侍官皆宫省久吏，各惊相视。李松与棘阳人赵萌说更始，宜悉王诸功臣。朱鲔争之，以为高祖约，非刘氏不王。更始乃先封宗室太常将军刘祉为定陶王，刘赐为宛王，刘庆为燕王，刘歙为元氏王，大将军刘嘉为汉中王，刘信为汝阴王；后遂立王匡为比阳王，王凤为宜城王，朱鲔为胶东王，卫尉大将军张卬为淮阳王，廷尉大将军王常为邓王，执金吾大将军廖湛为穰王，申屠建为平氏王，尚书胡殷为随王，柱天大将军李通为西平王，五威中郎将李轶为舞阴王，水衡大将军成丹为襄邑王，大司空陈牧为阴平王，骠骑大将军宋佻为颍阴王，尹尊为郾王。唯朱鲔辞曰：“臣非刘宗，不敢干典。”遂让不受。乃徙鲔为左大司马，刘赐为前大司马，使与李轶、李通、王常等镇抚关东。以李松为丞相，赵萌为右大司马，共秉内任。

更始纳赵萌女为夫人，有宠，遂委政于萌，日夜与夫人饮讌后庭①。群臣欲言事，辄醉不能见，时不得已，乃令侍中坐帷内与语。诸将识非更始声，出皆怨曰："成败未可知，遽自纵放若此！"韩夫人尤嗜酒，每侍饮，见常侍奏事，辄怒曰："帝方对我饮，正用此时持事来乎！"起，抵破书案。赵萌专权，威福自己。郎吏有说萌放纵者，更始怒，拔剑击之，自是无复敢言。萌私忿侍中，引下斩之，更始救请，不从。时李轶、朱鲔擅命山东，王匡、张卬横暴三辅。其所授官爵者皆群小贾竖，或有膳夫庖人，多著绣面衣，锦袴、襜褕、诸于②，骂詈道中。长安为之语曰："灶下养③，中郎将。烂羊胃，骑都尉。烂羊头，关内侯。"军帅将军豫章李淑上书谏曰："方今贼寇始诛，王化未行，百官有司宜慎其任。夫三公上应台宿，九卿下括河海④，故天工人其代之。陛下定业虽因下江、平林之势，斯盖临时济用，不可施之既安。宜釐改制度，更延英俊，因才受爵，以匡王国。今公卿大位莫非戎陈，尚书显官皆出庸伍，资亭长，贼捕之用，而当辅佐纲维之任。唯名与器⑤，圣人所重。今以所重加非其人，望其毗益万分，兴化致理，譬犹缘木求鱼，升山采珠。海内望此，有以窥度汉祚。臣非有憎疾以求进也，但为陛下惜此举厝。败材伤锦，所宜至虑。惟割既往谬妄之失，思隆周文济济之美。"更始怒，系淑诏狱⑥。自是关中离心，四方怨叛。诸将出征，各自专置牧守，州郡交错，不知所从。

【注释】

① 讌：同"宴"。② 襜褕（chān yú）：短衣。③ 灶下养：

指掌炊烹的人。④ 九卿：河海贯通各地，九卿分掌各事，因此用九卿比况地上的河海。⑤ 名与器：指中国古代表示不同等级的称号和车服形式等。⑥ 诏狱：皇帝亲自下令审理的案件，也用以指拘禁皇帝下令审理的罪犯的监狱。

十二月，赤眉西入关。三年正月，平陵人方望立前孺子刘婴为天子。初，望见更始政乱，度其必败，谓安陵人弓林等曰："前定安公婴，平帝之嗣，虽王莽篡夺，而尝为汉主。今皆云刘氏真人，当更受命，欲共定大功，何如？"林等然之，乃于长安求得婴，将至临泾立之。聚党数千人，望为丞相，林为大司马。更始遣李松与讨难将军苏茂等击破，皆斩之。又使苏茂拒赤眉于弘农，茂军败，死者千余人。三月，遣李松会朱鲔与赤眉战于蓩乡[①]，松等大败，弃军走，死者三万余人。时王匡、张卬守河东，为邓禹所破，还奔长安。卬与诸将议曰："赤眉近在郑、华阴间，旦暮且至。今独有长安，见灭不久，不如勒兵掠城中以自富，转攻所在，东归南阳，收宛王等兵。事若不集，复入湖池中为盗耳。"申屠建、廖湛等皆以为然，共入说更始。更始怒，不应，莫敢复言。

【注释】

① 蓩(mǎo)乡：在今河南灵宝境内。

及赤眉立刘盆子，更始使王匡、陈牧、成丹、赵萌屯新丰①，李松军掫以拒之②。张卬、廖湛、胡殷、申屠建等与御史大夫隗嚣合谋，欲以立秋日貙膢时共劫更始③，俱成前计。侍中刘能卿知其谋，以告之。更始托病不出，召张卬等。卬等皆入，将悉诛之，唯隗嚣不至。更始狐疑，使卬等四人且待于外庐。卬与湛、殷疑有变，遂突出。独申屠建在，更始斩之。卬与湛、殷遂勒兵掠东西市。昏时，烧门入，战于宫中，更始大败。明旦，将妻子车骑百余东奔赵萌于新丰。更始复疑王匡、陈牧、成丹与张卬等同谋，乃并召入。牧、丹先至，即斩之。王匡惧，将兵入长安，与张卬等合。李松还从更始，与赵萌共攻匡、卬于城内。连战月余，匡等败走，更始徙居长信宫。赤眉至高陵，匡等迎降之，遂共连兵而进。更始守城，使李松出战，败，死者二千余人，赤眉生得松。时松弟泛为城门校尉，赤眉使使谓之曰："开城门，活汝兄。"泛即开门。九月，赤眉入城，更始单骑走，从厨城门出。诸妇女从后连呼曰："陛下当下谢城！"更始即下拜，复上马去。

【注释】

① 新丰：县名，县治在今陕西临潼东北。② 掫（zōu）：地名，在新丰县境内。③ 貙膢（chū lóu）：立秋日的祭祀。

初，侍中刘恭以赤眉立其弟盆子，自系诏狱；闻更始败，乃出，步从至高陵，止传舍。右辅都尉严本恐失更始，为赤眉所诛，将兵在外，号为屯卫而实囚之。赤眉下书曰："圣公降者，封长沙王。过二十日，勿受。"更始遣刘恭请降，赤眉使其将谢禄往受之。十月，更始遂随禄肉袒诣长乐宫，上玺绶于盆子。赤眉坐更始，置庭中，将杀之。刘恭、谢禄为请，不能得，遂引更始出。刘恭追呼曰："臣诚力极，请得先死。"拔剑欲自刎，赤眉帅樊崇等，遽共救止之，乃赦更始，封为畏威侯。刘恭复为固请，竟得封长沙王。更始常依谢禄居，刘恭亦拥护之。

三辅苦赤眉暴虐，皆怜更始，而张卬等以为虑，谓禄曰："今诸营长多欲篡圣公者。一旦失之，合兵攻公，自灭之道也。"于是禄使从兵与更始共牧马于郊下，因令缢杀之。刘恭夜往收藏其尸。光武闻而伤焉，诏大司徒邓禹葬之于霸陵。有三子：求、歆、鲤。明年夏，求兄弟与母东诣洛阳，帝封求为襄邑侯，奉更始祀；歆为谷孰侯，鲤为寿光侯。求后徙封成阳侯。求卒，子巡嗣，复徙封瀤泽侯。巡卒，子姚嗣。

论曰：周武王观兵孟津，退而还师，以为纣未可伐，斯时有未至者也。汉起，驱轻黠乌合之众，不当天下万分之一，而旌旃之所抟及①，书文之所通被，莫不折戈顿颡，争受职命。非唯汉人余思，固亦机运之会也。夫为权首，鲜或不及，陈、项且犹未兴，况庸庸者乎！

【注释】

① 抟（huī）：同"麾"。

【翻译】

刘玄字圣公,是光武帝刘秀的同族兄长。他的弟弟被人杀害,他便结交宾客准备报仇。宾客犯了法,刘玄到平林躲避官吏的捕捉,官吏就抓了他的父亲刘子张。刘玄假装死了,让人把灵柩运回春陵,官吏才释放了刘子张。刘玄自己便逃到外地躲藏起来。

王莽末年,南方发生饥荒,人们成群结队到荒凉的沼泽地里挖掘荸荠来吃,时常相互侵害争夺。新市人王匡、王凤替他们平息调解争吵,便被大家推为首领,带领的百姓有几百人。于是,一些逃亡的人如马武、王常、成丹等都去投奔他们,他们一起攻打离乡聚,以绿林山为藏身之地,几个月时间,队伍增加到七八千人。地皇二年,荆州牧征发二万名奔命兵进攻他们,王匡等人共同率领队伍在云杜迎战官兵,大败荆州牧的军队,消灭了几千人,缴获了全部辎重。接着攻下竟陵,掉头进攻云杜、安陆,抢掠了许多妇女,返回绿林山中,这时已达到五万多人众,州郡官员无法制服他们。

地皇三年,发生了大瘟疫,队伍死亡近半,于是就分散离开了绿林。王常、成丹往西进入南郡,号称"下江兵";王匡、王凤、马武及其部下朱鲔、张卬等,向北进入南阳,号称"新市兵":都自称将军。七月,王匡等率众攻打随县,未能攻下。平林人陈牧、廖湛又集合了千余人起义,号称"平林兵",来响应王匡等人。刘玄便去跟从陈牧等,担任了陈牧军的安集掾。这时光武帝刘秀和他的哥哥刘縯也在春陵起兵,和各部起义军合兵前进。

地皇四年正月，打败了王莽前队大夫甄阜、属正梁丘赐，杀了二人，称刘玄为更始将军。起义军人数虽多但没有统一指挥的人，于是各位将领共同商议立刘玄为天子。二月辛巳，在淯水边的沙滩上设立坛场，摆开军队举行盛大集会。刘玄登上帝位，南面而立，接受群臣朝见。刘玄平时就懦弱，这时胆小羞愧得汗流不止，举着手连话都说不出来。随后宣布大赦天下，建元为更始元年。各个将领都封了官，任命同族的叔父刘良为国三老，王匡为定国上公，王凤为成国上公，朱鲔为大司马，刘縯为大司徒，陈牧为大司空，其他人都封为九卿、将军。五月，刘縯攻下宛城。六月，更始在宛城建都，把同宗和将领们都封为列侯，共有一百多人。

更始妒忌刘縯的威望和名声，便把他杀了，任命光禄勋刘赐为大司徒。前汉的钟武侯刘望也起兵，占领了汝南。这时王莽的纳言将军严尤、秩宗将军陈茂已在昆阳被打得大败，前往归附刘望。八月，刘望便自立为天子，任命严尤为大司马，陈茂为丞相。王莽派太师王匡、国将哀章守卫洛阳。更始派定国上公王匡攻打洛阳，西屏大将军申屠建、丞相司直李松攻武关，整个三辅地区都震动了。这时，全国各地的豪杰纷纷起兵响应，都杀掉所在地方的州牧郡守，自称将军，用更始的年号，等待诏书任命，不到一个月时间，起义队伍遍及全国。长安城中也有人起兵攻打未央宫。九月，东海人公宾跑到渐台砍下王莽的头，收取了印绶。将王莽的头送到宛城。更始当时正在黄堂闲坐，接过王莽的头来看，高兴地说：“王莽要是不这样篡国，该与霍光一样受到尊重。”他的宠姬韩夫人笑着说：“王莽如果不这样，陛下又怎么能得到他的头呢？"更始听后心中很高兴，便命令把王莽的头悬挂在宛城的市场里。就在这个月，攻占了洛阳，活捉了王匡、哀章，押送到宛城后把他们都杀了。十月，派奋威大将军刘信在汝南击杀了刘望，同时也杀了严尤、陈茂。更始于是北上迁都到洛阳，任命刘赐为丞相。申屠建和李松从长安给更始送来了皇帝乘坐的车辆和衣服器用，又派中黄门到洛阳来恭迎更始迁都。更始二年二月，更始帝由洛阳西迁。出发时，李松亲自为更始帝导引车驾，马突然受惊而向前狂奔，撞在北宫铁柱门上，三匹马全死了。

当初，王莽被杀时，只有未央宫被烧毁了，其余的宫殿馆舍一点也没有毁坏，几千名宫女仍然住在后庭，从钟鼓、帷帐、车辇、用具服饰，到太仓、武库、官署、街市，都和过去一样。更始帝已经到了长安，住在长乐宫。登上前殿，宫中的郎吏等各依次站在庭院里。更始很羞愧，头垂下快挨着座席了，不敢抬头看臣下。将领中有后到的，更始帝问他们抢掠到了多少。更始周围的侍卫都是王宫官衙里的老吏，听他这样问，都惊讶地面面相觑。李松和棘阳人赵萌劝更始帝应该将功臣都封为王。朱鲔争辩，认为汉高祖当年定下规矩，非刘氏不得封王。更始于是先封宗室太常将军刘祉为定陶王，刘赐为宛王，刘庆为燕王，刘歙为元氏王，大将军刘嘉为汉中王，刘信为汝阴王。随后又封王匡为比阳王，王凤为宜城王，朱鲔为胶东王，卫尉大将军张卬为淮阳王，廷尉大将军王常为邓王，执金吾大将军廖湛为穰王，申屠建为平氏王，尚书胡殷为随王，柱天大将军李通为西平王，五威中郎将李轶为舞阴王，水衡大将军成丹为襄邑王，大司空陈牧为阴平王，骠骑大将军宋佻为颍阴王，尹尊为郾王。只有朱鲔推辞说："我不是刘氏宗族，不敢违犯典制。"因而辞让不接受分封。于是就改任朱鲔为左大司马，刘赐为前大司马，命令他俩和李轶、李通、王常等一道镇抚关东。又任命李松为丞相，赵萌为右大司马，共同掌管内政。

更始娶了赵萌的女儿为夫人，赵女很受宠爱，更始就把政事都交给赵萌去管，自己与嫔妃日夜在后庭中饮酒作乐。臣下有事要报告，总遇到他醉得不能接见，有时非见不可了，他就让侍中躲在帷幕里装扮他来和臣下说话。臣下听出不是更始的声音，走出宫，就愤怒地说："天下成败还未定，竟然就放纵到这个地步！"韩夫人尤其喜好喝酒，每当她陪更始饮酒，看到中常侍来奏事，就生气地说："皇上正和我饮酒，恰好在这会儿拿事来上奏吗？"站起来捶破了书案。赵萌把持朝政，由他自己作威作福。郎吏中有来报告更始说赵萌放纵的，更始就发怒，拔剑刺他。此后，再没人敢向更始说赵萌的不法事了。赵萌因私事忿恨一名侍中，要把他拉出去杀掉，更始为侍中讲情，赵萌也不答应。这时，李轶、朱鲔在山东地区专擅行事，王匡、张卬在三辅地区横行残暴。更始所授予官爵的那些人，都是些小人、商贩，或者是屠夫厨子之类。他们中很多人身穿绣着花纹的外衣，锦缎裤子，有的穿着很短的上衣，或者穿着妇女穿的大襟上衣，在大道上高叫乱骂。长安市面上给他们编的话是："灶下养，中郎将；烂羊胃，骑都尉；烂羊头，关内侯。"军帅将军豫章人李淑上书劝谏说："当前贼寇刚剿灭，帝王的教化还没有推行，各种官吏应慎重任命。三公上应天上的三台星宿，九卿下象地下的河海，上天的事情要由人代它完成。陛下建立大业，虽然曾借助于下江、平林的势力，这大概是临时利用，安定以后就不能再用这个办法了。应改革制度，再招揽英明杰出之士，量才授给英俊之士爵位，用来匡正国家，现在公卿高位没有不是军人的，尚书这样的显要官职也都由平庸的军人担任，才能只够担任捕捉盗贼的亭长这种小官的人，却让他们担负辅佐朝廷纲纪这样的重任。名分和礼器是圣人最注重的，现在把名器这么重要的东西给予不合适的人，希望他们能有益于国家的万分之一，振兴教化，达到国家大治的目的，真好比是上树捉鱼，登山采珍珠。天下的人见到这种情况，就有窥视图谋汉朝天下的机会了。我并非有憎恨或妒忌的对象，也不是为了求得升官，只是为陛下的这些行为措施感到惋惜。匠人弄坏材料，织工损伤美锦，这种因人而误事的情况，是应该特别注意的。希望陛下根除以往谬误乱来的过失，想着振兴像周文王时的那种人才济济的景象。”更始非常生气，下令把李淑关进监狱。从此，关中地区人心离散，四面八方都发生了怨恨而背叛的事。将领们出征，各人擅自任命州牧郡守，不同人所设的州郡相互交错，地方上不知该听谁的。

十二月，赤眉往西进入关中。更始三年正月，平陵人方望拥立被王莽废掉的刘婴为天子。起初，方望见更始政权混乱不堪，预计必然会失败，对安林人弓林等说：“以前的定安公刘婴，是汉平帝的后嗣，虽然被王莽篡了位。但曾经做过汉朝的君主。目前到处都说刘氏的嫡传要重新接受天命，我想和你们共同建立大功，你们觉得怎样?”弓林等都赞同。于是在长安找到刘婴，带到临泾立为天子。他们聚集了党羽数千人，方望任丞相，弓林任大司马。更始派遣李松和讨难将军苏茂等打败了他们，把几个人全杀了。更始又派苏茂到弘农阻止赤眉军西进，苏茂军被赤眉军打败，死了一千多人。三月，更始派遣李松和朱鲔一起同赤眉军在蓩乡展开激战，李松等被打得大败，丢下军队独自逃跑了，这一仗战死的有三万多人。这时王匡、张卬守卫河东，被邓禹打败，逃回长安。张卬和将领们商议说："赤眉军已近在郑和华阴之间，早晚就会到达。现在只有长安在我们手里，被消灭是不久的事，不如带兵抢劫城中来让自己富起来，然后转而进攻沿途经过的地方，向东回南阳，夺取宛王等人的军队。如果不能成功，我们就重新逃入湖泽中当强盗算了。"申屠建、廖湛等人都赞同张卬的计划，就一道进宫去劝说更始。更始听后大怒，一声不吭，没人敢再提这件事了。到赤眉军立刘盆子为天子，更始派王匡、陈牧、成丹、赵萌率军队驻扎在新丰，李松驻在掫地，共同抵抗赤眉军。张卬、廖湛、胡殷、申屠建等和御史大夫隗嚣共同策划，准备趁立秋那天更始祭祀时劫持他，实现他们以前的计划。侍中刘能卿知道了他们的阴谋，把消息报告了更始。更始装病不出宫，召见张卬等人。张卬等进了宫，更始准备把他们全杀了，只有隗嚣一人未到。更始犹豫了，让张卬等四人暂时在宫外的房子里等候召见。张卬、廖湛、胡殷怀疑情况有变化，就冲出了皇宫，只有申屠建在宫里，更始就杀了他。于是张卬和廖湛、胡殷就带兵抢劫了长安城里的东西二市。黄昏时，又放火焚烧宫门，冲入皇宫，与更始的警卫混战，更始的人马被打得大败。

第二天一早，更始带着妻妾儿女乘着百余辆车子，往东到新丰投奔赵萌。更始又怀疑王匡、陈牧、成丹与张卬等同谋，便同时召见他们，陈牧、成丹先到，立即杀了二人。王匡害怕了，带兵进入长安和张卬等联合。李松从掫撤兵回来跟随着更始，和赵萌一起攻打长安城的王匡、张卬。连续战斗了一个多月，王匡等战败逃走，更始迁居到长信宫。赤眉军到了高陵，王匡等人迎上去投降了赤眉军，便联合向长安进攻。更始自己负责守卫长安城，派李松出城交战，被赤眉击败，死了二千余人，赤眉军活捉了李松。这时李松的弟弟李泛任更始的城门校尉，赤眉军派人对他说："打开城门，就让你哥哥活下来。"李泛立即打开了城门。九月，赤眉军进入长安。更始只身骑马逃走，从厨城门跑出城。妇女们跟在后面连声高叫："陛下应该下马辞谢城池。"更始听后就下马对城池拜了拜，又马上逃走了。

起初，侍中刘恭因为赤眉军立了他的弟弟刘盆子为天子，他就自己到诏狱去坐牢，听说更始失败了才出来，徒步追随更始到高陵，住在驿站里。右辅都尉严本害怕走失了更始，自己被赤眉军杀掉，就带兵驻在更始住处的外面，名义上说是保护更始，实际上是把他囚禁起来了。赤眉军给更始送书信说："你如果投降，封为长沙王，过了二十天就不接受了。"更始派刘恭前去请求投降，赤眉军派将军谢禄前往受降。十月，更始赤膊随谢禄到长乐宫，向刘盆子缴上皇帝印绶。赤眉军让更始坐下，把他安置在院子里，准备杀死他。刘恭、谢禄为更始求情，没有得到允许，于是更始被拉出去。刘恭追着喊道："我的确尽了最大努力，请让我先死。"拔剑就要自刎，赤眉军将领樊崇等赶快上去制止救护他，于是赦免了更始，封了畏威侯。刘恭又为更始坚决请求，终于得以封更始为长沙王。更始经常依靠谢禄，刘恭也保护着他。

三辅地区不堪忍受赤眉军的残暴，都同情更始，张卬等为此而担心，对谢禄说："现在各营将领，很多是想抢夺圣公的，我们一旦失去圣公，他们就将联合起来进攻您，这是自取灭亡之道。"于是谢禄派他的随从士兵与更始一起到郊外去牧马，要他们趁机把更始勒死了。刘恭夜里收藏了更始的尸体。光武帝听到更始的死讯很悲伤，诏令大司马邓禹把他埋葬在霸陵。更始有三个儿子：刘求、刘歆、刘鲤。第二年夏天，刘求兄弟和母亲到了洛阳。光武帝封刘求为襄邑侯，供奉更始的祭祀，刘歆为谷孰侯、刘鲤为寿光侯。刘求后来又改封为成阳侯。刘求死后，儿子刘巡继承了爵位，又改封为濩泽侯。刘巡死后，儿子刘姚继承了爵位。

史官评论道：周武王在孟津大会诸侯检阅军队，然后还师，认为商纣还不能讨伐，时机还没有到来。汉代兴起时，驱使着一群轻佻狡黠的乌合之众，人数不到天下万分之一，可是旌旗所及之处，文书通达之地，无不放下武器伏地听命，争相接受委任。并不是汉人思考得久远，确实也是机会和时运都碰上了。首先发难的人很少有祸不及身的。陈胜、项羽这样的人都没有成就大事，何况平庸之辈呢！

冯 异 传

冯异(? —34),东汉初将领。他才能卓异,为刘秀所重用。他曾劝刘秀施行恩德,争取民心;继而审时度势,向刘秀劝进并拥立刘秀为帝。他善于用兵,恩威并施,累建大功。本篇记载了他的生平,特别称颂他"谦退不自伐"的品德。

冯异字公孙,颍川父城人也①。好读书,通《左氏春秋》、《孙子兵法》。

汉兵起,异以郡掾监五县,与父城长苗萌共城守,为王莽拒汉。光武略地颍川,攻父城不下,屯兵巾车乡。异间出行属县,为汉兵所执。时异从兄孝及同郡丁綝、吕晏,并从光武,因共荐异,得召见。异曰:"异一夫之用,不足为强弱。有老母在城中,愿归据五城,以效功报德。"光武曰:"善。"异归,谓苗萌曰:"今诸将皆壮士,屈起,多暴横,独有刘将军所到不虏掠。观其言语举止,非庸人也,可以归身。"苗萌曰:"死生同命,敬从子计。"光武南还宛。更始诸将攻父城者前后十余辈,异坚守不下。及光武为司隶校尉,道经父城,异等即开门奉牛酒迎。光武署异为主薄,苗萌为从事。异因荐邑子铫期、叔寿、段建、左隆等，光武皆以为掾史，从至洛阳。

【注释】

① 父城：汉县名，治所在今河南宝丰东。

更始数欲遣光武徇河北，诸将皆以为不可。是时左丞相曹竟子诩为尚书，父子用事，异劝光武厚结纳之。及度河北，诩有力焉。自伯升之败，光武不敢显其悲戚，每独居，辄不御酒肉，枕席有涕泣处。异独叩头宽譬哀情。光武止之曰："卿勿妄言。"异复因间进说曰："天下同苦王氏，思汉久矣。今更始诸将从横暴虐，所至虏掠，百姓失望，无所依戴。今公专命方面，施行恩德。夫有桀纣之乱，乃见汤武之功；人久饥渴，易为充饱。宜急分遣官属，徇行郡县，理冤结，布惠泽。"光武纳之。至邯郸，遣异与铫期乘传抚循属县，录囚徒①，存鳏寡，亡命自诣者除其罪，阴条二千石长吏同心及不附者上之。

及王郎起，光武自蓟东南驰，晨夜草舍，至饶阳无蒌亭，时天寒烈，众皆饥疲，异上豆粥。明旦，光武谓诸将曰："昨得公孙豆粥，饥寒俱解。"及至南宫，遇大风雨，光武引车入道旁空舍，异抱薪，邓禹爇火，光武对灶燎衣。异复进麦饭、菟肩。因复度滹沱河至信都，使异别收河间兵，还，拜偏将军。从破王郎，封应侯②。

【注释】

① 录(lù)囚徒：省察记录囚徒的罪状。② 应：在今河南鲁山东。

异为人谦退不伐，行与诸将相逢，辄引车避道。进止皆有表识，军中号为整齐。每所止舍，诸将并坐论功，异常独屏树下，军中号曰“大树将军”。及破邯郸，乃更部分诸将，各有配隶。军士皆言愿属大树将军，光武以此多之。

别击破铁胫于北平，又降匈奴于林阘顿王[①]，因从平河北。时更始遣舞阴王李轶、廪丘王田立、大司马朱鲔、白虎公陈侨，将兵号三十万，与河南太守武勃共守洛阳。光武将北徇燕、赵，以魏郡、河内独不逢兵，而城邑完，仓廪实，乃拜寇恂为河内太守，异为孟津将军，统二郡军河上，与恂合势，以拒朱鲔等。异乃遗李轶书曰：“愚闻明镜所以照形，往事所以知今。昔微子去殷而入周，项伯畔楚而归汉……今长安坏乱，赤眉临郊，王侯构难，大臣乖离[②]，纲纪已绝，四方分崩，异姓并起，是故萧王跋涉霜雪，经营河北。方今英俊云集，百姓风靡，虽邠岐慕周，不足以喻。季文诚能觉悟成败[③]，亟定大计，论功古人[④]，转祸为福，在此时矣，如猛将长驱，严兵围城，虽有悔恨，亦无及已。”初，轶与光武首结谋约，加相亲爱。及更始立，反攻陷伯升。虽知长安已危，欲降又不自安。乃报异书曰：“轶本与萧王首谋造汉，结死生之约，同荣枯之计。今轶守洛阳，将军镇孟津，俱据机轴⑤，千载一会，思成断金⑥。唯深达萧王，愿进愚策，以佐国安人。”

【注释】

① 于林阘(tà)顿(duì)：匈奴王号。② 大臣：指张卬、申屠建、隗嚣等，因赤眉入关，谋劫更始归南阳。③ 季文：李轶的字。④ 古人：指微子、项伯等人。⑤ 机轴：机，弩牙；轴，车轴。均是弓弩和车辆上起关键作用的部件，比喻二人所辖都是要害之地。⑥ 断金：《易·系辞》：“二人同心，其利断金。”李轶引用此语，表示愿意和冯异同心。

轶自通书之后，不复与异争锋，故异因此得北攻天井关，拔上党两城，又南下河南城皋已东十三县及诸屯聚，皆平之，降者十余万。武勃将万余人攻诸畔者，异引军度河，与勃战于士乡下，大破斩勃，获首五千余级，轶又闭门不救。异见其信效，具以奏闻。光武故宣露轶书，令朱鲔知之。鲔怒，遂使人刺杀轶。由是城中乖离，多有降者，鲔乃遣讨难将军苏茂将数万人攻温，鲔自将数万人攻平阴以缀异①。异遣校尉护军将兵，与寇恂合击茂，破之。异因度河击鲔，鲔走；异追至洛阳，环城一匝而归。移檄上状，诸将皆入贺，并劝光武即帝位。光武乃诏异诣鄗，问四方动静。异曰：“三王反畔②，更始败亡，天下无主，宗庙之忧在于大王。宜从众议，上为社稷，下为百姓。”光武曰：“我昨夜梦乘赤龙上天，觉悟，心中动悸。”异因下席再拜贺曰：“此天命发于精神。心中动悸，大王重慎之性也。”异遂与诸将定议，上尊号。

【注释】

① 缀：连缀。② 三王：指淮南王张卬、穰王廖湛、随王胡殷。

建武二年春，定封异阳夏侯①，引击阳翟贼严终、赵根，破之。诏异归家上冢，使太中大夫赍牛酒②，令二百里内太守、都尉已下及宗族会焉。时赤眉、延岑暴乱三辅，郡县大姓各拥兵众，大司徒邓禹不能定，乃遣异代禹讨之。车驾送至河南，赐以乘舆、七尺具剑③，敕异曰：“三辅遭王莽、更始之乱，重以赤眉、延岑之酷，元元涂炭，无所依诉。今之征伐，非必略地屠城，要在平定安集之耳。诸将非不健斗，然好虏掠。卿本能御吏士，念自修敕，无为郡县所苦。”异顿首受命，引而西，所至皆布威信。弘农群盗称将军者十余辈，皆率众降异。异与赤眉遇于华阴，相拒六十余日，战数十合，降其将刘始、王宣等五千余人。

【注释】

① 阳夏(jiǎ)：今河南太康。② 赍(jī)：带着。③ 乘舆：指帝王坐的车子。具剑：用宝玉装饰的剑，是帝王用的。

三年春，遣使者即拜异为征西大将军。会邓禹率车骑将军邓弘等引归，与异相遇，禹、弘要异共攻赤眉。异曰："异与贼相距且数十日，虽屡获雄将，余众尚多，可稍以恩信倾诱，难卒用兵破也。上今使诸将屯黾池要其东，而异击其西，一举取之，此万成计也。"禹、弘不从。弘遂大战移日，赤眉阳败，弃辎重走。车皆载土以豆覆其上，兵士饥，争取之。赤眉引还击弘，弘军溃乱。异与禹合兵救之，赤眉小却。异以士卒饥倦，可且休，禹不听，复战，大为所败，死伤者三千余人。禹得脱归宜阳。异弃马步走上回溪阪，与麾下数人归营。复坚壁，收其散卒，招集诸营保数万人，与贼约期会战。使壮士变服与赤眉同，伏于道侧。旦日，赤眉使万人攻异前部，异裁出兵以救之①，贼见势弱，遂悉众攻异，异乃纵兵大战。日昃，贼气衰，伏兵卒起，衣服相乱，赤眉不复识别，众遂惊溃。追击，大破于崤底，降男女八万人。余众尚十余万，东走宜阳降。玺书劳异曰："赤眉破平，士吏劳苦，始虽垂翅回溪②，终能奋翼黾池③，可谓失之东隅，收之桑榆④，方论功赏，以答大勋。"时赤眉虽降，众寇犹盛；延岑据蓝田，王歆据下邽，芳丹据新丰，蒋震据霸陵，张邯据长安，公孙守据长陵，杨周据谷口，吕鲔据陈仓，角闳据汧，骆延据盩厔，任良据鄠，汝章据槐里，各称将军，拥兵多者万余，少者数千人，转相攻击。异且战且行，屯军上林苑中，延岑既破赤眉，自称武安王，拜置牧守，欲据关中，引张邯、任良共攻异。异击破之，斩首千余级，诸营保守附岑者皆来降归异。岑走，攻析，异遣复汉将军邓晔、辅汉将军于匡要击岑，大破之，降其将苏臣等八千余人。岑遂自武关走南阳。时百姓饥饿，人相食，黄金一斤易豆五升，道路断隔，委输不至，军士悉以果实为粮。诏拜南阳赵匡为右扶风，将兵助异，并送缣谷，军中皆称万岁。异兵食渐盛，乃稍诛击豪杰不从令者，褒赏降附有功劳者，悉遣其渠帅诣京师，散其众归本业，威行关中。唯吕鲔、张邯、蒋震遣使降蜀，其余悉平。

【注释】

① 裁：通“才”。刚，方才。② 垂翅：鸟翅下垂不能高飞，比喻受到挫折。③ 奋翼：鸟振翅高飞，比喻振作有为。④ “失之”二句：意为早晨失败，晚上却又得到了胜利。东隅，日出之地；桑榆，日落之地。

明年，公孙述遣将程焉将数万人就吕鲔出屯陈仓。异与赵匡迎击，大破之。焉退走汉川，异追战于箕谷，复破之。还，击破吕鲔，营保降者甚众。其后蜀复数遣将间出，异辄摧挫之。怀来百姓，申理枉结，出入三岁，上林成都。

异自以久在外，不自安，上书思慕阙廷，愿亲帷幄，帝不许。后人有章言异专制关中①，斩长安令，威权至重，百姓归心，号为“咸阳王”。帝使以章示异。异惶惧，上书谢……诏报曰：“将军之于国家，义为君臣，恩犹父子。何嫌何疑，而有惧意？”

【注释】

① 章：奏章。

六年春，异朝京师。引见，帝谓公卿曰："是我起兵时主簿也。为吾披荆棘，定关中。"既罢，使中黄门赐以珍宝、衣服、钱帛。诏曰："仓卒无蒌亭豆粥、滹沱河麦饭，厚意久不报。"异稽首谢曰："臣闻管仲谓桓公曰：'愿君无忘射钩，臣无忘槛车①。'齐国赖之。臣今亦愿国家无忘河北之难，小臣不敢忘巾车之恩。"后数引谳见，定议图蜀，留十余日，令异妻子随异还西。

夏，遣诸将上陇②，为隗嚣所败，乃诏异军栒邑。未至，隗嚣乘胜使其将王元、行巡将二万余人下陇，因分遣巡取栒邑，异即驰兵，欲先据之。……潜往闭城，偃旗鼓。行巡不知，驰赴之。异乘其不意，卒击鼓建旗而出。巡军惊乱奔走，追击数十里，大破之。祭遵亦破王元于汧。于是北地诸豪长耿定等悉畔隗嚣降。异上书言状，不敢自伐。诸将或欲分其功，帝患之，乃下玺书曰："……征西功若丘山，犹自以为不足。孟之反奔而殿③，亦何异哉！今遣太中大夫赐征西吏士死伤者医药，棺敛，大司马已下亲吊死问疾，以崇谦让。"于是使异进军义渠，并领北地太守事。青山胡率万余人降异。异又击卢芳将贾览、匈奴薁鞬日逐王，破之。上郡、安定皆降，异复领安定太守事。

【注释】

① 槛车：囚禁罪犯的车子。春秋时齐国的管仲射中过齐桓公的带钩，后来齐桓公假意要杀他，而让鲁国用槛车把他押送回国，至齐即拜管仲为相。这里是说君上不要忘记从臣下中发现人才，臣要不忘知遇之恩。② 陇：陇山，

在今陕西陇县至甘肃平凉一带。因其地势高峻，所以说“上”。③ 孟之反：春秋时鲁国大夫。此事见《论语·雍也》：“孟之反不伐（夸耀），奔而殿（在最后），将入门（城门），策其马，曰：‘非敢后也，马不进也。’”

九年春，祭遵卒，诏异守征虏将军，并将其营。及隗嚣死，其将王元、周宗等复立嚣子纯，犹总兵据冀，公孙述遣将赵匡等救之。帝复令异行天水太守事，攻匡等，且一年，皆斩之。诸将共攻冀，不能拔，欲且还休兵。异固持不动，常为众军锋。明年夏，与诸将攻落门，未拔，病发，薨于军，谥曰节侯。长子彰嗣。明年，帝思异功。复封彰弟䜣为析乡侯。十三年，更封彰东缗侯，食三县。……

论曰[①]：中兴将帅立功名者众矣，唯岑彭、冯异建方面之号[②]，自函谷以西，方城以南，两将之功，实为大焉。若冯、贾之不伐[③]，岑公之义信，乃足以感三军而怀敌人，故能克成远业，终全其庆也。昔高祖忌柏人之名，违之以全福[④]；征南恶彭亡之地，留之以生灾[⑤]。岂几虑自有明惑，将期数使之然乎？

【注释】

①《后汉书》以冯异与岑彭、贾复合传。这篇传论即就三人的合传而发。② 建方面之号：冯异号征西大将军，岑彭号征南大将军，“西”、“南”标出了他们领兵征战、建立功名的方位，和虎牙、建威、捕虏等将军称号不同，所以这

样说。③ 贾：指贾复。④ 刘邦曾想留宿于柏人，但讨厌这个地名，说："柏人者，迫于人也。"就离开了，因此免于被刺。详见《史记·张耳陈馀列传》。⑤ 征南：即征南大将军岑彭。传载"岑彭破公孙述，所营地名'彭亡'，闻而恶之，欲徙，会日暮。蜀刺客诈为亡奴降，夜刺杀彭"。

【翻译】

冯异字公孙，是颍川郡父城县人。爱好读书，通晓《左氏春秋》和《孙子兵法》。

汉兵起事，冯异以郡掾的身份督察五个县，和父城县县长苗萌一起守城，替王莽抗御汉军。刘秀攻打颍川各地，攻打父城没有攻下，在巾车乡驻扎。冯异改装便服出城，巡视所主管的县，被汉兵捉住。此时冯异的堂兄冯孝和本郡人丁綝、吕晏，都跟随着刘秀，因此一同荐举冯异，冯异得以被刘秀召见。冯异说："我一个人的能力，不足以影响势力的强弱。我有老母亲还留在父城城中，我愿意回去据守五城，用来报答您不杀我的恩德。"光武说："好！"冯异回来，对苗萌说："如今各路将领都是勇士，突然兴起，大多凶狠残暴，唯独刘秀将军所到之处不掳人掠货。我观察他的言论行动，他不是一个平庸之辈，我们可以把身心交给他。"苗萌回答说："我和你生死在一块，我听从你的主意。"刘秀南归宛城。更始的将领攻打父城的前后有十几批，冯异坚守，都没有攻下。到刘秀任司隶校尉时，路过父城，冯异等人马上打开城门，捧着牛肉美酒迎接他。刘秀任命冯异为主簿，苗萌任从事。冯异乘机推荐同乡人铫期、叔寿、段建、左隆等人，刘秀把他们都委任为属官，让他们随同到了洛阳。

更始多次打算派遣刘秀巡行收抚河北之地，诸将都认为不能这么做。这个时候，左丞相曹竟的儿子曹诩任尚书，父子当权，冯异鼓动刘秀深深地与他们结交。后来刘秀渡过黄河到达河北，曹诩在中间起了很大的作用。自从兄长刘縯被杀，刘秀不敢表示自己的悲哀，每当独处的时候，就不吃酒肉，枕席上常有被泪水浸湿的痕迹。冯异只身前来叩头宽慰劝解，为他排遣悲哀的情绪。刘秀制止他说："你不要乱说！"冯异又乘机进言道："天下人都痛恨厌弃王莽，思念汉室已经很久了。眼下更始的各位将领，肆无忌惮，暴虐残忍，所到之处抢人劫财，民众对他们失去了希望，没有可亲附拥戴的人。如今您在一个地区专权指挥，布施推行恩德。有了夏桀、商纣一类的混乱，才能显现商汤、周武王式的功业；人们长期饥渴了，他们的要求容易满足。您应该急速地派遣手下属官，安抚巡行郡县，处理人民无处申诉的冤屈，向各地施布恩惠德泽。"光武采纳了这个建议。到达邯郸之后，派遣冯异和铫期乘着传车抚慰所辖各县，检查记录囚徒的罪状，慰问鳏夫寡妇，犯罪逃亡的人如果自己来投案就赦免他的罪过。还秘密地分类记下品秩为二千石的官员和长吏中与起义军同心者和离心者的名单报告给光武。

到王郎起兵割据邯郸等地之时，光武从蓟县东往南疾行，早晚都露宿野外，到达饶阳无蒌亭。时值天寒地冻，士卒全都饥饿疲惫，冯异献上豆子煮的粥。第二天早晨，刘秀对诸将领说："昨天吃了冯异的豆粥，饥饿寒冷全部解除了。"当到达南宫县时，遇上大风骤雨，光武赶着车进入路边的空房屋里，冯异抱来柴草，邓禹生火。光武对着灶烘干衣服。冯异又捧来麦饭和兔腿肉。接着又渡过滹沱河到达信都，光武派冯异另行收拢河间地区的军队。回来后，授为偏将军。他跟随刘秀打败王郎，被封为应侯。

冯异为人谦恭不自夸，在路上行走如果碰上了其他将领，往往赶着车让出路来。一举一动都有一定的准则，军队里称他做事井然有序。每到一个地方宿营，诸将坐在一块评论各人的功劳，冯异经常独自一人躲到大树底下，军中称他为“大树将军”。到攻下邯郸，汉军便变更编制，各将领各有分配给自己的官吏士兵。士兵都说愿意归大树将军统率，光武因此十分赞赏冯异。

冯异分兵在北平县打败了农民军铁胫，又降伏了匈奴于林阘顿王，接着跟随光武平定了河北。当时更始派遣舞阴王李轶、廪丘王田立、大司马朱鲔、白虎公陈侨，率领兵众号称三十万，和河南太守武勃一同守卫洛阳城。光武准备向北攻取燕、赵，由于魏郡、河内没有遭受战争，城邑完整，仓廪盈积，于是拜寇恂为河内太守，冯异为孟津将军，统辖两郡的军队驻防在黄河边上，同寇恂联合抵抗朱鲔等人。冯异便写信给李轶说：“敝人听说明镜是用来观察形象的，往古的事件是用来认识今天的。古时微子离开殷朝进入周，项伯背叛西楚霸王归顺了汉……眼下长安衰败混乱，赤眉兵临近城郊，王侯们互相争战，大臣们离心离德，朝廷的纲纪已经中断，四方分裂，各路非刘姓的队伍一时起事，因此萧王刘秀跋山涉水，踏霜履雪，在河北一带苦心经营。现在他手下英雄俊杰云集，民众闻风相从，即使像古代邠、岐的民众仰慕周族古公亶父那样的情况，也不足以用来比喻现在。季文您真能从大事成败中觉悟过来，就请赶快定下大计，功劳可和微子、项伯相比，转祸为福，就在这个时候了。倘若猛将长途疾进，重兵围城，那时即使悔恨也来不及了！”当初，李轶和刘秀一道首先订立了盟约，彼此很亲爱。等到更始即位，李轶却回过头来同更始一块陷害了刘縯。他虽然知道长安已岌岌可危，想投降刘秀，内心又很不安稳。于是回信给冯异说：“我本来与萧王首先图谋中兴汉朝，结下生死之盟，共商成败之计。现在我守卫洛阳，你镇守孟津，都占据着要害之地，这是千载一时的好机会，希望我们同心不二。还望您详细禀报萧王，我愿意献上愚见，以佐助国家，安定民众。”李轶自从同冯异通信之后，不再同冯异交锋，因此冯异能够向北进攻天井关，攻克了上党郡的两城；又向南打下了河南成皋以东的十三个县，以及各处屯落土堡，都一一平定了，投降的人有十多万人。武勃统领一万多人讨伐那些投降冯异的人，冯异率军渡过黄河，在士乡亭同他交战，把他打得大败并将其杀死，杀死了五千多人。李轶又紧闭城门不援救武勃。冯异见李轶的诚意表现出来了，就将这些情况上奏给光武。光武故意泄露了李轶的信件，好让朱鲔知道。朱鲔大怒，于是派人刺杀了李轶。因此洛阳城中众人离心，有许多投降过来的人。朱鲔于是派讨难将军苏茂统率几万人马进攻温地，他自己带领几万人攻打平阴县，来与冯异军接战以牵制冯异。冯异派遣校尉护军带兵同寇恂一道夹击苏茂，打败了苏茂。冯异又乘机渡过黄河攻打朱鲔，朱鲔逃跑，冯异追赶到洛阳，将城团团围住之后才回去。他将情况通报各官署，向刘秀上报，因此各路将领都来祝贺刘秀，并且劝说刘秀称帝即位。刘秀因此把冯异召到鄗，询问各地情势。冯异说：“三王反叛，更始衰亡，天下没有君主，汉家宗庙的存亡就决定于大王您。大王应该听从众人的建议，对上是为了国家，对下是为了百姓。”刘秀说：“我昨夜梦见自己乘坐赤龙上了天，醒来后内心惊恐害怕。”冯异于是离开座位行再拜之礼祝贺说：“这是上天的意志反映在您的心里。内心惶恐不安，是大王您稳重谨慎的性格啊。”冯异于是同各位将领商量定，向刘秀奉上皇帝的尊号。

建武二年春，光武帝正式封冯异为阳夏侯，冯异领兵攻击阳翟的盗贼严终、赵根并把他们打败。光武让冯异回家乡扫墓，派太中大夫带着牛酒，命令方圆二百里之内的太守、都尉以下各级官员以及冯异同族的人在冯异家乡会集。当时赤眉、延岑在三辅横行，各郡县豪族大姓都私自拥有兵卒，大司徒邓禹平定不了，因此光武派遣冯异替换邓禹讨伐他们。光武亲自送他到了黄河南岸，赐给他宝玉装饰的七尺剑。告诉冯异说：“三辅遭受王莽、更始的祸害，加上赤眉、延岑的残暴蹂躏，百姓涂炭，没有地方依靠、诉说。今天你去征伐，不一定争夺土地攻占城池，关键在于平定地方，安抚收拢百姓而已。各位将领并非不勇猛善战，但是都喜好掠人劫财。你本来善于管束官吏士兵，希望你更加约束自己，不要让郡县觉得你是灾难。”冯异叩头接受命令，带领军队向西进发。凡是他所到的地方都广布威信。在弘农一带的盗贼自称将军的十多伙人，都率领他们的部众投降了冯异。冯异和赤眉军在华阴遭遇，相持六十多天，交战几十次，降服他们的将领刘始、王宣等和五千多士卒。

三年春，光武派使者到冯异那里授他为征西大将军。恰逢邓禹率领车骑将军邓弘等带兵归来，同冯异相遇，邓禹、邓弘邀请冯异一起攻打赤眉。冯异说："我与赤眉相持已经几十天了，虽然多次俘虏他们的勇将，但赤眉剩下来的兵众还多，因此我们可以慢慢地用恩德信义争取他们，难以一下子用武力打败他们。皇上现在让诸位屯驻黾池拦击其东归之路，我则攻打他们西面，一举攻取他们，这是一定能成功的计划。"邓禹、邓弘却不听从冯异的意见。邓弘于是与赤眉交战了一整天，赤眉佯装失败，丢弃辎重逃跑，车里却装的全是土块，土块上面盖了一层豆子，邓弘的兵士饥饿，争抢豆子吃。赤眉回兵反攻邓弘，邓弘军溃败散乱。冯异与邓禹合兵援救邓弘，赤眉稍稍退却。冯异认为士卒饥饿疲倦，可以暂时歇息一下。邓禹不听，再次进攻，被赤眉打得大败，死伤的有三千多人，邓禹脱身逃回了宜阳。冯异丢下乘骑徒步逃跑，登上了回溪阪，和几个部下回到了军营，再次坚守壁垒，收集自己的散兵，并召集了各个营堡的兵卒几万人，同赤眉约定了交战时间。冯异让勇猛的士卒穿上了同赤眉一样的服装，埋伏在路旁。第二天，赤眉让一万多人攻打冯异阵营的前部。冯异派出兵卒来援助。赤眉见冯异兵力薄弱，于是出动全部人马围攻冯异，冯异这才出动大军大战。太阳西斜，赤眉军士气衰落，埋伏的士兵突然跃出，双方衣服相混，赤眉军不再能辨别敌我，全军于是惊慌溃逃。冯异率军追击，在崤底大败赤眉军，向冯异投降的男女有八万人。赤眉余部还有十多万人，向东逃到宜阳也投降了。光武下诏书慰劳冯异说："打败平定赤眉，士卒军吏辛勤劳苦。开始虽然你在回溪失利受挫，但你终能在黾池奏捷，真可以说是‘失之东隅，收之桑榆’。我将要论功行赏，来酬答你的大功。”这时的赤眉军虽然投降，但是寇贼依然很强大：延岑占据蓝田，王歆占据下邽，芳丹占据新丰，蒋震占据霸陵，张邯占据长安，公孙守占据长陵，杨周占据谷口，吕鲔占据陈仓，角闳占据汧地，骆延占据盩厔，任良占据鄠县，汝章占据隗里。他们都自称将军，拥兵多的超过万人，少的也有几千，相互展开攻击。冯异一边作战，一边行军，进驻上林苑中。延岑在打败赤眉之后，自称武安王，委任州郡长官，打算占据关中，并引来张邯、任良一同进攻冯异。冯异打败了他们，斩杀了一千多人，那些依附延岑据守营堡的各部都来投降归附了冯异。延岑率兵逃遁，攻打析县，冯异派遣复汉将军邓晔、辅汉将军于匡拦截延岑部众，把他打得大败，收降了他的将领苏臣等八千多人。于是延岑从武关逃往南阳。当时民众饥饿，人吃人的事也出现了，一斤黄金只能换得五升豆子。道路阻隔不通，转运粮食没有到达，士兵们都以野果代替军粮。光武帝便下诏书，任命南阳人赵匡为右扶风，率兵协助冯异，并且给他们送来了缣帛粮食，将士们都高呼万岁。冯异的士兵和粮食渐渐多了起来，他便渐渐向那些不服从政令的割据者发起进攻，奖励那些归降有功的部众，把他们的首领全部遣送到京师，并遣散他们的部下回到农桑本业。冯异的威名传遍关中。只有吕鲔、张邯、蒋震派遣使者投降了蜀地的公孙述，其余的割据势力全部平定了。

第二年，公孙述派遣将领程焉带领几万人马前来吕鲔军中，进驻陈仓。冯异与赵匡率军迎击，把他们打得大败。程焉退兵逃往汉川，冯异追击到箕谷，又一次打败了他。冯异回师时攻破了吕鲔的营垒，向冯异投降的相当多。此后公孙述又多次派遣将领偷偷出击，冯异都将他们挫败。冯异招抚民众，为受冤屈者昭雪，来归附的百姓日益增多，冯异在当地往来三年，上林苑竟变成了一个城市。

冯异自认为长时间领兵在外，心里很不踏实，上书诉说自己思念朝廷，希望在皇帝身边供职，光武却不同意。后来有人上书说冯异在关中独断专行，处死长安县令，权威极重，民众亲附，称他为“咸阳王”。光武派人将奏章拿给冯异看。冯异读后极为惶恐，上书谢罪……光武下诏回答说：“将军对于国家，于义理上是君臣的关系，在情义上却如同父子，有什么嫌疑，而要怀有恐惧的心情？”

建武六年春，冯异赴洛阳朝见光武帝。接见时，光武对公卿大夫们说：“冯异是我起兵时的主簿。他为我披荆斩棘，平定了关中。”散朝后派中黄门赏赐珍宝、衣服、钱帛给冯异，下诏说：“困顿时无蒌亭的豆粥、滹沱河的麦饭，这深情厚意，久久没有报答。”冯异叩头谢恩说：“臣下我听说管仲对桓公说：‘希望君王您莫忘了我射中您带钩的事情，我也不忘您用槛车载我回齐国拜相的恩德。’齐国靠着他们君臣的这种想法而成就了霸业。我现在也希望陛下不忘河北的窘困，我自己也不敢忘却巾车还乡的恩德。”以后光武帝还多次接见宴请冯异，讨论决定平蜀之事。留住十多天后，光武命令冯异的妻子儿女跟随冯异回到关中。

夏季，光武派遣诸将进军陇山，被隗嚣打败。于是光武诏令冯异驻扎栒邑县。他还没有赶到，隗嚣就乘胜派自己的将领王元、行巡率领二万多人由陇山下来，分派行巡部夺取栒邑。冯异马上疾速行军，打算先占据栒邑。……秘密赶到后，关闭城门，放倒军旗，停击军鼓。行巡不知道，疾驱兵马奔来。冯异乘他没有思想准备，突然擂响战鼓，竖起军旗冲出城来。行巡的部队惊恐混乱，纷纷奔逃，冯异率军追击几十里，大败行巡。祭遵也在汧地打败了王元。于是北地各路兵马的首领如耿定等人，都背叛隗嚣，投降了冯异。冯异上书皇帝报告情况，不敢自夸功绩。将领中有的人想分得冯异的功劳，光武为此忧虑，于是下诏说："……征西大将军的功绩如同高山，还自认为做得不够。这和孟之反在败军尾部断后而又谦逊不矜其功又有什么区别！现在派遣太中大夫将医药棺材赏赐给征西士卒、军官中的死伤者，大司马以下的官员要亲自吊唁战死者、慰问伤病者，以崇扬征西大将军谦让的美德。"接着命令冯异向义渠进军，并兼管北地太守的职事。青山胡率领一万多人归顺了冯异。冯异又攻打卢芳的将领贾览、匈奴薁鞬日逐王，击败了他们。上郡、安定全部归降。冯异又兼管了安定太守的职事。

建武九年春，祭遵去世，光武帝诏令冯异代理征虏将军，并统领祭遵的营垒。到隗嚣死去，他的将领王元、周宗等又拥立了隗嚣的儿子隗纯，仍旧统领军队据守着冀地。公孙述派遣将领赵匡等人去援助他们。光武又命令冯异兼管天水太守的事务，攻打赵匡等人，将近一年时间，将他们全部斩杀了。各路将领一同围攻冀地，没能攻下，准备暂时撤退休整军队。冯异坚持不动摇，时常充任各支兵马的先锋。第二年夏天，冯异同诸将一同攻打落门，还没有攻下来，他的疾病发作，死在军中，谥号节侯。长子冯彰袭爵。建武十一年，光武思念冯异的功勋，又封冯彰的弟弟冯䜣为析乡侯。建武十三年，改封冯彰为东缗侯，食邑为三个县。……

史官评论说：东汉中兴时的将领建立功名的太多了！只有岑彭、冯异因为征战某一方面而获得称号。从函谷关往西，方城山往南，两位将军的功劳，实在是很大的。像冯异、贾复的不炫耀吹嘘，岑彭的信义，这都足以感化三军而招抚敌人，因此能够成就远大的事业，自始至终保全了他们的福分。昔日汉高祖忌讳“柏人”之名，离开该地方而免遭不测；岑彭厌恶“彭亡”之名，却留下来没有迁移，因而遇刺身亡。难道经过缜密地思考也会有明白和迷惑的不同？还是命运决定要他们这样做的呢？

杜 诗 传

杜诗(? —38),字君公,河南汲县人。历任功曹、侍御史、成皋令、沛郡都尉、汝南都尉、南阳太守等职。由于他办事干练,有决断,很受汉光武帝刘秀的赏识。

杜诗在南阳任职期间,执法严厉,打击了一些作恶多端、民愤很大的豪强地主。同时带领百姓兴修水利,扩大耕地面积,使南阳郡日益富足。杜诗还在总结劳动人民经验的基础上,创造发明了水排,即水力鼓风机,将空气送入冶铁炉,铸造农具,用力少而见效多。由于他重视农业生产,为百姓做了一些好事,所以受到当地百姓的拥护,把他称作“杜母”。

杜诗字君公,河内汲人也①。少有才能,仕郡功曹,有公平称。更始时,辟大司马府②。建武元年,岁中三迁为侍御史,安集洛阳。时将军萧广放纵兵士,暴横民间,百姓惶扰,诗敕晓不改,遂格杀广,还以状闻。世祖召见,赐以棨戟③,复使之河东,诛降逆贼杨异等。诗到大阳④,闻贼规欲北度,乃与长史急焚其船,部勒郡兵,将突骑趁击,斩异等,贼遂翦灭。拜成皋令,视事三岁，举政尤异，再迁为沛郡都尉，转汝南都尉，所在称治。

七年，迁南阳太守。性节俭而政治清平，以诛暴立威，善于计略，省爱民役。造作水排⑤，铸为农器，用力少，见功多，百姓便之。又修治陂池，广拓土田，郡内比室殷足。时人方于召信臣⑥，故南阳为之语曰："前有召父，后有杜母。"

【注释】

① 汲：今河南卫辉。② 辟(bì)：征召。③ 棨(qǐ)戟：有缯衣的戟，古时官吏出行的一种仪仗，汉代为王公以下通用。④ 大阳：汉县名，在今山西平陆。⑤ 水排：古代一种用水力推引鞴鞴(活塞)鼓风的器具。⑥ 召信臣：字翁卿，西汉九江寿春(今安徽寿县)人。当南阳太守时，兴修水利，开通沟渠十数处，受到当地民众爱戴。

诗自以无劳，不安久居大郡，求欲降避功臣，乃上疏曰："陛下亮成天工，克济大业，偃兵修文，群帅反旅，海内合和，万世蒙福，天下幸甚！唯匈奴未譬圣德，威侮二垂，陵虐中国。边民虚耗，不能自守，臣恐武猛之将虽勤，亦未得解甲櫜弓也①。夫勤而不息亦怨，劳而不休亦怨，怨恨之师，难复责功。臣伏睹将帅之情②，功臣之望，冀一休足于内郡，然后即戎出命，不敢有恨。臣愚以为'师克在和不在众'，陛下虽垂念北边，亦当颇泄用之。昔汤武善御众，故无忿鸷之师。陛下起兵十有三年，将帅和睦，士卒凫藻[3]。今若使公卿郡守出于军垒，则将帅自厉；士率之复，比于宿卫，则戎士自百。何者？天下已安，各重性命，大臣以下，咸怀乐土，不雠其功而厉其用，无以劝也。陛下诚宜虚缺数郡，以俟振旅之臣，重复厚赏，加于久役之士。如此，缘边屯戍之师，竞而忘死，乘城拒塞之吏，不辞其劳，则烽火精明，守战坚固。圣王之政，必因人心。今猥用愚薄[4]，塞功臣之望，诚非其宜。臣诗伏自惟忖，本以史吏一介之才[5]，遭陛下创制大业，贤俊在外，空乏之间，超受大恩，牧养不称，奉职无效，久窃禄位，令功臣怀愠，诚惶诚恐。八年，上书乞避功德，陛下殊恩，未许放退。臣诗蒙恩尤深，义不敢苟冒虚请，诚不胜至愿，愿退大郡，受小职。及臣齿壮，力能经营剧事，如使臣诗必有补益，复受大位，虽析珪授爵[6]，所不辞也。惟陛下哀矜！”帝惜其能，遂不许之。

【注释】

① 櫜(gāo)弓：收藏弓矢。② 伏：伏地，下对上常用“伏”字表示对对方的尊敬。③ 士卒凫藻：士卒非常欢悦，如野鸭游于水藻中。④ 猥：辱，敬词，表示这样做使对方受辱。⑤ 史吏：等于说下层官吏，指杜诗出身郡功曹。一介：一个。⑥ 析珪：古时封诸侯，按爵位高低，颁赐珪玉，称为析珪。析，分。

诗雅好推贤，数进知名士清河刘统及鲁阳长董崇等。

初，禁网尚简，但以玺书发兵①，未有虎符之信②。诗上疏曰："臣闻兵者国之凶器，圣人所慎。旧制发兵，皆以虎符，其余征调，竹使而已③。符第合会④，取为大信，所以明著国命，敛持威重也。间者发兵，但用玺书，或以诏令，如有奸人诈伪，无由知觉。愚以为军旅尚兴，贼虏未殄，征兵郡国，宜有重慎，可立虎符，以绝奸端。昔魏之公子，威倾邻国，犹假兵符，以解赵围，若无如姬之仇⑤，则其功不显。事有烦而不可省，费而不得已，盖谓此也。"书奏，从之。

诗身虽在外，尽心朝廷，谠言善策，随事献纳。视事七年，政化大行。十四年，坐遣客为弟报仇，被征，会病卒。司隶校尉鲍永上书言诗贫困无田宅，丧无所归。诏使治丧郡邸，赙绢千匹⑥。

【注释】

① 玺书：古代封口处盖有印信的文书，秦以后专指皇帝诏书。② 虎符：虎形兵符，用来发兵。③ 竹使：即竹使符，用于一般征发。④ 第：但，只要。合会：把符分为两半，左在地方将领，右在朝廷，遇有调遣，要双方合符方为有效。⑤ 如姬：战国时魏安釐王的宠姬，其父为仇人所杀，欲求报仇而不能得。魏信陵君曾遣刺客代为报仇。后秦国围赵，信陵君欲救赵，请她窃得发兵虎符，得以掌握魏军指挥权，因而击败秦军，解赵围。⑥ 赙(fù)：以财物助丧事。

【翻译】

杜诗，字君公，河内郡汲县人。年轻时很有才能，任郡功曹，有办事公平的声誉。刘玄做皇帝时，被征召到大司马府中任职。建武元年这一年之中，他三次升迁担任了侍御史，负责安抚召回洛阳百姓的工作。这时将军萧广放纵兵士在民间暴虐横行，老百姓惶恐不安。杜诗命令并劝说萧广应加以制止，萧广坚持不改，于是杀掉了萧广，回去后写了报告向刘秀汇报。刘秀召见了他，赏赐他一套棨戟仪仗。又派他前往河东郡诛杀、降服叛贼杨异等人。杜诗来到大阳，听说杨异等人正在谋划企图北渡黄河，于是与长史迅速烧毁了杨异北渡的船只，统率郡中的士兵，率领骑兵突击队袭击叛军，杀死杨异等人，叛军于是被全部消灭。杜诗被任为成皋县令，任职三年，政绩突出，再次升迁，为沛郡都尉，又调任汝南都尉，凡是他任职之处，都被认为治理得很好。

建武七年，杜诗升任南阳太守。他生性俭朴，理政时清廉公平，因为惩罚豪强在民众中树立起威信。他善于谋略，节省爱惜劳力。曾设计出水排，用以炼铁，铸造农具，使用劳力少，取得功效多，老百姓都认为很便利。他又整治池塘，扩大耕地面积，使得南阳郡内家家殷实富足。当时人们把他比作召信臣，因此，南阳人编了这样的话：“从前有个召父，现在有位杜母。”

杜诗认为自己没有什么功绩，不安于长期在南阳这个大郡为官，想要降为小郡，把职务让给功臣担任，于是上书给光武帝说：“皇上辅助成就上天之功，能够完成汉室大业，停息武备，修明文治，将领们都班师回朝，四海之内实现了统一和平，千秋万代蒙受到你的恩德，普天之下是很幸运的。唯独匈奴不明白你圣明的德行，侵扰我西、北两面的边境，残害欺侮中原人民。边境人民消耗了人力财力，还是不能保卫自己，我担心即使勇猛的将领尽心竭力保卫边疆，也难以休战罢兵。大凡军队勤于作战而得不到休整也会怨恨，劳苦困顿而没有休整也会怨恨，怀着怨恨的军队是难以再次责成他们建立战功的。我观察将帅的心情和功臣的愿望，就是想回到内地休息一下，然后重服戎衣出兵完命就不会有怨恨了。我认为'军队获胜在于将士上下同心而不在兵力众多'。陛下即使十分关心北部边境，也应该交替采用攻战和休整两手。过去商汤、周武王善于驾驭众人，所以没有残忍凶狠的军队。您起兵十三年，将帅和睦，士卒欢悦。现在如果让公卿郡守从军队中选拔出来，那么将帅们就会自勉；如果对士兵的优待能和中央的禁卫部队相当，那么战士们的勇气就会提高百倍。这是为什么呢？因为天下已经安定，人们都珍惜个人的性命，大臣以下的吏民，都留恋安乐之地。不按功行赏，而加以驱使，就无法鼓励他们。陛下确实应当空下几个郡守的名额，以待凯旋的将领；用多次丰厚的赏赐，施于长期服役的战士。这样，沿着边界屯戍的军队就会争相舍生忘死，登城守塞的官吏就会不辞辛劳，那么烽火报警就会精确无误，防御作战就会坚不可摧。圣明帝王的政策，一定要顺乎人心。现在陛下任用我这样愚昧浅陋的人，断绝了功臣们的希望，这是不合适的。我自己思量，我凭着一个郡功曹的才能，遇上陛下创立大业，贤能俊杰在外作战，人才匮乏之际，破例地让我受到陛下巨大的恩泽。而我治理民众并不称职，奉行职守也无成效，久久空占着郡守职位，致使功臣们心怀怨忿，我实在惶恐之极。建武八年，我曾上书乞求让位于有功业、有德行的人，蒙陛下特殊恩典，没有允许我弃职退位。我受到的恩惠特别丰厚，按照义理，我不敢不负责任地假意请乞，又实在无法抑制迫切的愿望，希望从南阳太守的职位上退下来，接受低级的职务。等我年龄再大一些，能力胜任筹划办理繁难事务的时候，如果让我对朝廷一定有所补益，再接受高官，即使颁授列侯的珪玉和爵位，我也不辞让。请您哀怜我的苦衷吧！”光武帝爱惜他的才能，因而没有同意这一请求。

杜诗平素喜爱推荐贤人，多次推荐过知名人士清河人刘统和鲁阳县长董崇等人。

当初，法规崇尚简易，发兵只用玺印加封的公文，还没有虎符这样的凭信。杜诗上书说：“我听说军队是国家的能够杀伤人的工具，是圣人审慎对待的东西。过去的制度，调发军队都用虎符为凭据，其余征发调遣用竹使符而已。只要虎符竹策相合，就能取得对方完全的信任，这样做是为了突出地宣明国家的命令，慎重地维护朝廷的权威。近来调遣军队，只用玺印加封的公文，或用皇帝的诏令。如果有奸人弄虚作假，就无法察觉出来。我认为现在战争还方兴未艾，内外敌人没有灭绝，向各州郡封国征兵，应当格外慎重，可采用虎符的制度，以阻止奸邪之事的发生。从前，魏公子信陵君的威望能使邻国折服，还得借助虎符调兵来解邯郸之围，如果没有如姬的杀父之仇使如姬盗得虎符，那么信陵君就难以有救赵之功了。事情有些是麻烦而不可简省、费难而不得不如此的，大概说的就是发兵制度这类的事情吧。”奏书呈上后，光武帝采纳了他的建议。

杜诗虽在地方上做官，却为朝廷的事情费尽心思，正直的言论和有益的谋略，遇事便奉献出来。在职七年，政治和教化普遍推行。建武十四年，因派宾客为弟弟报仇，被朝廷征召进京，恰逢他生病去世了。司隶校尉鲍永上书说杜诗生前贫困，没有田宅，遗体无处安葬。光武帝命令在郡守官邸里治丧，并赐绢绸千匹作为治丧费用。

梁冀传

梁冀(?—159),两妹为顺帝、桓帝皇后。顺帝时他以外戚身份出任大将军,专断朝政达二十年,骄奢横暴,穷凶极恶。公元159年,桓帝与宦官合谋诛灭梁氏,官府没收其财产,价值达三十余万万钱,相当于当时全国租赋收入之半。本文对梁冀的发迹直至灭亡作了翔实的描写,绘出了一幅外戚专权政治混乱的图卷,勾勒了一个栩栩如生的权奸形象。

冀字伯卓①,为人鸢肩豺目②,洞精矘眄③,口吟舌言,裁能书计。少为贵戚,逸游自恣。性嗜酒,能挽满、弹棋、格五、六博、蹴鞠、意钱之戏④,又好臂鹰走狗,骋马斗鸡。初为黄门侍郎,转侍中,虎贲中郎将,越骑,步兵校尉,执金吾。

永和元年⑤,拜河南尹。冀居职暴恣,多非法。父商所亲客洛阳令吕放,颇与商言及冀之短,商以让冀,冀即遣人于道刺杀放,而恐商知之,乃推疑于放之怨仇,请以放弟禹为洛阳令,使捕之,尽灭其宗亲、宾客百余人[⑥]。商薨未及葬，顺帝乃拜冀为大将军，弟侍中不疑为河南尹[⑦]。

及帝崩，冲帝始在襁褓，太后临朝，诏冀与太傅赵峻、太尉李固参录尚书事。冀虽辞不肯当，而侈滋甚。

【注释】

① 据《后汉书·梁统传》，梁冀为安定乌氏（今甘肃平凉西北）人。② 鸢（yuān 冤）：老鹰。③ 矘眄（tǎng miǎn）：眼睛无神、茫然直视的样子。④ 格五：又称簺，古代两人同玩的一种博戏，用棋子十二枚，分塞、白、乘、五四采，至五格即不得行，故名。意钱：亦称摊钱。即猜测预先所藏的钱数以赌输赢。⑤ 永和元年：公元136年。永和，汉顺帝年号之一。⑥ 宾客：东汉世家豪族对依附人口的一种称谓。⑦ 依礼，父死应即去官，服满复出，更不能父死未葬时升迁。

冲帝又崩，冀立质帝。帝少而聪慧，知冀骄横，尝朝群臣，目冀曰："此跋扈将军也。"冀闻，深恶之，遂令左右进鸩加煮饼，帝即日崩。

复立桓帝，而枉害李固及前太尉杜乔，海内嗟惧，语在《李固传》。建和元年[①]，益封冀万三千户，增大将军府举高第茂才，官属倍于三公。又封不疑为颍阳侯，不疑弟蒙西平侯，冀子胤襄邑侯，各万户。和平元年[②]，重增封冀万户，并前所袭合三万户。

弘农人宰宣，素性佞邪，欲取媚于冀，乃上言大将军有周公之功，今既封诸子，则其妻宜为邑君。诏遂封冀妻孙寿为襄城君，兼食阳翟租，岁入五千万，加赐赤绂[3]，比长公主。寿色美而善为妖态，作愁眉，啼妆，堕马髻，折腰步，龋齿笑，以为媚惑。冀亦改易舆服之制，作平上軿车[4]，埤帻[5]，狭冠[6]，折上巾[7]，拥身扇[8]，狐尾单衣[9]。寿性钳忌，能制御冀，冀甚宠惮之。

【注释】

① 建和元年：公元 147 年。建和，汉桓帝年号之一。② 和平元年：公元 150 年。和平，汉桓帝年号之一。③ 赤绂：赤色的系印绶带。汉制，公主仪仗服饰同公侯，紫绂。长公主仪仗服饰同诸王，赤绂。④ 平上軿车：一种平顶帷幕车。⑤ 埤帻（pì zé）：一种宽而低下的发巾。⑥ 狭冠：狭小的帽子。⑦ 折上巾：上角折起来的头巾。⑧ 拥身扇：大扇。⑨ 狐尾单衣：形似狐尾曳地的单衣。

初，父商献美人友通期于顺帝，通期有微过，帝以归商，商不敢留而出嫁之，冀即遣客盗还通期。会商薨，冀行服，于城西私与之居。寿伺冀出，多从仓头，篡取通期归，截发刮面，笞掠之，欲上书告其事。冀大恐，顿首请于寿母，寿亦不得已而止。冀犹复与私通，生子伯玉，匿不敢出。寿寻知之，使子胤诛灭友氏。冀虑寿害伯玉，常置复壁中。冀爱监奴秦宫，官至太仓令，得出入寿所。寿见宫，辄屏御者，托以言事，因与私焉。宫内外兼宠，威权大震，刺史、二千石皆谒辞之。

冀用寿言，多斥夺诸梁在位者，外以谦让，而实崇孙氏宗亲。冒名而为侍中、卿、校尉、郡守、长吏者十余人，皆贪叨凶淫，各遣私客籍属县富人，被以它罪，闭狱掠拷，使出钱自赎，赀物少者至于死徙。扶风人士孙奋居富而性吝，冀因以马乘遗之，从贷钱五千万，奋以三千万与之，冀大怒，乃告郡县，认奋母为其守臧婢，云盗白珠十斛、紫金千斤以叛，遂收考奋兄弟，死于狱中，悉没赀财亿七千余万。

其四方调发，岁时贡献，皆先输上第于冀，乘舆乃其次焉。吏人赍货求官请罪者，道路相望。冀又遣客出塞，交通外国，广求异物。因行道路，发取伎女御者，而使人复乘势横暴，妻略妇女，殴击吏卒，所在怨毒。

冀乃大起第舍，而寿亦对街为宅，殚极土木，互相夸竞。堂寝皆有阴阳奥室，连房洞户。柱壁雕镂，加以铜漆；窗牖皆有绮疏青琐，图以云气仙灵。台阁周通，更相临望；飞梁石磴，陵跨水道。金玉珠玑，异方珍怪，充积臧室。远致汗血名马①。又广开园囿，采土筑山，十里九坂，以象二崤②，深林绝涧，有若自然，奇禽驯兽，飞走其间。冀、寿共乘辇车，张羽盖，饰以金银，游观第内，多从倡伎，鸣钟吹管，酣讴竟路。或连继日夜，以骋娱恣。客到门不得通，皆请谢门者，门者累千金。又多拓林苑，禁同王家，西至弘农，东界荥阳，南极鲁阳，北达河淇③，包含山薮，远带丘荒，周旋封域，殆将千里。又起菟苑于河南城西④，经亘数十里，发属县卒徒，修缮楼观，数年乃成。移檄所在，调发生兔，刻其毛以为识，人有犯者，罪至刑死。尝有西域贾胡，不知禁忌，误杀一兔，转相告言，坐死者十余人。冀二弟尝私遣人出猎上党，冀闻而捕其宾客，一时杀三十余人，无生还者。冀又起别第于城西，以纳奸亡。或取良人，悉为奴婢，至数千人，名曰“自卖人”。

【注释】

①汗血名马：西域大宛国的一种千里马，又名天马。②二崤：即崤山，分东崤和西崤。③河：黄河。淇：淇水，古为黄河支流。④河南：汉县名，治所在现河南省洛阳市西郊涧水东岸。

元嘉元年①，帝以冀有援立之功，欲崇殊典，乃大会公卿，共议其礼，于是有司奏冀入朝不趋，剑履上殿，谒赞不名，礼仪比萧何；悉以定陶、成阳余户增封为四县，比邓禹；赏赐金钱、奴婢、彩帛、车马、衣服、甲第，比霍光：以殊元勋。每朝会，与三公绝席②。十日一入，平尚书事。宣布天下，为万世法。冀犹以所奏礼薄，意不悦。专擅威柄，凶恣日积，机事大小，莫不谘决之。宫卫近侍，并所亲树，禁省起居，纤微必知。百官迁召，皆先到冀门笺檄谢恩，然后敢诣尚书。下邳人吴树为宛令，之官辞冀，冀宾客布在县界，以情托树。树对曰：“小人奸蠹，比屋可诛。明将军以椒房之重③，处上将之位，宜崇贤善，以补朝阙。宛为大都，士之渊薮④，自侍坐以来，未闻称一长者，而多托非人，诚非敢闻！”冀默然不悦。树到县，遂诛杀冀客为人害者数十人，由是深怨之。树后为荆州刺史，临去辞冀，冀为设酒，因鸩之，树出，死车上。又辽东太守侯猛，初拜不谒，冀托以它事，乃腰斩之。

【注释】

① 元嘉元年：公元151年。元嘉，汉桓帝年号之一。② 绝席：不同席，即独坐一席，表示尊贵。③ 椒房：汉代皇后居住的宫室，在未央宫中，这里指皇后。④ 渊薮：鱼和兽类聚居的地方，这里比喻人物聚集之处。

时郎中汝南袁著①，年十九，见冀凶纵，不胜其愤，乃诣阙上书曰②：“臣闻仲尼叹凤鸟不至，河不出图③，自伤卑贱，不能致也。今陛下居得致之位，又有能致之资，而和气未应，贤愚失序者，势分权臣，上下壅隔之故也。夫四时之运，功成则退，高爵厚宠，鲜不至灾。今大将军位极功成，可为至戒，宜遵悬车之礼④，高枕颐神。传曰‘木实繁者，披枝害心’。若不抑损权盛，将无以全其身矣。左右闻臣言，将侧目切齿，臣特以童蒙见拔，故敢忘忌讳。昔舜、禹相戒无若丹朱，周公戒成王无如殷王纣，愿除诽谤之罪，以开天下之口。”书得奏御，冀闻而密遣掩捕著，著乃变易姓名，后托病伪死，结蒲为人，市棺殡送。冀廉问知其诈，阴求得笞杀之，隐蔽其事。

【注释】

① 郎中：宫廷中主管车骑的侍卫官。② 阙：宫门前两边的楼，用作宫门的代称。③ 河出图被认为是圣王贤者接受天命的象征。④ 悬车之礼：即致仕之礼。汉宣帝时御史大夫薛广德告老回家，宣帝赐给他安车驷马，薛广德便把安车在家中挂起来传给子孙。这里是说梁冀应该辞官。

学生桂阳刘常，当世名儒，素善于著，冀召补令史以辱之①。时太原郝洁、胡武，皆危言高论，与著友善。先是洁等连名奏记三府，荐海内高士，而不诣冀。冀追怒之。又疑为著党，敕中都官移檄捕前奏记者并杀之②，遂诛武家，死者六十余人。洁初逃亡，知不得免，因舆榇奏书冀门。书入，仰药而死，家乃得全。及冀诛，有诏以礼祀著等。冀诸忍忌，皆此类也。

不疑好经书，善待士，冀阴疾之，因中常侍白帝③，转为光禄勋④。又讽众人共荐其子胤为河南尹。胤一名胡狗，时年十六，容貌甚陋，不胜冠带，道路见者，莫不蚩笑焉。不疑自耻兄弟有隙，遂让位归第，与弟蒙闭门自守。冀不欲令与宾客交通，阴使人变服至门，记往来者。南郡太守马融，江夏太守田明，初除，过谒不疑，冀讽州郡以它事陷之，皆髡笞徙朔方⑤。融自刺不殊，明遂死于路。

【注释】

①令史：官俸在百石以下的文书小吏。②中都官：两汉京师官署的统称。这里指司隶校尉所属纠察违法官吏的中都从事。③中常侍：侍从皇帝、传达诏令、掌理文书的官。东汉时专由宦官充任。④光禄勋：即郎中令，掌领宫殿门卫和侍从的高级官职。⑤朔方：汉郡名，治所在今内蒙古杭锦旗西北。

永兴二年[①]，封不疑子马为颍阴侯，胤子桃为城父侯。冀一门前后七封侯[②]，三皇后[③]，六贵人，二大将军，夫人、女食邑称君者七人，尚公主者三人，其余卿、将、尹、校五十七人。在位二十余年，穷极满盛，威行内外，百僚侧目，莫敢违命，天子恭己而不得有所亲豫。

帝既不平之。延熹元年，太史令陈授因小黄门徐璜[④]，陈灾异日食之变，咎在大将军。冀闻之，讽洛阳令收考授，死于狱，帝由此发怒。

初，掖庭人邓香妻宣生女猛[⑤]，香卒，宣更适梁纪。梁纪者，冀妻寿之舅也。寿引进猛入掖庭，见幸，为贵人，冀因欲认猛为其女以自固，乃易猛姓为梁。时猛姊婿邴尊为议郎，冀恐尊沮败宣意，乃结刺客于偃城，刺杀尊，而又欲杀宣。宣家在延熹里，与中常侍袁赦相比。冀使刺客登赦屋，欲入宣家。赦觉之，鸣鼓会众以告宣。宣驰入以白帝，帝大怒，遂与中常侍单超、具瑗、唐衡、左悺、徐璜等五人成谋诛冀，语在《宦者传》。

【注释】

① 永兴二年：公元 154 年。永兴，汉桓帝年号之一。② 七封侯：冀及冀祖父雍，弟不疑、蒙，子胤，侄马，孙桃共七人，均封侯。③ 三皇后：章帝梁贵人，生和帝，追尊为恭怀皇后；冀妹纳为顺帝皇后；妹女莹为桓帝皇后。④ 小黄门：在皇帝左右掌理文书，传达诏令的宦官。⑤ 掖庭：即宫廷。掖庭人，即管理宫廷的小官员。邓香：和帝妻邓皇后堂兄之子，其女猛为桓帝贵人，邓香也被追尊为车骑将军、安阳侯。

冀心疑超等，乃使中黄门张恽入省宿，以防其变。具瑗敕吏收恽，以辄从外入，欲图不轨。帝因是御前殿，诏诸尚书入，发其事，使尚书令尹勋，持节勒丞郎以下皆操兵守省阁①，敛诸符节送省中。使黄门令具瑗将左右厩驺、虎贲、羽林、都候剑戟士，合千余人，与司隶校尉张彪共围冀第。使光禄勋袁盱持节收冀大将军印绶，徙封比景都乡侯。冀及妻寿即日皆自杀。悉收子河南尹胤、叔父屯骑校尉让，及亲从卫尉淑、越骑校尉忠、长水校尉戟等，诸梁及孙氏中外宗亲送诏狱，无长少皆弃市。不疑、蒙先卒。其它所连及公卿、列校、刺史二千石，死者数十人，故吏、宾客免黜者三百余人，朝廷为空，唯尹勋、袁盱及廷尉邯郸义在焉。是时，事卒从中发，使者交驰，公卿失其度，官府市里鼎沸，数日乃定，百姓莫不称庆。

收冀财货，县官斥卖，合三十余万万，以充王府，用

减天下税租之半。散其苑囿，以业穷民。录诛冀功者，封尚书令尹勋以下数十人。

【注释】

① 节：用以传皇帝命令的凭证。

【翻译】

梁冀字伯卓，长得肩如老鹰双翅上耸，目似豺狼两眼倒竖，深目无神，茫然直视，口齿不清，只能抄抄写写记记账。从小就是高贵的皇家姻戚，游手好闲，任意放纵。生性喜欢喝酒，擅长射箭、弹棋、格五、六博、蹴球、猜钱等玩艺，还喜爱架鹰驱犬狩猎，跑马斗鸡。梁冀初任黄门侍郎，后来迁调侍中，虎贲中郎将，越骑校尉，步兵校尉，执金吾。

顺帝永和元年，梁冀任京都地区的行政长官。他在任期间，暴虐妄为，有很多违法行为。他父亲梁商的密友洛阳令吕放，向梁商略微谈及梁冀的短处，梁商用吕放所说的内容责备了梁冀，梁冀就派人在路上把吕放刺杀了，又怕梁商知道，就把吕放被杀的嫌疑推到吕放的仇人身上，请求委任吕放的弟弟吕禹为洛阳令，要他去缉拿凶手。结果把吕放仇家的宗族、亲戚和宾客一百多人全部杀光了。梁商去世，还没有等到下葬，顺帝就任命梁冀为大将军，其弟弟侍中梁不疑为京师地区行政长官。

到汉顺帝死时，汉冲帝方才两岁，还在襁褓之中，由梁太后临朝执政。她诏令梁冀与太傅赵峻、太尉李固共同参与掌管尚书事宜，处理朝政。梁冀虽然推辞不肯担当，却更加奢侈暴虐。

没过多久，冲帝又死了，梁冀迎立质帝。质帝时年八岁，却很聪明，知道梁冀骄横。曾有一次朝见群臣，他注视着梁冀，说："这是位跋扈将军啊！"梁冀听了恨之入骨，就叫亲信将毒药放入汤饼送给质帝，质帝当天死去。

梁冀又迎立桓帝，并陷害李固和前任太尉杜乔，天下个个叹息，人人自危，这件事记在《李固传》中。建和元年，桓帝给梁冀加封食邑一万三千户，增加大将军府推荐优异者和保荐茂才的名额，大将军府的官员，人数比太尉、司徒、司空三公府多一倍。又封他的弟弟梁不疑为颍阳侯，梁不疑的弟弟梁蒙为西平侯，梁冀的儿子梁胤为襄邑侯，每人封邑一万户。和平元年，又加封梁冀食邑一万户，加上以前继承的封邑，合计三万户。

弘农人宰宣，生性奸佞，他想以谄媚讨得梁冀的喜欢，就向朝廷上书说：大将军梁冀有周公辅弼成王那样的功绩，如今既然封了诸梁，那么他的妻子就应该封为邑君。桓帝于是诏令封梁冀的妻子孙寿为襄城君，除襄城的租赋外，还享用邻县阳翟的租赋，每年收入共五千万；加赐赤色印绶，和长公主相等。孙寿姿色美艳，善于装出一副妖冶的样子，描出的眉毛又弯又细，脸颊淡抹粉妆，像是泪痕，发髻偏垂一旁，走起路来腰肢扭捏作态，像是双脚不能支撑体重似的，扮出一脸巧笑，用这一套来媚惑梁冀。梁冀也改变自己应享受的舆服样式，制作了平顶帷幕车，戴宽而低下的发巾，狭小的帽子，折上巾，拥身大扇，穿形似狐尾曳地的单衣。孙寿生性忌害，能制服掌握梁冀。梁冀非常宠爱她，也非常怕她。

起初，梁冀的父亲梁商献了一个名叫友通期的美女给顺帝,后来友通期有一点过错,顺帝把她还给梁商。梁商不敢留她,将她嫁了出去,梁冀随即派人把她偷了回来。恰逢梁商去世,梁冀在居丧守孝期间,暗中与她在城西同居。一次,孙寿伺探到梁冀外出,就带了许多奴仆,把友通期抢回家来,剪去头发,划破脸皮,痛加鞭打,准备向朝廷上书告发这件事。梁冀十分恐惧,就向孙寿的母亲叩头求情。孙寿也不得已,就此作罢。可是,梁冀还是继续和她私通,生下了儿子梁伯玉,偷偷藏着,不敢让他露面。不久,孙寿知道了,就指派儿子梁胤把友氏一家统统杀光。梁冀担心孙寿害死伯玉,经常把他藏在夹墙中。梁冀宠爱一个叫秦宫的奴仆总管,秦宫官至太仓令,可以自由出入孙寿的住所。孙寿见秦宫一来,就把身边的人支开,推托要和秦宫商量事情,乘机与他通奸。秦宫得到孙寿和梁冀的宠爱,名声权势大振,刺史和郡守赴任,都要前去拜见,向他辞行。

梁冀采用孙寿的意见,把梁家许多当权在位的人罢免,表面上是谦让,实际上是抬高孙氏宗族和亲友的地位。孙家冒名担任侍中、卿、校尉、郡守和长吏的,竟有十余人。这些人都贪得无厌、凶暴荒淫成性。他们各自派遣亲信把所辖县内富户记录在案,加以其他罪名,关进监狱,严刑拷打,叫他们出钱赎罪。拿出的钱少的人,多被处死和流放。扶风人士孙奋,家里富有而生性吝啬,梁冀便赠给他车乘马匹,跟他借五千万钱。士孙奋只拿出三千万给他,梁冀大怒,就告诉郡县官府,诬指士孙奋的母亲是他家中管财物的奴婢,并说她盗窃了白珠十斛、紫金千金出逃。于是就将士孙奋兄弟逮捕拷问,害死在狱中,把他家的资财一亿七千多万全没收了。

那些从各地征调来的物资，以及一年四季进贡的东西，都得先把上等的送给梁冀，皇帝所得的是次一等的。官吏和百姓携带财物到梁家求官请罪的，络绎不绝。梁冀还派遣门客出使塞外，与外国联系，大肆搜求珍奇异物。借着行路向各处索取歌伎僮仆，而派去的人又倚仗权势、横行霸道，掠夺污辱民家妇女，殴打当地官吏和役卒，所过之处，人们无不痛恨。

梁冀于是大建府第房舍，孙寿也在梁府街对面修造宅院。都极尽土木之盛，互相夸耀竞赛。行礼待客和寝卧之处都有幽深邃密的房间，房屋相连，门户相通。房柱墙壁镂刻着花纹，涂着金漆；大小窗户上都有青色的镂空花纹连环图案，描绘着云气仙人。亭台楼阁通道相连，可以登临互相眺望。拾级而上的石桥，飞架在河上。金玉珍珠和异邦的珍奇之物，堆满仓库。从遥远的大宛弄来了有名的汗血马。又大辟园林，取土筑成假山，十里九坡，以仿效东西崤山。森林幽深，山涧险绝，有如天然真景。奇异的飞禽和驯化了的兽类，在园内飞来跑去。梁冀和孙寿一同坐着人力推挽的小车，车上张挂着羽饰的车盖、镶饰着金银，在府第园林中游览，带着很多歌妓，鸣钟磬吹管箫，一路歌声酣畅。有时通宵达旦，纵情逸乐。客人前去拜访，守门人不予通报，客人只得用财物贿赂他们，守门人的积累多达千金。梁冀又扩大园林苑囿，有关林苑的蕃卫和皇室的一样。西面达到弘农，东面达到荥阳，南面达到鲁阳，北面达到黄河、淇水，包揽山林泽地，远衔丘陵荒野，周围疆界几乎近千里。又在河南城西兴修兔苑，纵横几十里，调发所辖各县士兵民夫去修建楼阁，营建了几年才完工。然后向地方发出文告，征调活兔子，剪去一撮兔毛作为标记，如果有人违犯禁令，伤害了这些兔子，定罪重的能到肉刑、处死。曾经有位从西域来的异邦商人，不知这里的禁令，误杀了一只兔子，人们辗转告发，株连而死的达十余人。梁冀的二弟曾私下派人到上党一带打猎，梁冀听说后就捉拿了他二弟的宾客，一下子杀了三十多人，没有一个活着回来的。梁冀又在城西另建府第，用来收容逃亡的奸民。有时把无辜的百姓抓去，全部沦为奴婢，达数千人之多，给他们起名叫“自卖人”。

元嘉元年，桓帝因为梁冀有帮助自己立为皇帝的功劳，想用特殊恩典来尊崇他，就大范围地召集朝臣，共同商讨给梁冀的礼遇。于是主管官员奏请梁冀上朝时可以不趋拜，上殿可以穿靴带剑，拜见皇帝、赞礼时都不称其名，同当年汉高祖给予萧何的礼遇一样；把定陶、成阳封赐梁冀剩下的户数，全部加封给他，共增加为四县，同东汉初年邓禹的封邑一样；赏赐的金钱、奴婢、绸缎、车马、衣服、住宅，与霍光同例：用这些办法以显示元勋梁冀与其他功臣不同。每次参加朝会，不与三公同座，独占一席。十天上一次朝，评议尚书省事务。把这些向天下宣布，作为千年万代的制度。梁冀还嫌所享受的礼遇菲薄，心里很不高兴。他把持权柄，放肆地行凶作恶日甚一日，国家的大小事情，没有不请示他、由他决断的。宫廷的侍卫近臣，都是他亲自安插的，宫禁中的生活情况，不论多么细小他准能知道。百官调动职务和受皇帝召见，都要先到梁冀府中投书谢恩，然后才敢到尚书省接受命令。下邳县人吴树出任宛县令，赴任时去向梁冀辞行，梁冀的亲戚朋友有很多在宛县境内，梁冀就代他们说情，托吴树照应。吴树回答说："小人为非作歹，一个个都应该诛杀。将军您凭借皇后的尊威，担任了大将军的职位，应当奖掖贤良之士出来裨补朝政的缺失。宛城是个大都会，士人荟萃之地，自从我陪坐聆教以来，没有听您称赞过一位忠厚长者，而托给我很多不该照应的人。我确实不敢听命！"梁冀听了，默不作声，心里很不高兴。吴树到任后，就把梁冀门客当中危害百姓的几十人杀了。梁冀由此十分怨恨吴树。后来吴树调任荆州刺史，临行前去向梁冀辞行，梁冀设宴替他饯行，乘机在酒中放了毒药，吴树一出梁冀家门，就死在车上。又有辽东太守侯猛，刚接到任命时没有去拜见梁冀，梁冀借口别的事情，就把他腰斩了。

当时任郎中的汝南人袁著，十九岁，他见梁冀凶横不法，抑制不住愤慨之情，就到宫门向皇帝上书说："我听说孔子感叹凤凰不飞来，黄河也没有八卦图出来，而自己有德行而无职位，不能造成政局的清明。现在陛下处于能够使政局清明的地位，有能使政局清明的天赋才能，然而人间还没有和气以应天命，贤者和愚者失去应有的次序地位的原因，是由于权势被权臣分掉，君臣上下、朝野内外政令阻塞不通造成的。四季更替，寒暑季节之功成则退去，人世间爵位高、宠禄厚，很少有不招致灾祸的。现在梁冀地位达到极点，功成业就，可以深为鉴戒，应让梁冀遵照致仕之礼，辞职告退，高枕而卧不问世事，调养精神。古书上说：'树木果实累累，就容易压折树枝，危害树心。'如果不降低梁冀的权势，将无法保全他的身家性命。皇上您身边的人听到我这些话，将会对我怒视侧目、咬牙切齿。只是我以年轻无知受到提拔，所以敢于不计较这些忌讳。当初舜、禹互相劝诫说：'不要像丹朱那样傲慢只知娱乐。'周公告诫成王说：'不要像商纣王那样荒淫。'希望陛下废除诽谤之罪，以便让天下人都能讲话。"袁著上书送到了皇帝手中，梁冀知道后就暗中派人去秘密逮捕袁著。袁著于是改名换姓，后又假装病死，叫家人用蒲草扎成尸体，买棺材殡葬。梁冀察问得知袁著的骗局，暗中捕获了袁著，将他鞭打致死，又把事情隐瞒起来。

太学生桂阳人刘常，是当时名儒，一向与袁著关系友善，梁冀召他来补令史的缺额，有意侮辱他。那时太原人郝洁、胡武等，都爱发表正直的议论、高深的见解，也和袁著要好。在这之前郝洁等人联名上书向三公府举荐天下德行高洁之士，却不向大将军府推荐，梁冀这时追忆起来非常恼怒。又怀疑他们是袁著的同党，命令中都从事发出公文，要各地捉拿先前向三公府上书荐贤的这批人，一起杀掉他们。于是杀害了胡武全家，共死六十多人。郝洁起初逃走了，自知不能幸免，就用车拉着棺材到梁冀家门上书，书信送进去后，他就服毒自杀了，这样，他家才得以保全。等到梁冀被处死后，朝廷下诏按礼仪祭奠袁著等人。梁冀干的种种残忍刻毒之事，都同这类情形差不多。

梁不疑喜好儒家经典，对待士人友善，梁冀暗中嫉恨他，就通过中常侍报告桓帝，调任他为光禄勋。又暗示众臣一起推荐梁冀的儿子梁胤任河南尹。梁胤又名胡狗，当时年仅十六岁，相貌十分丑陋，戴不了官帽穿不了官服，路上见到他的人，没有不嗤笑的。梁不疑以兄弟间的怨隙为耻辱，便辞官让位回家，和弟弟梁蒙关起门来不问外事。梁冀不愿让他们与宾客交往，暗中派人化了装到他们家门口，把和梁不疑、梁蒙来往的客人记下来。南郡太守马融和江夏太守田明，刚接到任命就去拜会梁不疑，梁冀便暗示州郡用别的事情诬陷他们，把他们都处以髡形，加以鞭打，流放到朔方郡。马融自杀未遂，田明死在路上。

永兴二年，封梁不疑的儿子梁马为颍阴侯，梁胤的儿子梁桃为城父侯。总计梁冀一家前后有七人封侯，三人为皇后，六人为贵人，二人为大将军，妇人和女儿有食邑和“君”封号的七人，娶公主为妻的三人，其余担任卿、将、尹、校等职位的五十七人。梁冀在位二十余年，权势达到无以复加的地步，在朝廷内外大施淫威，所有官员都不敢正面而视，没有谁敢违背他的命令，皇帝也只得对他恭敬，一切政务都不能亲自过问。

桓帝对梁冀早就不满。延熹元年，太史令陈授通过小黄门徐璜向皇帝报告，发生灾害和日食等变异现象，罪过在于大将军。梁冀知道此事，就暗示洛阳令将陈授逮捕拷问，害死在狱中。桓帝由此发怒。

当初，在掖庭供职的邓香的妻子宣，生了个女儿邓猛。邓香死后，宣改嫁给梁纪。梁纪是梁冀妻子孙寿的舅父。孙寿将邓猛送进后宫，得到桓帝的宠幸，尊为贵人。因此梁冀想认邓猛做女儿，来巩固自己的地位，就把邓猛改姓为梁。当时邓猛的姐夫邴尊任议郎之职，梁冀怕邴尊阻止宣让女儿改姓，于是在偃城结交了一个刺客，将邴尊刺死，又想把宣也杀掉。宣家住延熹里，与中常侍袁赦为邻，梁冀派刺客登上袁家的房屋，打算从那里进入宣家。袁赦发觉了这件事，就击鼓集合众人，把事情告诉了宣。宣立即赶进宫向桓帝报告。桓帝大怒，于是同宦官单超、具瑗、唐衡、左悺、徐璜等五人共同商定计谋，诛杀梁冀。这件事记载在《宦者传》里。

梁冀疑心单超等人，于是派中黄门张恽进宫值宿，以防单超等发动事变。具瑗就命令宫中小吏将张恽逮捕，罪名是擅入宫禁，图谋不轨。桓帝因此来到前殿，把尚书们都召进来，公布了这件事，派尚书令尹勋拿着符节总领尚书丞和尚书郎以下官员，都手持武器守卫宫中各官署。集中所有的符节，送进宫中。派黄门令具瑗率领左右厩的骑士、虎贲勇士、羽林军和都候剑戟士等，合计有千余人，会同司隶校尉张彪，一起包围了梁冀的府第。派光禄勋袁盱持符节前去收回梁冀的大将军印绶，降封他为比景都乡侯。梁冀和妻子孙寿当天都自杀了。悉数逮捕了梁冀的儿子河南尹梁胤、叔父屯骑校尉梁让，以及他的亲族卫尉梁淑、越骑校尉梁忠、长水校尉梁戟等梁氏官员，以及孙氏在朝廷内外的宗族和亲戚，把他们都关进诏狱，不论老少全部处死。梁不疑和梁蒙早已去世。其他牵连到的公卿、列校、刺史和郡守等被杀的共几十人，梁冀过去的属吏和宾客罢官和免职的三百多人，朝廷因此都空了，只有尚书令尹勋、光禄勋袁盱和廷尉邯郸义三人还在任上。当时，因为事变是突然由宫中爆发的，因此使者急速地往来通报，朝廷重臣都不知所措。官府和民间为之轰动，几天后才安定下来，天下百姓同声称快。

没收了梁冀的财产，由朝廷变卖，共值三十余万万钱，用来充实国库，因此减免当年天下租税的一半。拆除梁家所有的园林，交给贫穷的百姓耕种放牧。评定诛灭梁冀有功的人，封赏了尚书令尹勋以下几十人。

郑 玄 传

郑玄（127—200），东汉著名经学家、教育家。郑玄出身于一个没落的士大夫家庭，他自幼聪颖好学，无意仕途，不慕名利，一心向往寻师问道，研究学问。他学无常师，既师于今文经学家，又师于古文经学家。他以古文经学为主，兼采今文经学之长，使二者糅合为一，集汉学之大成，而形成一种新的经学——郑学，一千多年来对历代学术都有重大影响。

郑玄从四十多岁回到故乡时起，即开门授徒。二十多年中，他的学生达到近万人。汉之后经历了三国、魏晋、南北朝的动乱，而儒学、注释之学并没有断绝，这跟郑玄的刻苦传人很有关系。应该说他是一位了不起的教育家。

本篇用赞扬的笔调叙述了郑玄的生平和学术成就。从史料选择到文字表达都有许多优点和长处，反映了范晔在史学、文学上的精深造诣。

郑玄字康成，北海高密人也①。八世祖崇，哀帝时尚书仆射。玄少为乡啬夫②，得休归，常诣学官，不乐为吏。父数怒之，不能禁。遂造太学受业，师事京兆第五元先③，始通《京氏易》、《公羊春秋》、《三统历》、《九章算术》。又从东郡张恭祖受《周官》、《礼记》、《左氏春秋》、《韩诗》、《古书尚书》。以山东无足问者，乃西入关，因涿郡卢植，事扶风马融。融门徒四百余人，升堂进者五十余生。融素骄贵，玄在门下，三年不得见，乃使高业弟子传授于玄。玄日夜寻诵，未尝怠倦。会融集诸生考论图纬，闻玄善算，乃召见于楼上。玄因从质诸疑义，问毕辞归。融喟然谓门人曰："郑生今去，吾道东矣！"

玄自游学，十余年乃归乡里。家贫，客耕东莱，学徒相随已数百千人。及党事起，乃与同郡孙嵩等四十余人俱被禁锢，遂隐修经业，杜门不出。时任城何休好《公羊》学，遂著《公羊墨守》、《左氏膏肓》、《谷梁废疾》。玄乃发《墨守》、针《膏肓》、起《废疾》，休见而叹曰："康成入吾室，操吾矛，以伐我乎！"初，中兴之后，范升、陈元、李育、贾逵之徒争论古今学，后马融答北地太守刘瑰及玄答何休，义据通深，由是古学遂明。

【注释】

① 北海高密：汉北海国高密县，今山东高密。② 乡啬夫：乡中小吏，掌管诉讼和收赋税。③ 第五元先：姓第五，元先是名。一说名元，"先"字属下句，下句的"始"字不当有。

灵帝末，党禁解，大将军何进闻而辟之。州郡以进权戚，不敢违意，遂迫胁玄，不得已而诣之。进为设几杖①，礼待甚优。玄不受朝服，而以幅巾见②。一宿逃去。时年六十，弟子河内赵商等自远方至者数千。后将军袁隗表为侍中，以父丧不行。国相孔融深敬于玄，屣履造门③。告高密县为玄特立一乡，曰："昔齐置'士乡'④，越有'君子军'⑤，皆异贤之意也。郑君好学，实怀明德。昔太史公、廷尉吴公、谒者仆射邓公，皆汉之名臣。又南山四皓有园公、夏黄公，潜光隐耀，世嘉其高，皆悉称公。然则公者仁德之正号，不必三事大夫也。今郑君乡宜曰'郑公乡'。昔东海于公仅有一节，犹或戒乡人侈其门闾，矧乃郑公之德，而无驷牡之路！可广开门衢，令容高车，号为'通德门'。"

【注释】

① 几杖：几案和手杖，以供老人坐时依倚和行路扶持之用。古代设几杖为敬老之礼。② 幅巾：不戴冠，只戴头巾，是儒者未仕的服饰。③ 屣履：鞋子没穿好，拖着。这里表示心情急迫。④ 春秋时，齐相管仲制国为二十一乡，工商乡六，士乡十五，使士和工商分别居住。⑤ 春秋时，越王勾践以其私卒君子六千人为中军，称为"君子军"。

董卓迁都长安，公卿举玄为赵相，道断不至。会黄巾寇青部，乃避地徐州，徐州牧陶谦接以师友之礼。建安元年，自徐州还高密，道遇黄巾贼数万人，见玄皆拜，相约不敢入县境。玄后尝疾笃，自虑，以书戒子益恩曰：

吾家旧贫，为父母群弟所容①。去厮役之吏，游学周、秦之都，往来幽、并、兖、豫之域，获觐乎在位通人、处逸大儒，得意者咸从捧手②，有所受焉。遂博稽《六艺》，粗览传记，时睹秘书纬术之奥。年过四十，乃归供养，假田播殖，以娱朝夕。遇阉尹擅势，坐党禁锢，十有四年，而蒙赦令，举贤良方正有道，辟大将军三司府。公车再召③，比牒并名，早为宰相。惟彼数公，懿德大雅，克堪王臣，故宜式序。吾自忖度，无任于此，但念述先圣之元意，思整百家之不齐，亦庶几以竭吾才，故闻命罔从。而黄巾为害，萍浮南北，复归邦乡。入此岁来，已七十矣。宿素衰落，仍有失误，案之礼典，便合传家。今我告尔以老，归尔以事，将闲居以安性，覃思以终业。自非拜国君之命，问族亲之忧，展敬坟墓，观省野物，胡尝扶杖出门乎！家事大小，汝一承之。咨尔茕茕一夫，曾无同生相依。其勗求君子之道，研钻勿替，敬慎威仪，以近有德。显誉成于僚友，德行立于己志。若致声称，亦有荣于所生，可不深念邪！可不深念邪！吾虽无绂冕之绪，颇有让爵之高。自乐以论赞之功，庶不遗后人之羞。末所愤愤者，徒以亡亲坟垄未成，所好群书率皆腐敝，不得于礼堂写定，传与其人。日西方暮，其可图乎！家今差多于昔，勤力务时，无恤饥寒。菲饮食，薄衣服，节夫二者，尚令吾寡恨。若忽忘不识，亦已焉哉！

【注释】

① 今本“为”上有“不”字，当为衍文。② 捧手：古代见长者或向长者提问之礼。③ 公车：汉官署名，属卫尉，负责皇宫的警卫工作，征召士人也由公车负责。

时大将军袁绍总兵冀州，遣使要玄，大会宾客，玄最后至，乃延升上坐。身长八尺，饮酒一斛，秀眉明目，容仪温伟。绍客多豪俊，并有才说，见玄儒者，未以通人许之，竟设异端，百家互起。玄依方辩对①，咸出问表，皆得所未闻，莫不嗟服。时汝南应劭亦归于绍，因自赞曰：“故泰山太守应中远，北面称弟子，何如？”玄笑曰：“仲尼之门考以四科，回、赐之徒不称官阀。”劭有惭色。绍乃举玄茂才，表为左中郎将，皆不就。公车征为大司农，给安车一乘②，所过长吏送迎。玄乃以病自乞还家。

五年春，梦孔子告之曰：“起，起，今年岁在辰，来年岁在巳。”既寤，以谶合之，知命当终，有顷寝疾。时袁绍与曹操相距于官渡，令其子谭遣使逼玄随军。不得已，载病到元城县，疾笃不进，其年六月卒，年七十四。遗令薄葬。自郡守以下尝受业者，缞绖赴会千余人③。门人相与撰玄答诸弟子问《五经》，依《论语》作《郑志》八篇。凡玄所注《周易》、《尚书》、《毛诗》、《仪礼》、《礼记》、《论语》、《孝经》、《尚书大传》、《中候》、《乾象历》，又著《天文七政论》、《鲁礼禘祫义》、《六艺论》、《毛诗谱》、《驳许慎五经异义》、《答临孝存周礼难》，凡百余万言。玄质于辞训，通人颇讥其繁。至于经传洽孰，称为纯儒，齐鲁间宗之。

其门人山阳郗虑至御史大夫，东莱王基、清河崔琰著名于世。又乐安国渊、任嘏时并童幼，玄称渊为国器，嘏有道德，其余亦多所鉴拔，皆如其言。玄唯有一子益恩，孔融在北海，举为孝廉；及融为黄巾所围，益恩赴难陨身。有遗腹子，玄以其手文似己，名之曰小同。

【注释】

① 方：法，指儒正统学说。② 安车：可以坐乘的一种马拉小车。高官告老或征召有重望的人，往往赐乘安车。③ 缞绖（cuī dié）：丧服中最重的一种，本来是臣为君、子为父所服，自汉代起弟子为老师也服缞绖。

【翻译】

郑玄，字康成，北海国高密县人。他的八世祖郑崇，在西汉哀帝时曾任尚书仆射。郑玄年轻时在乡里作啬夫，每逢休假回家，总要到学校里读书，不喜欢作小吏。父亲为此多次发火，也制止不了他。于是他到京城太学从师学习，拜京兆人第五元先为师，开始时掌握《京氏易》、《公羊春秋》、《三统历》及《九章算术》。又从东郡人张恭祖学习《周官》、《礼记》、《左氏春秋》、《韩诗》、《古文尚书》等。因为在山东没有值得求教的人了，于是他往西入关，经过涿郡卢植的介绍，拜扶风马融为师。

马融有门徒四百多人，而能够登堂入室听他亲自讲课的仅五十余人。马融的性情一向骄贵，郑玄拜在门下，三年都不能见他一面；马融只是让自己的高材生给郑玄授课。郑玄日夜寻究诵习，从未有过丝毫懈怠厌倦。有一次遇上马融召集门生研讨图纬，听说郑玄精通算术，于是在楼上召见他。郑玄就趁这个机会向马融请教平时学习中发现的疑难问题，问完了问题就告辞回到山东故乡。马融很有感慨地对学生们说："郑玄现在离去，我的学问到东方去了。"

郑玄自从出外游学，十多年才回家乡。家境贫穷，郑玄到东莱为人佣耕，这时跟随他学习的学生已有成百上千人了。等到党锢之祸发生，他就和同乡孙嵩等四十余人都被禁锢终身，不许作官。于是他埋头研习经学，闭门不出。当时任城人何休喜好《公羊春秋》的学说，于是写了《公羊墨守》、《左氏膏肓》、《谷梁废疾》，郑玄就著了驳正《墨守》、《膏肓》和《废疾》的文章。何休见到后感叹道："郑康成简直是走进我的屋里，拿了我的矛来攻击我呀！"当初东汉初年，范升、陈元、李育、贾逵等曾经争论过今、古文经学，到后来马融回答北地太守刘瑰和郑玄回答何休，由于理论畅达精深，因此古文经学才开始昌明起来。

汉灵帝末年，党禁解除，大将军何进听说郑玄的名声便征召他。州郡长官因为何进是当权的外戚，不敢违背他的意旨，于是胁迫郑玄，郑玄不得已前去应召。何进为他准备了几案和手杖，礼遇十分优厚。郑玄没有收下送来的朝服，只戴头巾来见何进。住了一夜便逃走了。这时郑玄年已六十，从远方来的门徒，如河内人赵商等达数千人。后来将军袁隗上表推荐他担任侍中，他因父亲去世没有就任。北海相孔融对他非常敬重,急急忙忙地到他家拜访。他还指示高密县令,为郑玄特别设立一个乡,他说:"从前齐国设置过'士乡',越国设立过'君子军',都是优待贤人的意思。郑玄君好学,具有完美的德性。从前太史公司马谈、廷尉吴公、谒者仆射邓公都是前汉的名臣。还有南山四位长者园公、夏黄公等,才德隐伏不露,世人敬重他们超世脱俗,把他们都称为'公'。既然如此,那么,'公'的意义应当是那些具有仁义道德的人的正当名号,不必做过太尉、司徒、司空的大夫才称'公'。现在郑玄这个乡应该叫作'郑公乡'。过去东海人于定国之父仅有一个断狱公平的好德行,他还要告诫乡人扩大自己里巷的大门以备后世子孙任高官,何况郑玄这样美好的品德,却没有可以行走驷马高车的道路!应扩大郑玄里巷的大门和加宽他家门前的道路,让它容得下高盖大车,称为'通德门'。"

董卓迁都长安,大臣们荐举郑玄出任赵国相,因道路不通没有赴任。赶上黄巾军进攻青州地区,郑玄到徐州躲避战乱,徐州牧陶谦用师友之礼接待他。汉献帝建安元年,由徐州回高密家乡,路上遇到黄巾军好几万人,他们见了郑玄都下拜,大家约定不侵犯高密县境。后来郑玄曾经病重,恐怕自己一病不起,于是写信告诫儿子郑益恩说:

> 我家过去贫困,我得到父母诸弟的宽容和支持,辞掉了贱役一般的小吏职务,在周、秦旧都访师求学,往来于幽、并、兖、豫各州,得见那些在位的博通古今的大师和隐居的著名学者,得意的是这些通儒都接受了我的请教,对我有所传授。于是我广泛稽考儒家经典著作,浏览各家注释,还不时阅览珍贵图书籍谶纬

图箓的深奥秘之处。年过四十,才回家供养父母,租赁田地耕种来欢度时日。遇到宦官独揽权力,我被党人案件牵连而遭禁锢,十四年后才得到赦免。后来多次被推举为贤良、方正、有道诸种人才,被大将军、三司府征召任职。两次被朝廷直接征召,和我同列征召名牒的其他人,有些早已做了宰相。想到这几位都有美德和高才,能够胜任皇帝大臣的职责,因此应当任用。而我估量自己没有能力担任这类职务,只想阐述孔子儒学的本来意旨,统一各家的歧异,也希望发挥自己在这方面的才智,所以接到征召的命令也没有应命。黄巾造反,使我奔走南北、行踪不定,现在才重返故土。到了这一年,我已经七十岁了。旧时的学业素养已经荒疏,还有一些失误之处;根据礼典规定,人到七十岁就应当把家事传给儿子管理了。今天我告诉你我老了,家务事要交给你承担,我将闲适家居来安定心性,深入思考来完成事业。除非接受国君的命令,慰问同族亲属的疾病,察看祭拜坟墓,观览省视野物,我何曾拄着拐杖出过门哩!大小家事,由你全部承担。可叹你独自一人,竟没有兄弟姐妹可以依靠。一定要奋勉力求君子的修养,钻研不懈,慎重地注意态度仪表,亲近那些有德的人。显赫的荣誉是由同事朋友促成的,建立德行要靠自己的志向,若有了好的名声,父母也是有光的,这些能不深入地想想么!能不深入地想想么!我虽然没有高官的事业,却有多次辞让官爵的清高,以评论总结整理经典的功业自乐,希望不会落得后人的讥笑。最后,我所忧虑的,只是死去的双亲坟墓未修成，我所喜爱的群书大都腐烂了，不能在讲学习礼的堂内写成定稿，传给应当传授的人。我就像太阳西下将近迟暮，还能做成这些事吗！我们家境现在比过去稍好一些，只要勤奋努力，珍惜时光，就不须害怕饥寒。粗茶淡饭、简衣素服，若能在衣食两方面有所节制，还算是让我没有什么遗憾了。如果你忘记这些话，体会不到我的苦心，那也就算了吧！

这时，大将军袁绍在冀州统领大军，派使者邀请郑玄。袁绍大会宾客，郑玄最后到，将他迎入上座。郑玄身材高大，酒量过人，眉目清秀，容貌温和且仪表伟岸。袁绍的客人大都是俊秀豪杰，各有才气而善辩，他们看见郑玄是一个儒者，不认为郑玄是个博通的人。于是大家竞相设置一些古怪的问题，各种学派的观点交替提出。郑玄依据儒学要旨答辩应对，内容都超出了问题的范围，大家都得到了闻所未闻的知识，没有人不慨叹敬服。当时汝南人应劭也归附了袁绍，他自我引荐道："前泰山郡守应仲远，想作为您的学生，怎么样？"郑玄笑着说道："孔子的弟子，要考德行、言语、政事、文学四种科目，颜渊、子贡这些学生向来不称自己的官衔和门第。"应劭面露惭愧神色。于是，袁绍荐举郑玄为茂才，上书推荐他出任左中郎将，郑玄都没有就任。后来朝廷征召他为大司农，又供给他一辆安车，并规定郑玄经过之处，主管官员必须迎送。郑玄却称病请求回家。

建安五年春，郑玄梦见孔子告诉他说："起来，起来，今年是庚辰年，明年就是辛巳年。"醒后，根据谶纬推算，知道自己性命将要终尽。不久，郑玄便卧病不起。这时袁绍和曹操正在官渡对峙，叫他的儿子袁谭派人去强迫郑玄随军任职。郑玄不得已，带病到了元城县，病势加重，不能继续前进，当年六月便去世了，终年七十四岁。郑玄临终嘱咐从简办理丧事。届时，曾经从郑玄学习过，任郡守以下职务的官员，都穿着丧服来送葬，共有一千多人。

郑玄的学生联合起来，就郑玄生前解答学生们提出的有关《五经》上面的问题，依照《论语》的体例，编辑为《郑志》，共八篇。总计郑玄注释过的书有《周易》、《尚书》、《毛诗》、《仪礼》、《礼记》、《论语》、《孝经》、《尚书大传》、《中候》、《乾象历》；郑玄自著的有《天文七政论》、《鲁礼禘祫义》、《六艺论》、《毛诗谱》、《驳许慎五经异义》、《答临孝存周礼难》，共一百多万字。郑玄对于经典辞义的训释务求质朴实在，博通的人多讥刺这种做法太繁琐。至于说到经典传注的丰富熟悉，他可以称为纯正的儒者，而被齐鲁一带的人们奉为宗师。

他的学生山阳人郗虑，官至御史大夫；东莱人王基、清河人崔琰，都是当世名人。另外乐安人国渊、任嘏当时都还年幼，郑玄称许国渊为国家栋梁之材，任嘏有高尚的品质，对其他的人也多有评定和引荐，后来的事实都像他说的那样。郑玄只有一个儿子名益恩，孔融在北海任职时，推举他为孝廉；后来孔融遭遇黄巾军围困时，益恩趋救危难而身亡。益恩有一个遗腹子，郑玄因为他手上的纹理与自己的相似，取名叫郑小同。

班 固 传

班固(32—92),是继司马迁之后杰出的史学家,所撰《汉书》,是我国第一部纪传体断代史,开创了史学著作新例。后世论史书,必举《史》、《汉》,论史家,必举班、马,就是这个道理。

这篇传记详叙了班固修《汉书》的曲折经历,比较全面地反映了班固的生平事迹。班固擅长辞赋,以《两都赋》闻名于世。章帝时,曾在白虎观召集博士儒生讨论五经异同,班固据以编成《白虎通义》,其书为中国经学史要籍之一。

值得注意的是,范晔在此传中,对历史名家班固的赞许是极有限度的。

固字孟坚①。年九岁,能属文诵诗赋。及长,遂博贯载籍②,九流百家之言③,无不穷究。所学无常师,不为章句④,举大义而已。性宽和容众,不以才能高人,诸儒以此慕之。

永平初,东平王苍以至戚为骠骑将军辅政,开东阁⑤,延英雄。时固始弱冠⑥,奏记说苍曰:“……令远近无偏，幽隐必达，期于总揽贤才，收集明智，为国得人，以宁本朝……”苍纳之。

【注释】

① 据《后汉书·班彪传》，班固是扶风安陵人（今陕西咸阳）。② 载籍：书籍。③ 九流：即道、儒、墨、名、法、阴阳、农、杂、纵横等九家，此指诸子百家。④ 章句：分章摘句之学。汉代经师把经书分章断句加以解释。⑤ 东平王苍：刘苍，光武帝之子。东阁：宰相招揽、款待宾客的地方。⑥ 弱冠：古代贵族男子二十岁行冠礼，从此戴冠，就算成人了，才行冠礼称为弱冠。

父彪卒，归乡里。固以彪所续前史未详，乃潜精研思，欲就其业。既而有人上书显宗，告固私改作国史者。有诏下郡，收固系京兆狱[①]。尽取其家书。先是，扶风人苏朗伪言图谶事，下狱死。固弟超恐固为郡所核考，不能自明，乃驰诣阙上书，得召见，具言固所著述意，而郡亦上其书。显宗甚奇之，召诣校书部[②]，除兰台令史[③]，与前睢阳令陈宗、长陵令尹敏、司隶从事孟异，共成世祖本纪。迁为郎，典校秘书。固又撰功臣、平林、新市、公孙述事，作列传、载记二十八篇，奏之。帝乃复使终成前所著书。

【注释】

① 京兆：即京兆尹。治所在长安（今西安西北）。

② 校书部：校勘藏书之处，其中设有校书之官，东汉时多以兰台令史担任。③ 除：免去旧官，拜授新职。兰台令史：汉代宫中藏书的地方称兰台，初由御史中丞掌管，后又置兰台令史，专事校勘及管理文籍图书。

固以为汉绍尧运[①]，以建帝业，至于六世。史臣乃追述功德，私作本纪，编于百王之末，厕于秦、项之列[②]，太初以后，阙而不录，故探撰前纪，缀集所闻，以为《汉书》。起元高祖，终于孝平王莽之诛，十有二世，二百三十年，综其行事，旁贯《五经》，上下洽通，为《春秋》考纪、表、志、传凡百篇[③]。固自永平中始受诏[④]，潜精积思二十余年，至建初中乃成[⑤]。当世甚重其书，学者莫不讽诵焉。

自为郎后，遂见亲近。时京师修起宫室，浚缮城隍，而关中耆老犹望朝廷西顾。固感前世相如、寿王、东方之徒造构文辞，终以讽劝[⑥]，乃上《两都赋》，盛称洛邑制度之美，以折西宾淫侈之论[⑦]。……及肃宗雅好文章，固愈得幸，数入读书禁中，或连日继夜。每行巡狩，辄献上赋颂，朝廷有大议，使难问公卿，辩论于前，赏赐恩宠甚渥。固自以二世才术，位不过郎，感东方朔、扬雄自论[⑧]，以不遭苏、张、范、蔡之时，作《宾戏》以自通焉，后迁玄武司马[⑨]。天子会诸儒，讲论《五经》，作《白虎通德论》[⑩]，令固撰集其事。

【注释】

① 汉绍尧运：这是当时阴阳五行的无稽之论，认为汉

代继承尧的天命，尧为火德，所以汉也是火德。②《史记》所载，起自黄帝，汉为最末，所以班固这样说。③《春秋》考纪：即帝王本纪，因其按年代先后，依四时顺序记载当世大事，仿《春秋经》，故称"《春秋》考纪"。④ 永平：东汉明帝年号（公元 58—75 年）。⑤ 建初：东汉章帝年号（公元 76—84 年）。⑥"固感"二句：司马相如、吾丘寿王、东方朔都是西汉有名的辞赋家，他们的赋多寓意讽谏。⑦ 西宾：班固以东汉都洛阳，故称东都为"主"，而称《两都赋》中虚构的长安人为"西宾"。⑧"感东方朔"句：东方朔作《答客难》，扬雄作《解嘲》。都自诉生不逢时、胸臆难平的心情。⑨ 玄武司马：玄武门的司马。汉时宫庭中每门设司马一人，秩比千石。⑩《白虎通德论》：又称《白虎通义》，简称《白虎通》，凡四卷。记录东汉章帝建初四年儒家各学派在白虎观进行经学辩论、议五经同异的结果。

时北单于遣使贡献，求欲和亲，诏问群僚。议者或以为"匈奴变诈之国，无内向之心，徒从畏汉威灵，逼惮南虏，故希望报命，以安其离叛。今若遣使，恐失南虏亲附之欢，而成北狄猜诈之计，不可"。固议曰："窃自惟思，汉兴已来，旷世历年，兵缠夷狄，尤事匈奴。绥御之方，其途不一，或修文以和之，或用武以征之，或卑下以就之①，或臣服而致之②。虽屈申无常，所因时异，然未有拒绝弃放，不与交接者也……臣愚以为宜依故事，复遣使者，上可继五凤、甘露致远人之会③，下不失建武、永平羁縻之义④。……"固又作《典引篇》述叙汉德。以为相如《封禅》⑤，靡而不典；扬雄《美新》⑥，典而不实，盖自谓得其致焉。……固后以母丧去官。

【注释】

① 卑下以就之：指西汉文帝时与匈奴贸易，嫁女和亲，并厚赠礼物，以迁就匈奴。② 臣服而致之：指匈奴在西汉宣帝时稽首称臣，遣子入侍。③ 五凤：指宣帝五凤三年（前55），匈奴单于、名王率五万余人来降，对汉称臣朝贺。甘露：指宣帝甘露元年（前53），匈奴呼韩邪单于遣子右贤王入汉作为人质。④ 羁縻之义：指光武帝与明帝厚赂南匈奴，利用南匈奴打击北匈奴的政策。羁縻，维系，牵制。⑤《封禅》：指司马相如的《封禅书》。⑥《美新》：指扬雄颂扬王莽的《剧秦美新》。

永元初，大将军窦宪出征匈奴①，以固为中护军，与参议。北单于闻汉军出，遣使款居延塞②，欲修呼韩邪故事③，朝见天子，请大使。宪上遣固行中郎将事，将数百骑与虏使俱出居延塞迎之。会南匈奴掩破北庭④，固至私渠海，闻虏中乱，引还。及窦宪败，固先坐免官。

固不教学诸子，诸子多不遵法度，吏人苦之。初，洛阳令种兢尝行，固奴干其车骑，吏椎呼之，奴醉骂，兢大怒，畏宪不敢发，心衔之。及窦氏宾客皆逮考，兢因此捕系固，遂死狱中，时年六十一。诏以谴责兢，抵主者吏罪。

固所著《典引》、《宾戏》、《应讥》、诗、赋、铭、诔、颂、书、文、记、论、议、六言，在者凡四十一篇。

【注释】

① 事在和帝永元元年(89)。② 款：通“叩”。③ 呼韩邪故事：西汉宣帝神爵年间，匈奴五单于争立，后呼韩邪单于为击败对手郅支单于，对汉称臣。④ 永元二年南匈奴击北匈奴于河云，大胜。

【翻译】

班固字孟坚，九岁的时候就会写文章，背诵诗赋。长大后，便广泛研读群书，对于诸子百家的各种学术观点，无不加以深入的探讨。班固的学问不是固定师事某一学派，不在分章析句上下功夫，只是了解文章大义而已。他性情宽厚容人，从来不自恃才能而凌于人上，因此儒生们都敬慕他。

东汉明帝永平初年，东平王刘苍，因为是皇帝的至亲而任骠骑将军，辅佐朝政，在东阁招纳英雄。这时班固刚二十多岁，上书东平王，建议他：“……使远近亲疏都受到公平对待，隐居之人，只要贤能，都应选用。目的是广罗贤才，收集明哲智士，希望国家获得人才，以使本朝长治久安……”刘苍接受了班固的意见。

父亲班彪去世，班固回到家乡居丧。班固认为父亲续写《史记》的《史记后传》记叙史事不详备，于是他潜心细密地研究、思考，想要完成父亲的事业。不久有人向汉明帝上书，告发他私自改作“国史”，因而朝廷下达诏书给地方官，逮捕班固关进京兆狱中，全部查抄他家中的书稿。在此之前，扶风人苏朗因为用假话妄谈图谶，入狱而死。班固的弟弟班超担心班固被郡守严刑逼供，而无法自己澄清事实，于是驰马来到宫门，给皇帝上书为兄辨白，得到汉明帝的召见，班超详尽地讲了班固修史的意图。这时地方官也把班固的书稿送到朝廷，明帝对班固的史学才能很惊异，就召他到京师校书部，任命为兰台令史。他与前睢阳县令陈宗、长陵县令尹敏、司隶从事孟异共同修成了《世祖本纪》。以后，班固被提升为郎官，负责校订宫禁藏书。接着班固又撰述功臣，平林、新市、公孙述等的事迹，写作了列传和载记二十八篇，奏上明帝。明帝于是又命令他完成他过去撰述的史书。

班固认为汉王朝是直接继承尧的天命，来建立帝王的基业，到了第六代汉武帝时，司马迁才追述汉王朝的历史功业，一人撰写了《史记》。但司马迁把汉王朝编在前代一系列王朝的最末尾，和秦朝、项羽等相提并论。而且汉武帝太初年以后的历史，也空缺着没有记载，所以班固搜求编撰前人的记载，缀集他所听说的史实，著成《汉书》。《汉书》上起汉高祖，下止于汉平帝、王莽被诛。记述了十二代皇帝，共二百三十年的历史。这本书综述了西汉一朝的事迹业绩，博通儒家经典的旨趣，前后融汇贯通，写成帝王本纪、表、志、传一共一百篇。班固从永平年间接受汉明帝诏令开始，潜心积虑，历时二十余年，一直到建初年间，才写完了《汉书》。当时，人们很重视班固的《汉书》，读书人没有不诵读这本书的。

班固自从做了郎官以后，便为明帝所信任亲近。当时，京师洛阳正在修筑兴建宫殿，疏浚整治城壕，但关中的父老还是希望朝廷建都长安。班固有感于西汉司马相如、吾丘寿王、东方朔等人虚构文辞，最后对皇帝进行讽谏的办法，就奏上自己撰写的《两都赋》，盛赞国都洛阳建筑规模法度的得体，来驳倒"西宾"浮夸长安的说法。……到东汉章帝即位，他素来喜好文辞，班固更加得到恩宠，好几次进入宫中给皇帝读书，有时竟一连数日昼夜不歇。章帝每逢外出视察，班固就献赋和颂。朝廷有大事需要商讨，章帝就让班固向大臣们提出问题和不同见解，在御前辩论，章帝对班固的赏赐、恩宠都十分丰厚。班固自认为他父子两代人都有才学，可是职位却没有超过郎官，有感于东方朔、扬雄没有碰上苏秦、张仪、范雎、蔡泽的时代因而不得骋其才学的思想写文章自述、自嘲，就写了《宾戏》来自我解愁。后来班固升任为玄武门司马。建初四年，章帝召集儒者，讨论《五经》，写《白虎通德论》，命令班固把这件事著录下来。

当时北匈奴单于派遣使者向章帝进贡，打算请求与东汉和亲，皇帝下诏征求群臣的意见。有些人以为匈奴是善变、诡诈的国家，没有归附汉王朝的真心，仅仅是因为害怕汉朝的声威，挨近和畏惧南匈奴，因此希望汉朝遣使回访，借以平定他们内部众叛亲离的局面。现在如果派遣使者回访北匈奴，恐怕会失去南匈奴得以亲附我们的欢悦，而促成了北匈奴诡诈的打算，不能这样办。班固建议说："我私下考虑，汉朝立国以来，历世经年，军事上一直被夷狄所缠绕，尤其是对匈奴用兵更为频繁。安抚或抵御他们的方略途径却不一样：有时讲究教化来与他们和平相处；有时使用武力去征伐他们；有时低三下四地去迎合他们；有时使他们俯首称臣，送来人质。尽管政策方略的强硬或软弱没有一定，那是据以制定政策的形势不同，但从来没有断绝联系，放弃他们，任其自然，不和他们往来的。……臣以为应该依照过去的事例，再次派出使者。这样，最好的结果是接续五凤、甘露年间招致匈奴称臣朝贺的业绩；最次也不违背建武、永平年间羁縻匈奴的道理。……"班固又写了《典引篇》来表述汉朝的功德。班固认为司马相如的《封禅》，文章虽然华丽，但体制不符古典；扬雄的《美新》体制虽然古奥，但不符合事实。他自以为他的《典引》达到了靡而典，典而实的境界。……班固后来因母亲死去而去职。

永元初年，大将军窦宪出征匈奴，任命班固为中护军，得以参赞军机。北单于听到汉朝军队出征的消息，派遣使者到居延塞联系，想仿效以前呼韩邪单于的旧例，对汉称臣，到洛阳朝见皇帝，请求汉朝派使节到北匈奴去。窦宪上书请求朝廷派遣班固以代理中郎将的职务。班固率领几百名骑兵和北匈奴使者一起出居延塞迎接北单于。正在此时，南匈奴偷袭攻占了北匈奴王的居地。班固到达私渠海，听到匈奴内乱的消息，就带领军队返回。等到窦宪叛乱的阴谋败露，班固由于受牵连被第一批论罪罢官。

班固平素对儿子不加管教，他的几个儿子大多不遵守国家法度，地方官吏对他们毫无办法。起先，洛阳令种兢一次出行，班固的家奴冲犯了他的车马。种兢左右的小吏捶打、呵斥班固的家奴，那个家奴由于喝醉了酒便张嘴大骂。种兢非常恼怒，因为畏惧窦宪而不敢发作，但心中对班固十分怀恨。等到窦宪的门客都被逮捕拷问，种兢乘机逮捕了班固，于是班固死在狱中，时年六十一岁。和帝下诏谴责种兢，把主办此案的小吏办了罪，以抵偿害死班固的过失。

班固的著述有：《典引》、《宾戏》、《应讥》、诗、赋、铭、诔、颂、书、文、记、论、议、六言，保存下来的总计有四十一篇。

王 充 传

王充（27—约 79），东汉思想家、文学理论家。所撰《论衡》是先秦两汉以来我国思想界的一部寓有批判性的代表作，具有朴素唯物主义思想。

范晔为王充立传，体现了他的卓越识见。因为王充并非大官，而是所谓“离经叛道”的人物。这篇传记，可以说是范晔唯物主义思想倾向的佐证。

王充字仲任，会稽上虞人也①，其先自魏郡元城徙焉②。充少孤，乡里称孝。后到京师，受业太学，师事扶风班彪，好博览而不守章句。家贫无书，常游洛阳市肆，阅所卖书，一见辄能诵忆，遂博通众流百家之言。后归乡里，屏居教授。仕郡为功曹，以数谏争不合去。

充好论说，始若诡异，终有理实。以为俗儒守文，多失其真，乃闭门潜思，绝庆吊之礼，户牖墙壁各置刀笔③。著《论衡》八十五篇，二十余万言，释物类同异，正时俗嫌疑。

刺史董勤辟为从事，转治中，自免还家。友人同郡谢夷吾上书荐充才学，肃宗特诏公车征，病，不行。年渐七十，志力衰耗，乃造《养性书》十六篇，裁节嗜欲，颐神自守。永元中④，病卒于家。

【注释】

① 上虞：今浙江上虞。② 元城：今河北大名。③ 刀笔：书写工具。古代用笔在竹木简上书写，有错误则用刀削去后改写。④ 永元：东汉和帝年号。公元 89—104 年。

【翻译】

王充字仲任，会稽郡上虞县人，他的先辈从魏郡元城迁移到这个地方。王充从小就死了父亲，乡里人都说他对母亲很孝顺。后来到了京师洛阳，在太学里面学习，拜扶风人班彪为师。王充喜好博览群书但不拘守经师们分章析句的死学问。由于家中贫穷，没有藏书，王充常到洛阳集市上书铺里去，读那些人家要卖的书，他看一遍就能背诵下来，这样他很快就通晓了诸子百家的学说。后来王充回到家乡，屏退隐居，教育学生。其间在州郡当过功曹，因为几次劝谏长官意见不合而离去。

王充喜欢议论，初听起来好像很奇特怪异，但细听下去，结果是有道理、有真凭实据的。他认为见识短浅的儒生们拘守书本上的文辞，大多丢掉了书本中的精髓、真谛。于是他闭门深思，谢绝贺喜唁丧之类的应酬，在家里门上、窗上、墙壁上到处都安放了刀和笔，以便随时书写值得记录的东西。他写了《论衡》八十五篇，共二十余万字，解释了事物的异同，匡正了当时一般人对一些事物产生的疑惑。

刺史董勤征召王充为自己的从事，后来调任治中，自己告退回家。同郡的友人谢夷吾上书朝廷，推荐王充的才学，汉章帝特意下诏公车府征召他，因为有病没有成行。王充年近七十岁时，记忆衰退，精力耗损，于是写了《养性书》十六篇，内容是减少和节制嗜好与欲望，保养精神、自守心志之类。永元年间，王充在家中病逝。

仲长统传

仲长统(180—220),东汉末政治家。在当时动荡纷乱的政局下,他对时政多所评论,反映了当时社会矛盾的激烈和统治阶级的腐朽;而在用人、刑罚、税制、俸禄、外戚干政、宦官弄权等方面提出的兴革主张,有许多卓越的见解是前人未曾言及的。作为研究东汉社会的珍贵材料的《昌言》,赖范晔收录于这篇传记中,才得以流传至今。

替具有唯物主义思想倾向的人立传,并记录他们批评政治的言论,这是《后汉书》的特色之一。

仲长统字公理,山阳高平人也①。少好学,博涉书记,赡于文辞。年二十余,游学青、徐、并、冀之间,与交友者多异之。并州刺史高干,袁绍甥也,素贵有名,招致四方游士,士多归附。统过干,干善待遇,访以当时之事。统谓干曰:"君有雄志而无雄才,好士而不能择人,所以为君深戒也!"干雅自多,不纳其言,统遂去之。无几,干以并州叛,卒致于败。并、冀之士皆以是异统。

统性俶傥，敢直言，不矜小节，默语无常，时人或谓之狂生。每州郡命召，辄称疾不就。……

尚书令荀彧闻统名[②]，奇之，举为尚书郎[③]。后参丞相曹操军事。每论说古今，及时俗行事，恒发愤叹息。因著论，名曰《昌言》，凡三十四篇，十余万言。献帝逊位之岁，统卒，时年四十一。友人东海缪袭常称统才章足继西京董、贾、刘、杨。今简撮其书有益政者，略载之云。

【注释】

① 山阳高平：今山东邹城西南。② 尚书令：官名。东汉光武帝刘秀加强王权，命尚书总揽朝政，成为最高决策者。③ 尚书郎：东汉尚书令、仆射，有尚书六人，任满一年，称尚书郎。

《理乱篇》曰："豪杰之当天命者，未始有天下之分者也。无天下之分，故战争者竞起焉。于斯之时，并伪假天威，矫据方国，拥甲兵与我角才智，程勇力与我竞雌雄，不知去就，疑误天下，盖不可数也。角智者皆穷，角力者皆负；形不堪复伉，势不足复校，乃始羁首系颈，就我之衔绁耳。夫或曾为我之尊长矣，或曾与我为等侪矣，或曾臣虏我矣，或曾执囚我矣。彼之蔚蔚[①]，皆胸詈腹诅，幸我之不成，而以奋其前志，讵肯用此为终死之分邪！

"及继体之时，民心定矣。普天之下，赖我而得生育，由我而得富贵，安居乐业，长养子孙，天下晏然，皆归心于我矣。豪杰之心既绝，士民之志已定。贵有常家，尊在一人。当此之时，虽下愚之才居之，犹能使恩同天地，威侔鬼神。暴风疾霆不足以方其怒；阳春时雨不足以喻其泽；周、孔数千，无所复角其圣；贲、育百万②，无所奋其勇矣。

“彼后嗣之愚主，见天下莫敢与之违，自谓若天地之不可亡也，乃奔其私嗜，骋其邪欲。君臣宣淫，上下同恶。目极角觝之观，耳穷郑卫之声。入则耽于妇人，出则弛于田猎。荒废庶政，弃亡人物，澶漫弥流，无所底极，信任亲爱者，尽佞谄容说之人也；宠贵隆丰者，尽后妃姬妾之家也。使饿狼守庖厨，饥虎牧牢豚，遂至熬天下之脂膏，斫生人之骨髓。怨毒无聊，祸乱并起，中国扰攘，四夷侵叛，土崩瓦解，一朝而去。昔之为我哺乳之子孙者，今尽是我饮血之寇仇也。至于运徙势去，犹不觉悟者，岂非富贵生不仁，沈溺致愚疾邪？存亡以之迭代，政乱从此周复，天道常然之大数也。

【注释】

① 蔚蔚：通“郁郁”，忧愁苦闷的样子。② 贲、育：孟贲、夏育。相传为古之勇士。后代即以“贲育”或“孟贲”、“虎贲”指勇武之人。

“又政之为理者，取一切而已，非能斟酌贤愚之分，以开盛衰之数也。日不如古，弥以远甚，岂不然邪！汉兴以来，相与同为编户齐民，而以财力相君长者，世无数焉，而清洁之士，徒自苦于茨棘之间，无所益损于风俗也。豪人之室，连栋数百，膏田满野，奴婢千群，徒附万计[①]。船车贾贩，周于四方；废居积贮，满于都城。琦赂宝货，巨室不能容；马牛羊豕，山谷不能受。妖童美妾，填乎绮室；倡讴伎乐，列乎深堂。宾客待见而不敢去，车骑交错而不敢进，三牲之肉，臭而不可食；清醇之酎[②]，败而不可饮。睇盼则人从其目之所视，喜怒则人随其心之所虑。此皆公侯之广乐，君长之厚实也。苟能运智诈者，则得之焉；苟能得之者，人不以为罪焉。源发而横流，路开而四通矣。求士之舍荣乐而居穷苦，弃放逸而赴束缚，夫谁肯为之者邪！夫乱世长而化也短；乱世则小人贵宠，君子困贱。当君子困贱之时，跼高天，蹐厚地[③]，犹恐有镇压之祸也。逮至清也，则复入于矫枉过正之检。老者耄矣，不能及宽饶之俗；少者方壮，将复困于衰乱之时。是使奸人擅无穷之福利，而善士挂不赦之罪辜。苟目能辩色，耳能辩声，口能辩味，体能辩寒温者，将皆以修洁为讳恶，设智巧以避之焉。况肯有安而乐之者邪？斯下世人主一切之愆也。

“昔春秋之时，周氏之乱世也。逮乎战国，则又甚矣。秦政乘并兼之势[④]，放虎狼之心，屠裂天下，吞食生人，暴虐不已，以招楚汉用兵之苦，甚于战国之时也。汉二百年而遭王莽之乱，计其残夷灭亡之数，又复倍乎秦、项矣。以及今日，名都空而不居，百里绝而无民者，不可胜数。此则又甚于亡新之时也。悲夫！不及五百年，大乱三起，中间之乱，尚不数焉。变而弥猜[5]，下而加酷，推此以往，可及于尽矣。嗟乎！不知来世圣人救此之道，将何用也？又不知天若穷此之数，欲何至邪？”

【注释】

① 徒附：依附于豪门的人。徒，徒众。附，依附。② 酎（zhòu）：醇酒。③ 跼：伛偻着身子。蹐：小步。语出《诗经·小雅·正月》：“谓天盖高，不敢不跼；谓地盖厚，不敢不蹐。”④ 秦政：秦始皇，姓嬴，名政。⑤ 猜：疑惧，憎恨。

《损益篇》曰：“作有利于时，制有便于物者，可为也。事有乖于数，法有玩于时者，可改也。故行于古有其迹，用于今无其功者，不可不变。变而不如前，易而多所败者，亦不可不复也。汉之初兴，分王子弟，委之以士民之命，假之以杀生之权。于是骄逸自恣，志意无厌。鱼肉百姓，以盈其欲；报、蒸骨血[1]，以快其情。上有篡叛不轨之奸，下有暴乱残贼之害。虽藉亲属之恩，盖源流形势使之然也。降爵削土，稍稍割夺，卒至于坐食奉禄而已。然其洿秽之行[2]，淫昏之罪，犹尚多焉。故浅其根本，轻其恩义，犹尚假一日之尊，收士民之用。况专之于国，擅之于嗣，岂可鞭笞叱咤，而使唯我所为者乎？时政凋敝，风俗移易，纯朴已去，智惠已来。出于礼制之防，放于嗜欲之域久矣！固不可授之以柄，假之以资者也。是故收其奕世之权[3]，校其纵横之势，善者早登，否者早去，故下土无壅滞之士，国朝无专贵之人。此变之善，可遂行者也。

“井田之变，豪人货殖，馆舍布于州郡，田亩连于方国。身无半通青纶之命④，而窃三辰龙章之服⑤，不为编户一伍之长，而有千室名邑之役。荣乐过于封君，势力侔于守令。财赂自营，犯法不坐，刺客死士，为之投命。至使弱力少智之子，被穿帷败，寄死不敛，冤枉穷困，不敢自理⑥。虽亦由网禁疏阔，盖分田无限使之然也⑦。令欲张太平之纪纲，立至化之基趾，齐民财之丰寡，正风俗之奢俭，非井田实莫由也。此变有所败，而宜复者也。

【注释】

① 报：上辈奸淫下辈。蒸：下辈奸淫上辈。② 洿：即污。③ 奕：次序，奕世即累世。④ 通：文书一道，古称一通。青纶：汉时乡吏有秩，啬夫得佩青纶半章印。⑤ 三辰：日、月、星。龙章：龙的图案。二者都是高官衣服上的装饰。⑥ 自理：自己申诉。⑦ 分田：即份地。

“肉刑之废，轻重无品，下死则得髡钳①，下髡钳则得鞭笞。死者不可复生，而髡者无伤于人，髡笞不足以惩中罪，安得不至于死哉！夫鸡狗之攘窃，男女之淫奔，酒醴之赂遗，谬误之伤害，皆非值于死者也。杀之则甚重，髡之则甚轻。不制中刑以称其罪，则法令安得不参差。杀生安得不过谬乎？今患刑轻之不足以惩恶，则假臧货以成罪，托疾病以讳杀。科条无所准，名实不相应，恐非帝王之通法，圣人之良制也。或曰：过刑恶人，可也；过刑善人，岂可复哉？曰：若前政以来，未曾枉害善人者，则有罪不死也，是为忍于杀人，而不忍于刑人也。今令五刑有品②，轻重有数，科条有序，名实有正，非杀人逆乱鸟兽之行甚重者，皆勿杀。嗣周氏之秘典③，续吕侯之祥刑④，此又宜复之善者也。

"《易》曰：'阳一君二臣，君子之道也；阴二君一臣，小人之道也。'然则寡者，为人上者也；众者，为人下者也。一伍之长，才足以长一伍者也；一国之君，才足以君一国者也；天下之王，才足以王天下者也。愚役于智，犹枝之附干，此理天下之常法也。制国以分人，立政以分事，人远则难绥，事总则难了。今远州之县，或相去数百千里，虽多山陵洿泽，犹有可居人种谷者焉。当更制其境界，使远者不过二百里，明版籍以相数阅，审什伍以相连持，限夫田以断并兼，定五刑以救死亡，益君长以兴政理，急农桑以丰委积，去末作以一本业，敦教学以移情性，表德行以厉风俗，核才艺以叙官宜，简精悍以习师田⑤，修武器以存守战，严禁令以防僭差，信赏罚以验惩劝，纠游戏以杜奸邪，察苛刻以绝烦暴。审此十六者以为政务，操之有常，课之有限，安宁勿懈堕，有事不迫遽，圣人复起，不能易也。

【注释】

① 髡(kūn)钳：古代刑法名。剃掉头发叫髡；用铁圈束颈叫钳。② 五刑：指墨、劓、剕、宫、辟五种古代刑罚。③ 周氏之秘典：《周礼·大司寇》："一曰刑新国，用轻典；

二曰刑平国，用中典；三曰刑乱国，用重典。”④ 吕侯之祥刑：周穆王时，制定祥刑，王以告吕侯，见《尚书·吕刑》。祥，善。⑤ 师田：军事演习。田，田猎。

“向者，天下户过千万，除其老弱，但户一丁壮，则千万人也。遗漏既多，又蛮、夷、戎、狄居汉地者尚不在焉。丁壮十人之中，必有堪为其什伍之长，推什长已上，则百万人也。又十取之，则佐史之才已上十万人也。又十取之，则可使在政理之位者万人也。以筋力用者谓之人，人求丁壮、以才智用者谓之士，士贵耆老。充此制以用天下之人①，犹将有储，何嫌乎不足也？故物有不求，未有无物之岁也；士有不用，未有少士之世也。夫如此，然后可以用天性，究人理，兴顿废，属断绝，网罗遗漏，拱柙天人矣②！

“或曰：‘善为政者，欲除烦去苛，并官省职，为之以无为，事之以无事，何子言之云云也？’曰：若是，三代不足摹，圣人未可师也。君子用法制而至于化，小人用法制而至于乱。均是一法制也，或以之化，或以之乱，行之不同也。苟使豺狼牧羊豚，盗跖主征税③，国家昏乱，吏人放肆，则恶复论损益之间哉！夫人待君子然后化理，国待蓄积乃无忧患。君子非自农桑以求衣食者也，蓄积非横赋敛以取优饶者也，奉禄诚厚，则割剥贸易之罪乃可绝也；蓄积诚多，则兵寇水旱之灾不足苦也。故由其道而得之，民不以为奢；由其道而取之，民不以为劳。天灾流行，开仓库以禀贷，不亦仁乎？衣食有余，损靡丽以散施，不亦义乎？彼君子居位为士民之长，固宜重肉累帛，朱轮四马。今反谓薄屋者为高，藿食者为清，既失天地之性，又开虚伪之名，使小智居大位，庶绩不咸熙，未必不由此也。得拘洁而失才能，非立功之实也。以廉举而以贪去，非士君子之志也。夫选用必取善士，善士富者少而贫者多，禄不足以供养，安能不少营私门乎？从而罪之，是设机置穽以待天下之君子也。

【注释】

① 原文中的“人”当作“民”，避唐太宗讳改。② 拱柙天人：即天人合一。拱柙，抱合。③ 盗跖：古代传说中的强盗。

“盗贼凶荒，九州代作①，饥馑暴至，军旅卒发，横税弱人，割夺吏禄，所恃者寡，所取者猥，万里悬乏②，首尾不救，徭役并起，农桑失业，兆民呼嗟于昊天，贫穷转死于沟壑矣。今通肥饶之率，计稼穑之入，令亩收三斛，斛取一斗，未为甚多。一岁之间，则有数年之储，虽兴非法之役，恣奢侈之欲，广爱幸之赐，犹未能尽也。不循古法，规为轻税，及至一方有警，一面被灾，未逮三年，校计骞短，坐视战士之蔬食，立望饿殍之满道，如之何为君行此政也？二十税一，名之曰貊③，况三十税一乎？夫薄吏禄以丰军用，缘于秦征诸侯，续以四夷，汉承其业，遂不改更，危国乱家，此之由也。今田无常主，民无常居，吏食日禀，班禄未定。可为法制，画一定科，租税十一，更赋如旧[④]。今者土广民稀，中地未垦；虽然，尤当限以大家，勿令过制，其地有草者，尽曰官田，力堪农事，乃听受之。若听其自取，后必为奸也。”

【注释】

① 代：交替。作：发生。② 悬乏：因两地悬隔，粮食物资供应不上。③ 貊（mò）：旧时对东北方少数民族的贬称。《孟子·告子下》：“白圭曰：‘吾欲二十取一，何如？’孟子曰：‘子之道，貊道也！……夫貊，五谷不生，惟黍生之，无城郭、宫室、宗庙、祭祀之礼，无诸侯币帛饔飧，无百官有司，故二十取一足也！”④ 更赋：汉代的一种代役税。凡不服役，则需出钱由政府雇人代替，故名。

《法诫篇》曰：“周礼六典[①]，冢宰贰王而理天下。春秋之时，诸侯明德者，皆一卿为政。爰及战国，亦皆然也。秦兼天下，则置丞相，而贰之以御史大夫。自高帝逮于孝成，因而不改，多终其身。汉之隆盛，是惟在焉。夫任一人则政专，任数人则相倚。政专则和谐，相倚则违戾。和谐则太平之所兴也，违戾则荒乱之所起也。光武皇帝愠数世之失权，忿强臣之窃命，矫枉过直，政不任下，虽置三公，事归台阁[②]。自此以来，三公之职，备员而已；然政有不理，犹加谴责，而权移外戚之家，宠被近习之竖，亲其党类，用其私人，内充京师，外布列郡，颠倒贤愚，贸易选举，疲驽守境，贪残牧民，挠扰百姓，忿怒四夷，招致乖叛，乱离斯瘼[3]。怨气并作，阴阳失和，三光亏缺，怪异数至，虫螟食稼，水旱为灾，此皆戚宦之臣所致然也。反以策让三公，至于死免[4]，乃足为叫呼苍天，号咷泣血者也[5]。又中世之选三公也，务于清悫谨慎，循常习故者，是妇女之检柙[6]，乡曲之常人耳，恶足以居斯位邪？势既如彼，选又如此，而欲望三公勋立于国家，绩加于生民，不亦远乎？昔文帝之于邓通，可谓至爱，而犹展申屠嘉之志[7]。夫见任如此，则何患于左右小臣哉？至如近世，外戚宦竖请托不行，意气不满，立能陷人于不测之祸，恶可得弹正者哉！曩者任之重而责之轻，今者任之轻而责之重。昔贾谊感绛侯之困辱，因陈大臣廉耻之分，开引自裁之端。自此以来，遂以成俗。继世之主，生而见之，习其所常，曾莫之悟。呜呼，可悲夫！左手据天下之图，右手刎其喉，愚者犹知难之，况明哲君子哉！光武夺三公之重，至今而加甚；不假后党以权，数世而不行，盖亲疏之势异也。母后之党，左右之人，有此至亲之势，故其贵任万世。常然之败，无世而无之，莫之斯鉴，亦可痛矣。未若置丞相自总之。若委三公，则宜分任责成。夫使为政者，不当与之婚姻；婚姻者，不当使之为政也。如此，在位病人，举用失贤，百姓不安，争讼不息，天地多变，人物多妖，然后可以分此罪矣。

或曰：政在一人，权甚重也。曰：人实难得，何重之嫌？昔者霍禹、窦宪、邓骘、梁冀之徒，籍外戚之权[8]，管国家之柄；及其伏诛，以一言之诏，诘朝而决[9]，何重之畏乎？今夫国家漏神明于媟近[10]，输权重于妇党，筭十世而为之者八九焉。不此之罪而彼之疑，何其诡邪！”

【注释】

① 六典：谓治典、教典、礼典、政典、刑典、事典六种典制。② 台阁：指尚书。③ 瘼：病。④ 死：指处死。免：指免职。东汉遇有天象变异，自然灾害，常常策免三公，甚至处死。⑤ 泣血：这是说眼泪流尽，继之流血。⑥ 检柙：即规矩。⑦ 汉文帝时，邓通怠慢文帝于朝堂，丞相申屠嘉上奏时见状，欲斩之。邓通顿首谢罪，头部流血。文帝于是召见邓通，并向申屠嘉求情，免其死罪。⑧ 籍：通“藉”。借。⑨ 诘朝：第二天早上。⑩ 媟近：左右轻狎之人。

【翻译】

仲长统字公理，山阳高平人。从小喜爱学习，博览群书，富于文辞。二十余岁时，他在青州、徐州、并州、冀州一带四处求学。与他交往的很多人觉得他不同凡响。并州刺史高干是袁绍的外甥，一向很高贵，有名望，招纳各地往来的士人，士人大多也归附于他。仲长统拜访了高干，高干很好地款待了他，向他咨询当时天下大事。仲长统对高干说：“您有高远的志向，但是缺乏杰出的才智；喜爱士人，但是不能识别贤愚好坏。这番话的意思，就是想用来使您深为鉴戒。”高干自认为很了不起，不接受仲长统的意见，仲长统就离开了高干。没有多久，高干在并州叛乱，最终身败名裂。并、冀两州的士人都因为这件事。认为仲长统的鉴识能力很不一般。

仲长统性格豪放，敢于直言，不拘小节，时而缄默无言，时而高谈阔论，当时有人称他为狂生。每逢州郡官员召他，他总是称病不去。……尚书令荀彧听说了仲长统的名声，认为他是非凡的人，推荐他做了尚书郎，后来又参与了丞相曹操的军事谋划。每当他谈古论今，评论当时人们的所作所为，总是情绪激动，惋叹不已。于是写了一部论述社会政治的书，名为《昌言》，一共三十四篇，十多万字。汉献帝让位给曹魏那一年，仲长统去世，时年四十一岁。他的朋友东海人缪袭，常称赞他的才能文章足以继承西汉的董仲舒、贾谊、刘向、扬雄。这里选择他的著作当中有益于政事的篇目，简略地刊载于下。

《理乱篇》说："那些能够上承天命的豪杰，是并非一开始就有当皇帝的名分的。由于没有当皇帝的名分，所以争夺天下的人一个个地出现了。在那个时候，他们都欺诈地借用上天的权威，割据天下的郡国；拥有军队，和我们较量才智；显示武力，和我们争比高低；他们不知道该对抗谁、归顺谁，让人们怀疑动摇误入歧途，这一类事情是太多了。较量才智的智尽技穷了；较量武力的纷纷失败了。形势不足以再来抗衡较量，这才开始把自己捆绑起来，接受我们的制约。这些人中，有的曾经是我们的尊长，有的曾经和我们是同辈，有的曾经把我们当作奴隶和俘虏，有的曾经囚禁过我们。他们忧愁苦闷，都暗暗咒骂，希望我们不能成就大业，以便他们重展往日的宏图，难道肯把这种臣属他人的地位作为终老至死的名分吗？

"等到第二代天子继位之时，民心已经安定下来了，普天之下的民众，仰仗我朝廷得以生育、富贵；安居乐业，抚养子孙；天下太平，所有的人都归心于我朝廷。那些豪杰们的非分之念已经断绝，士人及民众的心也已经定于一尊。高贵有固定的人家，尊严属于天子一人。在这种情况下，即使是一个异常愚笨的人坐在皇帝的宝座上，仍能使他的恩泽如同天地，威严等同鬼神；暴风和迅雷不足以比喻他的愤怒，阳春三月的及时雨不足以比喻他的恩泽。周公、孔子之类的圣贤哪怕有好几千，也无法再与他较量圣明；孟贲、夏育那样的勇士。即令有百万之众，也无处再施展他们的勇力了。

“那些继承皇位的愚蠢君主，看见天下没有人敢违抗他，自以为他和天地一样不可灭亡，于是放纵他自己的癖好和邪恶的欲望，君臣公开地淫乱，上下同样地干坏事；看尽了各种摔跤角力游戏，听遍了郑音卫音这些淫佚乐曲；入宫就沉溺在女人的欢爱之中，出宫就驰骋打猎作乐。各项政务都被荒废，贤智的人物都被丢弃；纵情逸乐越加放荡，完全没有止境。他所信任亲近的，都是些奸佞谄媚和当面奉承的小人；他所特别宠幸尊崇的，尽是后宫妃嫔的娘家人。就像让饿狼看守厨房、饥虎放牧牲畜，竟然达到煎熬民脂民膏，对老百姓敲骨吸髓的地步。人们怨恨惧怕而没有依靠，结果灾祸战乱都发生了，中原地区混乱不堪，周边的少数民族或侵或叛；政权土崩瓦解，片刻分离。从前被朝廷哺育的臣民，今天全都成了要饮我们血的仇敌。至于那些直到天命改易，权势消亡，仍然不觉悟的后继君主，难道不是富贵的环境让他们养成不仁之心，沉迷不悟导致他们产生愚病的吗？国家的存与亡，因此而相互交替出现，政治的治乱，由此周而复始，这是天命每每所呈现的规律啊。

"此外，后继的君主对于政事的处理，往往采取权宜之计，他们不能衡量出贤愚好坏的区别，来掌握有关国家盛衰的规律。结果一天天地不如古代，差距一天比一天大，难道不是这种情形吗？汉朝建立以来，本来同是普通老百姓的人，而凭借财富和武力做他人君长的，每一代都是数也数不清。而清贫廉洁的士人徒然在草野荆棘之间自取忧苦，不能对社会风气习俗产生任何影响。富豪人家房屋鳞次栉比，数以百计，肥沃的田地遍布原野，奴婢成千上万，依附他们的户口以万数。他们拥有的船车以及为他们经营商业的商贩遍布四方，他们囤积居奇的货物在都城堆得满满的。那些珍奇的财宝，再大的房间也收藏不下；马、牛、羊、猪，多得连山坡、谷地也容纳不了。艳美妖娆的男童、女妾，充塞于绮丽的房间；表演歌舞及演奏乐曲的各色艺人，排列在深邃的厅堂内。宾客等待主人接见而不敢随意离开，门前的车马错杂但不敢随便前行。猪、牛、羊的肉多到放臭了而不能吃；清澈的醇酒多到放坏了不能饮用。主人的目光盼顾到什么地方，人们就跟着张望；主人对什么事物喜爱或恼怒，人们也跟着喜怒。这一切都是公侯的巨大乐趣，君长拥有的优厚利益。假若有谁能够运用智谋和欺诈，就可以得到这一切；而得到这一切的人，世人不会认为是罪过。这真是源头一通，水能到处流淌；大路一开，四面八方都通达了。希望士人舍弃荣乐而甘居穷苦，抛弃安逸而甘就束缚，又有谁愿意这样干呢！天下政治混乱的时间长，得到治理的时间短。乱世之中小人就尊贵得宠，而君子则困顿贫贱。当君子困顿、贫贱之时，即使头戴高天脚踩厚地，也总觉得局促不安，还怕遭遇到被镇压的祸患。到了政治清明的时代，则又受到矫枉过正的限制。老的老了，赶不上宽松富庶的社会；年轻的正当盛年，又将重新困顿于衰乱的时代。这就使得奸人独占了无穷的福利，而善良的士人则背上不赦的罪名。无论是谁，只要眼睛能辨别颜色，耳朵能辨别声音，口舌能辨别味道，身体能辨别冷暖的人，都将会认为修养高洁的品行是为了掩盖丑恶，而运用智谋来避开那些高洁的品行，难道还有安于并且乐于修养品行成为善士的人吗？这就是后继君主在政治上采取权宜之计造成的恶果。

“过去春秋时代，是周王朝的乱世，到了战国，越发乱得不可收拾。秦始皇利用各国互相吞并的形势，放纵虎狼般的心肠，宰割天下，吞食老百姓，他的残暴没有止境，结果导致了楚汉战争的苦难，更超过了战国之时。汉王朝经过二百年遇上了王莽之乱，算起来，百姓的伤残死亡的数字，又超过秦朝项羽那个时候一倍了。而到今天，名城空无居民，百里不见人迹的状况多得无法统计，这就又超过了王莽新朝那时。可悲可叹啊！不到五百年，政治上的大混乱闹了三次，中等程度的动乱还没有计算在内。天下形势的变化让人心更加不定，越往后越严重，如此发展下去，可以达到极点，不知以后的圣明君主治理这种混乱局面的方法将要怎么用？又不知道上天如果要了结这个劫数要到什么时候？”

《损益篇》说：“创制有利于当时，制度对于事物有所便利，是可以干的。事情违背法律，法制被时俗所轻视，可以加以改动。所以在古代有过实行的记载，但在今天执行没有功效的，不能不改变。经过变革而效用不如以往，经过改易而结果大都失败的，也不能不恢复原来的作法。汉朝刚刚建立的时候，分封子弟为王，委任他们统治老百姓，给予他们以生杀大权。于是这些人骄奢淫逸，肆意妄为，心志贪得无厌。他们鱼肉百姓，来满足自己的欲望；他们亲属间上下淫乱，来使自己的情欲得到满足。这些人对中央王朝有篡叛不轨的奸邪，对百姓有暴虐残杀的危害；虽然他们凭借皇室宗亲所享受的恩德，但到今天这个地步，大概是他们逐渐产生和发展的权力地位让他们这样的。于是朝廷不得不降低他们的爵位，削减他们的封地，逐渐分割取消他们的一部分权力，最后直到让他们只能坐食俸禄而已。但是他们的污秽行为，淫乱昏庸的罪过，还是多得很。因此，对诸侯王使他们的土地和权力少些，降低施给他们的恩德，他们还能凭借暂时的显贵，获取士民的效劳。何况是在一个封国里专权，能传位于子孙，哪能鞭打斥责，使他们只听朝廷的指挥呢！政治衰败，风气改变，人们的单纯和朴素已不复存在，而智谋巧诈已经到来。人们越出了礼制的范围，恣肆于嗜好和欲望的境地已经很久了。当然不能交给诸侯王们权力，给予他们为非作歹的资本。因此收缴他们累世相传的权力，考核他们错综复杂的势力，好的尽快选拔重用，坏的尽早革去爵禄，这样民间就不会有贤能而不被任用的士人，国家也不会出现永远尊贵的人。这是变革中的好现象，可以就此加以推行的事。

“井田制被改变，富人经商，房屋田地遍布州郡藩国，这些人不曾受到最低级的乡吏的任命，但他们却僭制越礼穿着高官贵胄的三辰龙服；他们连编户中的小小伍长都不是，却和公侯一样有千家大邑供他们役使。这些人的荣耀、快乐超过了受封的贵族，势力和郡县长官相当。他们的财物自己经营，犯法不被判罪，刺客死士为他们卖命效力。结果弄得那些势单力薄、智短计穷的人倾家荡产，抛尸荒野，冤枉困顿，也不敢自己申诉。虽然这是由于国家法令不严造成的，但也是因为每个人的份地没有限制让他们发展到这一步。现在要想光大太平时代的纲要法纪，建立天下大治的基础，平均百姓财产的多寡，匡正奢俭两极分化的社会风气，除了恢复井田制外，实在没有他途可走，恢复井田制这一变革，是有所失败也应该重新恢复的。

“肉刑的废除，使刑法的轻重没有定则。比死刑低一等的是髡钳，比髡钳低一等的是鞭笞。被判死刑的人死了不能复生，但被罚髡刑的人却无损于人的肌体。髡钳和鞭笞这两种刑罚都不足以惩治中等的罪行，那些犯有极大罪恶的人怎能不判到死刑呢？那些偷鸡摸狗，男女淫奔，少量的贿赂以及误伤等罪行，都是不能与死刑相当的。对于这些罪犯，把他们杀掉则量刑过重，判为髡刑则又过轻。不制定中等程度的刑罚来和这些罪行相称，那么法令怎会不出偏差，使用生杀大权又怎会不产生错误呢？现在人们担心刑罚太轻，不能够用来惩治坏人，就假称罪犯贪赃来构成他的罪名，假托罪犯病死而隐瞒把他杀掉的实情。法律条文没有一定之规，罪行的名称与实际处置不适应，这恐怕不是历代帝王通用的刑法，圣贤们制定的良好制度。有人说：‘要加重刑罚来惩治恶人，是可以的；但加重刑罚处置好人，难道还可以恢复肉刑吗？’我的回答是：如果说朝廷以前的政治未曾枉死‘好人’，那么就是有犯了死罪也未处死刑的。这就是忍心杀人，但不忍心使用肉刑惩治罪犯。现在要使五种刑法都有等级，刑罚的轻重可以衡量，法律的条文有条不紊，罪行和刑罚有正确的标准，不是杀人谋反，乱伦而罪行极为严重的都不要杀。继承《周礼》未曾公开的法典，延续吕侯完善的刑律，这又是应该恢复的良好制度。

“《易》说：‘阳一君二臣，这是君子之道；阴二君一臣，这是小人之道。’那么少数人是在众人之上的；多数人是居于少数人之下的。一伍的伍长，他的才能足够来管理一伍的人；一国的君主，他的才能足够来统治一国民众；天下的帝王，他的才能足够来统治天下百姓。愚笨的人被聪明的人所役使，就好像树枝依附在树干上，这是治理天下的永恒的法则。建立国家来安排百姓，建立政权来安排事务，距离中央政权遥远的地方就难以安抚，事情都汇总在一处就难以处理清楚。现在边远州郡的县和别的县之间相距几百里甚至上千里，即使那里大多为山陵和沼泽，还是有可以居住百姓，种植粮食的地方。现在应当重新划定县的境界范围，使县与县距离最远的不超过二百里。搞清楚户口的登记用来互相检查；仔细检查居民的基层组织以相互联接；限定男丁占田数量，来断绝兼并；规定五种刑罚来拯救那被判死罪的人；增加各级官吏来把政务处理好；首先发展农业来增加粮食的积蓄；去掉商贾等职业，使农桑成为唯一的本业；督促教化来改变百姓的情欲、个性；表彰有德行的人，来改变社会风气；考核士人的才艺，并给以相称的官职；选拔精兵强将来进行军事演习；整治武器，来准备军事行动；严格制定禁令，来防备越轨的行为；赏罚讲究信用使奖惩得到证明；纠正那些不务正业的活动来杜绝奸邪事情的发生;督察各级官吏是否执法苛刻来防止他们的烦法暴政。仔细研究以上十六条作为政治的要务,运用起来有稳定的制度,督察起来有条文的范围,局势安宁时不要松懈、怠慢,发生变故时不必窘迫、惶惧。即使圣人再度复出,也不会改变这些措施。

"过去,天下户数超过一千万,除掉老弱,仅按每户一名成年男子计算,就有一千万人了。何况遗漏的人口已经很多,再加之住在汉朝地界的少数民族也不计算在内。十个丁壮之中,一定有能够胜任什长、伍长的人,这样推算什长以上的人就有一百万了。又在他们当中十个人取一个,那么堪任属吏的人才就有十万了。再十个取一个,那么可以让他居于治理政事的位置的就有一万人。靠劳力供使用的人叫做民,作为民的要选取少壮男子。靠才智供使用的人叫做士,士人以年老阅历深为贵。充分运用这种选才制度来任用天下的人,还会有多的人可供储备,怎么会嫌不够呢?所以从来只有物类不被选用的时代,而不存在没有物类的时代。从来只有士人不被任用的情况,而没有缺乏士人的社会。像这样,然后可以根据自然的规律,推究人事的治理,恢复以往遭到废弃的事务,延续断绝了的事物,网罗被遗忘的东西,才能做到顺天应人,天人合一。

有人说:'善于处理政事的人,打算除去烦法苛政,合并机构、减少官职,用无为当为之,用使天下无事来给天下做事。为什么你说了上边的这一套呢?'我认为:如果这样的话,那么三代也不值得模仿,圣人也不值得学习了。君子运用法制使国家得到治理,小人运用法制而使国家陷于混乱。同样是一个法制,有的人用它达到了治理,有的人用它使国家混乱，这是由于施行时的不同。假若让豺狼放牧羊猪，让盗跖主管征税，弄得国家混乱，官吏肆意胡为，那还讨论什么政治的减损增益问题呢？老百姓需要君子来管然后才会得到治理，国家依赖积蓄才能没有忧患。君子不是自耕自织来求取衣食的，国家的蓄积不是强行征敛来取得富足的。官吏的俸禄确实优厚，那么剥削百姓，营私舞弊的罪行就可以杜绝；国家的蓄积确实丰厚，那么兵祸天灾，就不足以使国家困顿，人民痛苦。所以官吏的优厚俸禄由正道获得，老百姓也不认为是奢侈；国家的丰厚积蓄由正道获取，老百姓也不认为劳苦。天灾流行，开仓赈济，不就是仁政吗？衣食有多余的，减少浪费来散发给老百姓，不也是义举吗？那些君子当政，作为士人和老百姓的长官，本来就应该享用多种肉食和各色丝绸，乘四匹马拉的华贵车子。今天反而说住简陋的房屋，吃粗粮素食是清高，这已经失去了天地赋于人的本性，又造就了虚伪的声名，使得耍小聪明的人爬上高位，国家各项事业不能都兴盛起来，未必不是因为这个原因。得到了洁身自好的隐士却失去了有才能的人，这不是建功立业所该做的。因为廉洁而被推荐为官，但结果因贪赃而去职，这并非士人君子的志愿。选用人才一定要选拔善士。善士富有的少，贫穷的多，他们的俸禄不够供养父母妻子，哪能不稍稍经营私门财产呢？因为营私而紧接着办他们的罪，这是设置机关陷阱来等候天下的君子啊。

“盗贼和凶年饥荒，在全国各地此起彼伏地发生，饥馑突然地到来，战争猝然发生，向弱小的百姓横征暴敛，侵夺官吏的俸禄，国家所能凭借的东西很少，而国家要收取的很多；路途悬远，供应不继，首尾难以相救，徭役一同征发，农民失去了农桑本业，亿万百姓只有向天哀号，贫困流离，辗转惨死在沟壑中。现在统计土地肥沃的程度，计算农业生产的收入，假使每亩收三斛粮食，每斛收一斗为税，不算太多。这样，一年收下来，就有几年的粮食积蓄，即使国家兴起了不合法度的劳役，放纵了奢侈的欲望，扩大给嫔妃、宠臣的赏赐，仍旧不能用光这些积蓄。不按照古代的法令制度，订立轻税，等到一方有了军事事变，一处遭受天灾，不到三年，查核计划就会发现亏损、短缺，只有眼看着军队吃草咽菜，干望着路上到处是饿死的人，做君王的怎么能实行这种政策呢？按收入征二十分之一的轻税，叫做貊道，更何况三十税一呢？那种减少官吏俸禄来增加军队用度的做法，缘起于秦国征伐诸侯时，后又用在对少数民族的方面。汉朝承继这样的制度，便不加更改，危乱国家，是从这里开始的。现在田地没有固定的主人，老百姓没有固定居住的地方，官吏每日按天领取口粮，分配官吏俸禄的等级没有确定。现在可以确立法令制度。统一规章条文，租税十分之一，还是像以往那样交纳更赋。现在土地多民众稀少，中等肥沃的土地还未被开垦；即使是这种情况，也还是要限制皇室勋臣等世家大族强占土地，不要使他们超过规定。凡属荒地都是官田，有能力承担农事的人，才能同意给他一块地。如果听任人们随意占有土地，以后一定会干奸轨之事。”

《法诫篇》说：“《周礼》有六种典制，冢宰辅佐君主治理天下。春秋时候，有德的诸侯，都是用一名卿来总理政务。到战国，也都是这样。秦王朝兼并天下以后，则设置丞相，而以御史大夫为丞相的副手。这个制度从汉高祖到汉成帝，一直沿袭不改，有很多人是任职终身。汉朝的兴盛，原因就在这里。任命一个人来总理政务则权力集中，任命几个人处理政事则相互依赖。权力集中，意见就一致；权力分散，意见就有不同。相互协调处理政务，就是天下出现太平的保证；意见牴牾，就是产生政局荒乱的原因。光武帝对西汉末几代皇帝大权旁落十分不满，对王莽擅权篡位大为愤怒，于是矫枉过正，政务不交给臣下处置，虽然设置了三公的职务，日常的政务都交给尚书台处理。从此，三公的职务，只是形式上的充数；然而一旦政事处理失误，仍要遭受谴责。然而国家的大权却旁落于外戚之门，君主的宠幸都给了身边的宦官。这些人亲近他们的同类，任用自己的党羽；他们的人在内则充斥首都，在外则遍布各郡；致使贤者愚人地位颠倒，选拔推举人才时贿赂公行，用愚钝无能的人守卫国家疆界，用贪婪残酷的人治理老百姓，他们骚扰百姓，激怒四方的少数民族，招致反叛四起，而人民流亡逃难，备受忧苦。怨声四起，阴阳失调，日、月、星发生亏蚀，怪异的现象频频出现，虫螟危害农作物，水旱成灾，这都是外戚、宦官之类的权臣所招致的。结果皇帝反而因为天象变异与自然灾害下诏斥责三公，甚至将他们罢官处死，这真是足以使人呼叫苍天，嚎哭泣血的。另外，东汉中期选任三公的时候，是努力选择清廉、诚实、谨慎，循照常规办事和熟悉旧例的人。这些不过像规矩的妇女、乡间的平常人罢了，哪里配占据这么重要的职位呢？国家的形势已经那样了，选拔出来的人又是这样子，却要指望三公为国家建立功勋，为人民干出劳绩，目标和措施不是相距太远了吗？过去汉文帝对于邓通，可以说是宠爱极了，但是还能让丞相申屠嘉责罚邓通的想法得以实现。丞相被皇帝如此信任，哪里会怕皇帝左右亲信小臣呢？到了近代，外戚、宦官们的请求和人情达不到目的，愿望没有满足，马上能把人置于无法想象的祸患之中，这又如何能弹劾而匡正呢？过去对三公等大臣，皇帝赋于他们的权力大，而责怪轻，现在他们的权力小而受到的呵责重。过去，贾谊有感于绛侯周勃被困辱，所以上书陈说大臣廉耻的大节，开了大臣有罪自杀不受刑罚的先例。从那以后，相沿成了习惯。后继的君主，一出生就看到这些成例，习以为常，竟没有谁悟出其中的弊端。啊，可悲呀！让人左手握着天下大权，却要他右手刎其颈，即便是一个愚蠢的人尚且认为这是一件难以接受的事情，何况明察事理的君子呢！光武帝剥夺了三公的重任，到现在越发变本加厉；然而不给外戚以大权这一点，隔了若干代就行不通了，这是因为外戚毕竟是皇帝的亲戚，而三公等大臣终究是外人，二者亲疏关系有所不同啊。母后的亲族及皇帝周围的宦官，由于有和皇帝这样至亲的关系，所以他们任职显贵，传之久远。国家经常出现的这种败亡，没有哪个朝代不发生，但是后世君主没有谁能引为鉴戒，这是值得痛心的！不如设置丞相由他自己总理政务。如果还要委任三公当政，则应该分职任事，督责完成。应该使当政的大臣不与皇帝结为婚姻关系，和皇帝有婚姻关系的人则不应当由他主持国家大政。如果这样，谁在位时误国误民，荐举的人遗弃了贤能，百姓不安定，刑狱案件层出不穷，天地屡生灾变，人事和自然界大量出现妖异现象，然后可以分别降罪了。

“有人说:‘把政事集中在一个人身上,权过重了。’我认为:人才实在难得,权重又有什么可猜疑的呢?过去霍禹、窦宪、邓骘、梁冀这些人,凭借外戚的权力,掌握国家的权柄,可是等到他们伏法被杀,不过靠的是一纸诏书,第二天一早就把他们处决了,担心什么权力过重呢?现在国家把朝廷大政轻易地交给亲幸宦官,把行政大权交给外戚妇党,算起来十代皇帝中这样做的有八九代。不责备这些宦官、贵戚,却怀疑那些丞相、三公们,这是多么荒唐和违背事理啊!”

张 衡 传

张衡(78—139)是我国古代伟大的科学家，东汉著名的文学家。

张衡一生成就很高，著有《浑天仪图注》和《灵宪》等。他认识到宇宙的无限性，注意到行星运动的快慢，并解释这与距离地球的远近有关，他还第一次正确地解释了月食的原因。张衡精于制作，创制了水动浑天仪和候风地动仪。地动仪制作精良，能准确地测出地震的方位，比欧洲的地震仪早一千七百多年。张衡对我国乃至世界科技文化作出了重要贡献，产生了深远的影响。他还是一位文学巨匠，所作《二京赋》、《思玄赋》、《怨篇》等诗赋，批评了统治阶级的骄奢，抒发了他不愿同流合污和抱负难以施展的苦闷心情。张衡潜心学术，淡泊名利，但对国家大事十分关心。他批评谶纬无根之学，主张打击豪强势力，在当时有一定的积极意义。

本篇是他一生活动的主要传记材料。

张衡字平子，南阳西鄂人也①。世为著姓。祖父堪，蜀郡太守②。衡少善属文，游于三辅，因入京师，

观太学，遂通《五经》，贯六艺[③]。虽才高于世，而无骄尚之情。常从容淡静，不好交接俗人。永元中，举孝廉不行，连辟公府不就。时天下承平日久，自王侯以下，莫不逾侈。衡乃拟班固《两都》，作《二京赋》[④]，因以讽谏。精思傅会，十年乃成。文多，故不载。大将军邓骘奇其才，累召不应。

衡善机巧，尤致思于天文、阴阳、历算。常耽好《玄经》[⑤]，谓崔瑗曰："吾观《太玄》，方知子云妙极道数，乃与《五经》相拟，非徒传记之属，使人难论阴阳之事，汉家得天下二百岁之书也。复二百岁，殆将终乎？所以作者之数，必显一世，常然之符也。汉四百岁，《玄》其兴矣。"安帝雅闻衡善术学，公车特征拜郎中，再迁为太史令。遂乃研核阴阳，妙尽璇机之正[⑥]，作浑天仪，著《灵宪》、《算罔论》，言甚详明。

【注释】

①南阳西鄂：南阳郡西鄂县，今河南南阳。②蜀郡：郡名，今四川成都附近。③六艺：即礼、乐、射、御、书、数六种才能和技艺。④"衡乃拟"二句：《两都》，指《西都赋》、《东都赋》。二京，指洛阳、长安东西两京。⑤《玄经》：即西汉扬雄《太玄经》。仿《易经》，混合儒、道、阴阳三家思想。是一部研究宇宙自然现象的哲学著作。⑥璇机：指北斗七星，古人依斗柄方向定四时、月份。一说是古代用美玉装饰的测天文的仪器。

顺帝初，再转，复为太史令。衡不慕当世，所居之官辄积年不徙。自去史职，五载复还，乃设客问，作《应间》以见其志云。……

阳嘉元年，复造候风地动仪。以精铜铸成，员径八尺，合盖隆起，形似酒尊，饰以篆文山龟鸟兽之形。中有都柱①，傍行八道②，施关发机。外有八龙，首衔铜丸，下有蟾蜍，张口承之。其牙机巧制③，皆隐在尊中，覆盖周密无际。如有地动，尊则振龙，机发吐丸，而蟾蜍衔之。振声激扬，伺者因此觉知。虽一龙发机④，而七首不动，寻其方面，乃知震之所在。验之以事，合契若神。自书典所记，未之有也。尝一龙机发而地不觉动，京师学者咸怪其无征，后数日驿至，果地震陇西，于是皆服其妙。自此以后，乃令史官记地动所从方起。

【注释】

①都柱：地动仪中间的一根能摆动的中心柱。②傍行八道：指旁边八条横杆。各横杆连接都柱和龙头。③牙：齿轮。④虽：只。用法同“唯”。

时政事渐损，权移于下，衡因上疏陈事曰：“伏惟陛下宣哲克明，继体承天，中遭倾覆，龙德泥蟠①。今乘云高跻，磐桓天位，诚所谓将隆大位，必先倥偬之也。亲履艰难者知下情，备经险易者达物伪。故能一贯万机，靡所疑惑，百揆允当，庶绩咸熙。宜获福祉神祇，受誉黎庶。而阴阳未和，灾眚屡见，神明幽远，冥鉴在兹。福仁祸淫，景响而应，因德降休，乘失致咎，天道虽远，吉凶可见，近世郑、蔡、江、樊、周广、王圣，皆为效矣。故恭俭畏忌，必蒙祉祚；奢淫谄慢，鲜不夷戮。前事不忘，后事之师也。夫情胜其性，流遁忘反，岂唯不肖，中才皆然。苟非大贤，不能见得思义，故积恶成衅，罪不可解也。问使能瞻前顾后，援镜自戒，则何陷于凶患乎！贵宠之臣，众所属仰，其有愆尤，上下知之。褒美讥恶，有心皆同，故怨讟溢乎四海，神明降其祸辟也。顷年雨常不足，思求所失，则《洪范》所谓'僭恒阳若'者也②。惧群臣奢侈，昏逾典式，自下逼上，用速咎征。又前年京师地震土裂，裂者威分，震者人扰也。君以静唱，臣以动和，威自上出，不趣于下，礼之政也。窃惧圣思厌倦，制不专己，恩不忍割，与众共威。威不可分，德不可共。《洪范》曰：'臣有作威、作福、玉食，害于而家，凶于而国。'天鉴孔明，虽疏不失，灾异示人，前后数矣，而未见所革，以复往悔。自非圣人，不能无过。愿陛下思惟所以稽古率旧，勿令刑德八柄不由天子③。若恩从上下，事依礼制，礼制修则奢僭息，事合宜则无凶咎。然后神望允塞④，灾消不至矣。"

【注释】

①"中遭倾覆"二句：指顺帝为太子时，被废为济阴王之事。②《洪范》：是《尚书》中的一篇。③ 八柄：据《周礼》说，即爵、禄、予、置、生、夺、废、诛八种权柄。④ 塞：实。

初，光武善谶①，及显宗、肃宗，因祖述焉。自中兴以后，儒者争学图纬，兼复附以訞言。衡以图纬虚妄，非圣人之法，乃上疏曰："臣闻圣人明审律历以定吉凶，重之以卜筮，杂之以九宫②，经天验道，本尽于此。或观星辰逆顺，寒燠所由，或察龟策之占，巫觋之言③，其所因者，非一术也。立言于前，有征于后，故智者贵焉，谓之谶书。谶书始出，盖知之者寡。自汉取秦，用兵力战，功成业遂，可谓大事。当此之时，莫或称谶。若夏侯胜、眭孟之徒④，以道术立名，其所述著，无谶一言。刘向父子领校秘书，阅定九流，亦无谶录。成、哀之后，乃始闻之。《尚书》尧使鲧理洪水，九载绩用不成，鲧则殛死，禹乃嗣兴。而《春秋谶》云'共工理水'。凡谶皆云黄帝伐蚩尤，而《诗谶》独以为'蚩尤败，然后尧受命'。《春秋元命包》中有公输班与墨翟，事见战国，非春秋时也。又言'别有益州'。益州之置，在于汉世⑤。其名三辅诸陵，世数可知。至于图中讫于成帝。一卷之书，互异数事，圣人之言，势无若是，殆必虚伪之徒，以要世取资，往者侍中贾逵摘谶互异三十余事，诸言谶者皆不能说。至于王莽篡位，汉世大祸，八十篇何为不戒？则知图谶成于哀平之际也。且《河洛》、《六艺》⑥，篇录已定，后人皮傅，无所容篡。永元中，清河宋景遂以历纪推言水灾，而伪称洞视玉版⑦。或者至于弃家业、入山林。后皆无效，而复采前世成事，以为证验。至于永建复统，则不能知。此皆欺世罔俗，以昧势位，情伪较然，莫之纠禁。且律历、卦候、九宫、风角⑧，数有征效，世莫肯学，而竞称不占之书。譬犹画工恶图犬马而好作鬼魅，诚以实事难形，而虚伪不穷也。宜收藏图谶，一禁绝之，则朱紫无所眩⑨，典籍无瑕玷矣⑩。”

【注释】

① 谶：又称谶纬，是汉代流行的作为吉凶的符验和征兆的隐语、预言。② 九宫：指中央宫和八卦八宫。③ 觋(xí)：男巫。④ 夏侯胜、眭(suī)孟：都是西汉今文经学家，讲阴阳灾异。⑤ 益州：据《汉书》载武帝始置益州。⑥《河洛》：四十五篇。《六艺》：三十六篇。⑦ 玉版：据王子年《拾遗记》说神人拿玉简给禹，使度量天地，禹用此简平定水土。这是一种伪造。⑧ 风角：古代用五音占候的方法之一。如宫风像空中牛吼；商风像离群鸟声；角风像千人言语；徵风像奔马的声音；羽风像打湿鼓的声音。⑨ 朱紫：古以朱为正色，紫为间色，这里指正、邪。⑩ 瑕玷：都是玉石上的疵点。

后迁侍中，帝引在帷幄，讽议左右。尝问衡天下所疾恶者。宦官惧其毁己，皆共目之，衡乃诡对而出。阉竖恐终为其患，遂共谗之。

衡常思图身之事，以为吉凶倚伏，幽微难明，乃作《思玄赋》①，以宣寄情志。……

永和初，出为河间相②。时国王骄奢，不遵典宪；又多豪右，共为不轨。衡下车，治威严，整法度，阴知奸党名姓，一时收禽，上下肃然，称为政理。视事三年，上书乞骸骨，征拜尚书。年六十二，永和四年卒。

著《周官训诂》，崔瑗以为不能有异于诸儒也③。又欲继孔子《易》说《彖》、《象》残缺者，竟不能就。所著诗、赋、铭、七言、《灵宪》、《应间》、《七辩》、《巡诰》、《悬图》凡三十二篇。

【注释】

①《思玄赋》：该赋表现了张衡想远游避世而又不能的矛盾心情。② 河间：当时为河间王刘政的封地，故治在今河北献县东。③ 崔瑗（77—142 年）：字子玉，张衡的朋友。

永初中，谒者仆射刘珍、校书郎刘騊駼等著作东观，撰集《汉记》，因定汉家礼仪，上言请衡参论其事，会并卒，而衡常叹息，欲终成之。及为侍中，上疏请得专事东观，收捡遗文，毕力补缀。又条上司马迁、班固所叙与典籍不合者十余事。又以为王莽本传但应载篡事而已，至于编年月，纪灾祥，宜为《元后本纪》。又更始居位，人无异望，光武初为其将，然后即真，宜以更始之号建于光武之初。书数上，竟不听。及后之著述，多不详典，时人追恨之。

论曰：崔瑗之称平子曰“数术穷天地，制作侔造化”。斯致可得而言欤！推其围范两仪①，天地无所蕴其灵；运情机物，有生不能参其智。故知思引渊微，人之上术。《记》曰：“德成而上，艺成而下。”量斯思也，岂夫艺而已哉？何德之损乎！

【注释】

① 两仪：天与地。

【翻译】

张衡字平子，南阳郡西鄂县人。世代为有名望的大族。祖父张堪，做过蜀郡太守。张衡青少年时代擅长写文章，他曾游历三辅，因而来到京都，在太学访学，于是通晓了《五经》，贯通了六艺。虽然才能高于世人，但他没有骄傲自负的意思。总是从容恬静，不喜欢结交庸俗之人。和帝永元年间，被举荐为孝廉，他没有去，屡次被三公的府署征召，都未就职。当时国家长期和平安定，自王侯以下没有不越制奢侈的。张衡便模仿班固的《两都赋》，写作了《西京赋》、《东京赋》，以此来进行讽谏。经过精密构思，排比组合，花了十年时间才写成。因字数太多，这里就不载录了。大将军邓骘认为他的才能非同一般，多次召聘，他都没有接受。

张衡擅长机械和工艺技巧，尤其精心钻研天文、阴阳、历算方面的学问。平素特别爱好《太玄经》，他曾对崔瑗说："我研读《太玄经》，才知道扬雄极尽了天道术数之妙，价值竟可与《五经》相比拟，并非只是传记之类，使人难以探讨有关阴阳的问题，这是汉家取得天下二百年后才产生的著作。从扬雄写《太玄》到现在又二百年了，《太玄经》的学问会过时吗？之所以作者的命运必然显于一世，这是由于永恒规律的符验，因此，汉家天下四百年时，玄学定要兴起。"安帝素来听说张衡擅长术数的学问，派公车特例征召他，授予郎中官职，又升任太史令。于是他就研究阴阳，精妙地掌握了天文历法的制订方法，创制了浑天仪，写出了《灵宪》、《算罔论》二部著作，道理阐述得十分详明。

汉顺帝初年，两次转任之后，他又当上了太史令。张衡不羡慕掌权做官，所任职务往往是多年不升迁。从太史令任上调离后五年，他又重任太史令，便以答客问的方式，作了《应间》一文，以表达自己的志向。……

阳嘉元年，张衡又创制了候风地动仪。它用精铜铸造而成，直径八尺，顶盖突起，形状像酒尊，用篆文以及山龟鸟兽的图形装饰着。中间有根中心柱，旁边伸出八条横杆，设置枢纽发动机件。仪器外部有八条龙，龙嘴里各衔一颗铜丸，下面与龙首相对的地方各有一只蛤蟆，张着嘴巴仰承龙首。那些枢纽机件制作得很巧妙，都隐藏在尊腹中，顶盖周密无一丝缝隙。如果发生地震，铜尊中的机件就使龙振动，机关发动，龙嘴里吐出铜丸，由蛤蟆嘴接住，振动的声音清亮，值班的人凭着响声就能察觉地震的发生。只有一条龙发动了机关，而其他七条龙的龙首不动；察看机关发动铜丸下落的方向，就知道地震发生在何方。拿事实来检验，完全准确，灵验如神。自从有文献典籍记载以来，没有过这样的事情。曾经有一次一条龙的机关发动了，但人们没有感觉到地面震动，京城中的学者，都怪地动仪没有征验。过了几天，驿使前来报告，果然在陇西发生了地震，于是大家都叹服这个仪器的妙处。从此以后，朝廷就命史官根据它来记录地震发生的方向。

当时政治日益衰败，权柄旁落，张衡因此上疏皇帝，陈述政事说："伏念陛下通达明智，继承皇位，承受天命，中途遭到倾覆,如龙陷入泥潭,未能升天。现在凌云登高,徘徊天位,真是所谓将升大位,必先受困顿的磨难啊!亲自经历过艰难的人了解下情,备受危难的人,洞悉事情的真伪。所以能用一种道理贯穿于纷繁的政事之中,没有什么疑惑的事;各种处置平允适当,各种业绩都很完美。本应该获得天地的福禄,受到百姓的称誉。可现在却阴阳不和,灾祸多次出现。神明固然幽远,但暗示的鉴戒就在眼前。仁而致福,淫乱成祸,就像影与形,回响和声音一样相随而至。因有德而降美善,借有错而致灾祸,天道虽然遥远,吉凶仍可显见。近世郑众、蔡伦、江京、樊丰、周广和王圣的事迹,都是证明。因而为人恭谨节俭、敬畏戒忌,一定蒙受福禄;为人奢侈淫逸,谄谀傲慢,很少有不被杀戮的。前事不忘,后事之师。大凡情欲胜过了天性,就会陷于荒淫而不知回头,岂只是不肖之人如此,中等才能的人也都是这样。如果不是杰出的贤能之人,就不能够见到所得的而考虑到道义,所以积恶成祸,罪责难消。假如能瞻前顾后,引前事为镜而自戒,那怎么能陷于祸患中呢?贵宠的大臣,大家都瞩目仰视他们,如有过失,上下就都知道了。褒扬美好,讥讽丑恶,在人们的心里都一样,因而一有怨言就会到处流传,神明则降下灾难与刑罚。近年雨水经常不足,寻思所犯的过失,就是《洪范》所谓的'君王的行为超越本分,就会出现久旱不雨'的例子。我担心群臣奢侈,昏乱地超越法度,由下逼上,因而招致祸殃的征兆。另外,前年京都发生地震,土地崩裂,崩裂是由于权力分散于群臣,震动是由于人心被扰乱。君主以静来感召,臣下以行动来应和。威权出自君主,不能下移旁落,这是按照礼的准则建立的政体。我怕圣上的心绪有所厌倦，制度政令不能由自己专擅，恩惠不忍割舍，与大家共享权威。君威不能分散，君德不可共享。《洪范》说：'臣下独占威权、福禄和美食，就会对于你的国家带来危害和凶丧。'上天的鉴察非常分明，虽然疏略但无缺漏；用灾异告示人间，前后已有好多次了，但没有见到皇上有所改变，来表示对过去的追悔。不是圣人，就不会没有过错，但愿陛下稽考古事、遵循旧制，不要让赏罚的八种权柄由别人来掌握。如能根据上下的行事赐以恩惠，依靠礼制办事，那么礼制修备了，奢侈僭伪的事就会停止，办事合乎情理，就会使凶祸消失。然后神明的愿望成为现实，灾祸消弭不会再降临了。"

当初，汉光武帝刘秀喜好谶纬，到了明帝、章帝相继效法继承。自从东汉建立以后，儒生争相学习图谶纬书，又与蛊惑人心的邪说相附会。张衡认为图谶纬书虚假荒谬，不是圣人的规范准则，就上疏给皇帝说："我听说圣人明确审察推算阴阳历法，用来确定吉凶，再加上采用卜筮占验，混杂以九宫推算。测度天命，检验事理，所依据的都在这里。有人观察星辰运行的逆顺，寒冷湿暖的变化原因，有人察看龟策占卜，男女巫人的言论，他们所依据的，不只是一种方法。他们预言在前，符验在后，所以聪明有识之人认为这些记载可贵，把它们称作谶书。谶书开始出现时，大概知道的人极少。自从汉王朝取代秦朝，使用军队奋力攻战，功成业就，可以说是件大事情，在那个时候，并没有人用谶纬来预言。像夏侯胜、眭孟之类，以道术建立声名，可他们的著述，却没有一句谶语。刘向父子领衔校勘中秘藏书，汇集写定诸子百家著作，也没有谶纬载录。成帝和哀帝之后，才开始听说谶纬之学。《尚书》中说尧派鲧治理洪水，经过九年，功业效用未达到，鲧被处死，大禹便继承并完成了鲧的事业。可是《春秋谶》说‘共工治理洪水’。凡是谶纬都说黄帝征伐蚩尤，但是《诗谶》认为蚩尤失败，然后尧受命即位。《春秋元命包》中有公输班和墨翟，他们的事见于战国，不是春秋时代的。此谶书又说：‘另有益州。’可是益州的设置实际在汉代。书中有关三辅的各个陵墓的记载，世系可以知道，而在此书图中，仅到汉成帝为止。只有一卷的书，互相歧异的有好几件事情，圣人的言论，肯定不会像这个样子的，大概是虚妄作伪的人，用这些取得世人的信任而骗取钱财。以前侍中贾逵摘出谶书中互相歧异的三十多件事，每个讲说谶纬的人都不能解答。至于像王莽篡位这样的事，是汉王朝的大祸患，《河洛》、《六艺》八十篇中为什么不提出警戒呢？由此就可以知道图谶形成于哀帝、平帝时期。况且《河洛》、《六艺》，篇目已经确定，后人以肤浅的见解来附会，是无法增减篡改的。永元年间，清河人宋景，竟拿历纪预言水灾，而假称洞察了玉版。有些信以为真的人，甚至抛弃家业，逃入山林，后来却没有效验。于是又采录了前代已发生的事情，来说明谶纬的灵验了。至于顺帝废而复立得以继位，就不能知道了。这都是欺骗世人，罔害民俗，用来蒙蔽有权势有地位的人的事情，真伪很明显，却没有人举报禁止它。再说律历、卦候、九宫、风角的占卜，符合数术又有征验，世人却不肯学习，反而竞相称扬这些不可信的纬书。这正像画工不喜欢画犬马，而喜欢画鬼魅一样，确实是因为实际存在的事物难以描绘他们的样子，而虚幻的东西不容易被人穷究啊。现在应该收缴封藏图谶，把它们全部禁绝，那么正邪不会混淆，典籍图书不会再有污点了。”

后来张衡升任侍中，顺帝将他引进宫廷，在身边劝谏和议事。顺帝曾经问张衡天下人所痛恨的是什么人。宦官们惧怕张衡讲他们的坏话，都瞪眼注视着他，于是张衡敷衍回答之后便退了出来。宦官们害怕他最终还将成为自己的祸害，于是一起说他的坏话。

张衡经常考虑自己的未来，认为祸福相因，幽微深妙，难以弄明白。就作了《思玄赋》来抒发和寄托自己的感情志趣。……

汉顺帝永和初年，张衡离开京城，担任河间王的相。当时河间王骄横奢侈，不遵守典章法度，再加上很多豪门大族，一起干着违法犯禁的坏事。他一上任，就树立起典章制度的威严，整顿法律禁令，暗中摸清邪僻奸恶的那一类人的姓名，同时捉拿归案，地方上下都肃然起敬，齐声称赞政事走上了轨道。在职三年，张衡上书皇帝请求退休还乡。征召拜授尚书职务。永和四年，张衡六十二岁，去世。

张衡著的《周官训诂》，崔瑗认为不能区别于其他儒生的说解。他又曾打算补充孔子研究《易经》所作的《彖》、《象》的残缺部分，但最终没有能够完成。他写作的诗、赋、铭、七言诗、《灵宪》、《应间》、《七辩》、《巡诰》、《悬图》等共三十二篇。

安帝永初年间，谒者仆射刘珍、校书郎刘騊駼等人在东观著述，撰集《汉记》，并顺便确定汉家礼仪，就向皇帝请求让张衡参加讨论此事。恰巧这二人一起去世了，为此，张衡常常叹惜，打算把它最后完成。到做了侍中时，他上疏请求专门在东观办事，收捡遗文，尽量补缀。又条列奏上司马迁、班固二书所记述的与典籍不相符合的十多件史事。并认为王莽本传只应载篡位的事情而已，至于编年记事和载录灾异的内容，应该作为《元后本纪》。又更始帝刘玄即位，当时人们没有寄期望于他人，光武帝最初是更始的部将，后来才即位为帝，应该将更始的年号列在光武之前。他为此几次上书，最终未被采纳。等到后来的著述，大多不详备不符合典章，当时的人们都为当初张衡的主张未能实现感到遗憾。

史官评论说：崔瑗称赞张衡："数术上的造诣能穷究天地的奥妙，制作上的技巧与自然造化同工。"这种境界可以用来评价张衡吧！推究他比着天地制造出的浑天仪，竟使得天地难以隐藏自己的奥秘。他在研制地动仪时用了他的巧思，活着的人不能有所改进而加入自己的智慧。因此可知他的智慧思维已经进入到事物的深邃奥妙之处，是人类最好的技术。《礼记》说："以德行成就居上位，以技艺成就居下位。"衡量张衡这样的才智思维，难道只是技艺而已？这样的技艺对德行有什么减损呢！

陈 蕃 传

陈蕃(？—168)，桓帝时任太尉，灵帝初年任太傅。

东汉中后期，政治日趋黑暗，宦官外戚争权夺利，交替把持朝政，政治陷入一片混乱中。到桓帝时，形成了宦官专权的局面，由此引起了一部分在朝官吏和在野知识分子的强烈不满，并且展开了水火不容的斗争。陈蕃作为一个崇尚气节、标榜德操的政治领袖，团结了李膺等士大夫官僚和太学士郭泰、贾彪等一大批人，猛烈抨击宦官专权，褒贬人物，批评朝政，打击宦官及其党羽的贪赃枉法行为。在党锢之祸中，不惜性命，直言犯谏，据理力争，保护正直廉洁的士大夫，为把日暮途穷的东汉政权从宦官手中拯救出来，作了艰苦卓绝的努力。在同大将军窦武合谋诛灭宦官的事情泄露之后，他以七十多岁的高龄率领八十多名属官和学生冲进宫内援救窦武，失败被执，不屈而死。因此在封建时代陈蕃是正直的士大夫仰慕的人物。

陈蕃字仲举，汝南平舆人也①。祖河东太守。蕃年十五，尝闲处一室，而庭宇芜秽。父友同郡薛勤来候之，谓蕃曰："孺子何不洒扫以待宾客？"蕃曰："大丈夫处世，当扫除天下，安事一室乎？"勤知其有清世志，甚奇之。

初仕郡，举孝廉，除郎中。遭母忧，弃官行丧。服阕[②]，刺史周景辟别驾从事，以谏争不合，投传而去[③]。后公府辟举方正，皆不就。太尉李固表荐，征拜议郎，再迁为乐安太守。时李膺为青州刺史，名有威政，属城闻风，皆自引去，蕃独以清绩留。郡人周璆，高洁之士。前后郡守招命莫肯至，唯蕃能致焉。字而不名，特为置一榻，去则悬之。……大将军梁冀威震天下，时遣书诣蕃，有所请托，不得通，使者诈求谒，蕃怒，笞杀之。坐左转修武令。稍迁，拜尚书。

时零陵、桂阳山贼为害，公卿议遣讨之，又诏下州郡，一切皆得举孝廉、茂才。蕃上疏驳之曰："昔高祖创业，万邦息肩，抚养百姓，同之赤子。今二郡之民，亦陛下赤子也。致令赤子为害，岂非所在贪虐，使其然乎？宜严敕三府，隐核牧守令长，其有在政失和，侵暴百姓者，即便举奏，更选清贤奉公之人，能班宣法令情在爱惠者，可不劳王师，而群贼弭息矣。又三署郎吏二千余人，三府掾属过限未除，但当择善而授之，简恶而去之。岂烦'一切'之诏，以长请属之路乎！"以此忤左右，故出为豫章太守。性方峻，不接宾客，士民亦畏其高。征为尚书令，送者不出郭门。

【注释】

① 平舆：县名，治所在今河南平舆西北。② 服阕：守

制三年期到，脱去丧服。③ 投传（zhuàn）：投，弃。传，符信。投弃符信，即弃职。

迁大鸿胪。会白马令李云抗疏谏，桓帝怒，当伏重诛。蕃上书救云，坐免归田里。

复征拜议郎，数日迁光禄勋。时封赏逾制，内宠猥盛，蕃乃上疏谏曰："……高祖之约，非功臣不侯。而闻追录河南尹邓万世父遵之微功，更爵尚书令黄俊先人之绝封[①]，近习以非义授邑[②]，左右以无功传赏，授位不料其任，裂土莫纪其功，至乃一门之内，侯者数人，故纬象失度，阴阳谬序，稼用不成，民用不康。臣知封事已行，言之无及，诚欲陛下从是而止。又比年收敛，十伤五六，万人饥寒，不聊生活，而采女数千，食肉衣绮，脂油粉黛，不可赀计。鄙谚言'盗不过五女门'，以女贫家也。今后宫之女，岂不贫国乎！……陛下宜采求失得，择从忠善。尺一选举[③]，委尚书三公，使褒责诛赏，各有所归，岂不幸甚！"帝颇纳其言，为出宫女五百余人，但赐俊爵关内侯，而万世南乡侯。

【注释】

① 绝封：已经中断、后代不再享用的封号。② 近习：指皇帝的宦官。③ 尺一：指诏书。古代诏版，长一尺一寸。

延熹六年，车驾幸广成校猎[①]，蕃上疏谏曰："臣闻人君有事于苑囿，唯仲秋西郊。顺时讲武，杀禽助祭，以敦孝敬。如或违此，则为肆纵。……况当今之世，有‘三空’之厄哉！田野空，朝廷空，仓库空，是谓‘三空’。加兵戎未戢，四方离散，是陛下焦心毁颜，坐以待旦之时也。岂宜扬旗耀武，骋心舆马之观乎！又秋前多雨，民始种麦。今失其劝种之时，而令给驱禽除路之役，非贤圣恤民之意也。……”书奏不纳。

自蕃为光禄勋，与五官中郎将黄琬共典选举，不偏权富，而为势家郎所谮诉，坐免归。顷之，征为尚书仆射，转太中大夫。八年，代杨秉为太尉。……

【注释】

① 校(jiào)猎：用木栅栏阻拦野兽，然后猎取。

中常侍苏康、管霸等复被任用，遂排陷忠良，共相阿媚。大司农刘祐、廷尉冯绲、河南尹李膺，皆以忤旨，为之抵罪。蕃因朝会，固理膺等，请加原宥，升之爵任。言及反覆，诚辞恳切。帝不听，因流涕而起。时小黄门赵津、南阳大猾张氾等，奉事中官，乘势犯法，二郡太守刘瓆、成瑨考案其罪，虽经赦令，而并竟考杀之。宦官怨恚，有司承旨，遂奏瓆、瑨罪当弃市。又山阳太守翟超，没入中常侍侯览财产，东海相黄浮诛杀下邳令徐宣，超、浮并坐髡钳，输作左校。蕃与司徒刘矩、司空刘茂共谏请瓆、瑨、超、浮等，帝不悦。有司劾奏之，矩、茂不敢复言。蕃乃独上疏曰：“……今寇贼在外，四支之疾；内政不理，心腹之患。臣寝不能寐，食不能饱，实忧左右日亲，忠言以疏，内患渐积，外难方深。……前梁氏五侯，毒遍海内，天启圣意，收而戮之，天下之议，冀当小平。明鉴未远，覆车如昨，而近习之权，复相扇结。小黄门赵津、大猾张氾等，肆行贪虐，奸媚左右，前太原太守刘瓆、南阳太守成瑨，纠而戮之。虽言赦后不当诛杀，原其诚心，在乎去恶。至于陛下，有何悁悁？……又前山阳太守翟超、东海相黄浮，奉公不桡，疾恶如仇，超没侯览财物，浮诛徐宣之罪，并蒙刑坐，不逢赦恕。览之纵横，没财已幸；宣犯衅过，死有余辜。昔丞相申屠嘉召责邓通，洛阳令董宣折辱公主，而文帝从而请之，光武加以重赏，未闻二臣有专命之诛。而今左右群竖，恶伤党类，妄相交构，致此刑谴。闻臣是言，当复啼诉。陛下深宜割塞近习豫政之源，引纳尚书朝省之事，公卿大官，五日一朝，简练清高，斥黜佞邪。如是天和于上，地洽于下，休祯符瑞，岂远乎哉！陛下虽厌毒臣言，凡人主有自勉强，敢以死陈。”帝得奏愈怒，竟无所纳。朝廷众庶莫不怨之。宦官由此疾蕃弥甚，选举奏议，辄以中诏谴却，长史以下多至抵罪。犹以蕃名臣，不敢加害。……

九年，李膺等以党事下狱考实，蕃因上疏极谏曰：“臣闻贤明之君，委心辅佐；亡国之主，讳闻直辞。……伏见前司隶校尉李膺、太仆杜密、太尉掾范滂等，正身无玷，死心社稷。以忠忤旨，横加考案，或禁锢闭隔，或死徙非所。杜塞天下之口，聋盲一世之人，与秦焚书坑儒，何以为异？昔武王克殷，表闾封墓，今陛下临政，先诛忠贤。遇善何薄？待恶何优？……人君者，摄天地之政，秉四海之维，举动不可以违圣法，进退不可以离道规。谬言出口，则乱及八方，何况髡无罪于狱，杀无辜于市乎！……又青、徐炎旱，五谷损伤，民物流迁，茹菽不足。而宫女积于房掖，国用尽于罗纨，外戚私门，贪财受赂，所谓'禄去公室，政在大夫'……天之于汉，悢悢无已①，故殷勤示变，以悟陛下。除妖去孽，实在修德。臣位列台司，忧责深重，不敢尸禄惜生，坐观成败。如蒙采录，使身首分裂，异门而出，所不恨也。"帝讳其言切，托以蕃辟召非其人，遂策免之。

【注释】

① 悢悢（liàng）：眷恋。

永康元年，帝崩，窦后临朝，诏曰："夫民生树君，使司牧之，必须良佐，以固王业。前太尉陈蕃，忠清直亮。其以蕃为太傅，录尚书事。"时新遭大丧，国嗣未立，诸尚书畏惧权官，托病不朝。蕃以书责之曰："古人立节，事亡如存，今帝祚未立，政事日蹙，诸君奈何委荼蓼之苦①，息偃在床？于义不足，焉得仁乎！"诸尚书惶怖，皆起视事。

灵帝即位，窦太后复优诏蕃……"今封蕃高阳乡侯，食邑三百户。"蕃上疏让……章前后十上，竟不受封。初，桓帝欲立所幸田贵人为皇后。蕃以田氏卑微，窦族良家，争之甚固。帝不得已，乃立窦后。及后临朝，故委用于蕃。蕃与后父大将军窦武，同心尽力，征用名贤，共参政事，天下之士，莫不延颈想望太平。而帝乳母赵娆，旦夕在太后侧，中常侍曹节、王甫等与共交构，谄事太后。太后信之，数出诏命，有所封拜，及其支类，多行贪虐。蕃常疾之，志诛中官，会窦武亦有谋。蕃自以既从人望而德于太后，必谓其志可申，乃先上疏曰："臣闻言不直而行不正，则为欺乎天而负乎人。危言极意，则群凶侧目，祸不旋踵。钧此二者，臣宁得祸，不敢欺天也。今京师嚣嚣，道路喧哗，言侯览、曹节、公乘昕、王甫、郑飒等与赵夫人诸女尚书并乱天下。附从者升进，忤逆者中伤。方今一朝群臣，如河中木耳，泛泛东西，耽禄畏害。陛下前始摄位，顺天行诛，苏康、管霸并伏其辜。是时天地清明，人鬼欢喜，奈何数月复纵左右？元恶大奸，莫此之甚。今不急诛，必生变乱，倾危社稷，其祸难量。愿出臣章宣示左右，并令天下诸奸知臣疾之。"太后不纳。朝廷闻者，莫不震恐。

【注释】

① 荼：苦菜。蓼（liǎo）：辛辣的野菜。"荼蓼"在这里指艰难。

蕃因与窦武谋之，语在《武传》。及事泄，曹节等矫诏诛武等。蕃时年七十余，闻难作，将官属诸生八十余人，并拔刃突入承明门，攘臂呼曰："大将军忠以卫国，黄门反逆，何云窦氏不道邪？"王甫时出，与蕃相迕，适闻其言，而让蕃曰："先帝新弃天下，山陵未成，窦武何功，兄弟父子，一门三侯？又多取掖庭宫人，作乐饮讌，旬月之间，赀财亿计。大臣若此，是为道邪？公为栋梁，枉桡阿党，复焉求贼！"遂令收蕃。蕃拔剑叱甫，甫兵不敢近，乃益人围之数十重，遂执蕃送黄门北寺狱。黄门从官驺蹋踧蕃曰[①]："死老魅！复能损我曹员数，夺我曹禀假不[②]？"即日害之。徙其家属于比景，宗族、门生、故吏皆斥免禁锢。蕃友人陈留朱震，时为铚令，闻而弃官哭之，收葬蕃尸，匿其子逸于甘陵界中。事觉系狱，合门桎梏。震受考掠，誓死不言，故逸得免。后黄巾贼起，大赦党人，乃追还逸，官至鲁相。震字伯厚，初为州从事，奏济阴太守单匡臧罪，并连匡兄中常侍车骑将军超，桓帝收匡下廷尉以谴超，超诣狱谢。三府谚曰："车如鸡栖马如狗，疾恶如风朱伯厚。"

论曰：桓、灵之世，若陈蕃之徒，咸能树立风声，抗论惛俗。而驱驰险阨之中，与刑人腐夫同朝争衡[③]，终取灭亡之祸者，彼非不能洁情志，违埃雾也[④]，愍夫世士以离俗为高，而人伦莫相恤也。以遁世为非义，故屡退而不去；以仁心为己任，虽道远而弥厉。及遭际会，协策窦武，自谓万世一遇也。懔懔乎伊、望之业矣！功虽不终，然其信义足以携持民心。汉世乱而不亡，百余年间，数公之力也。

【注释】

① 驺(zōu):骑士,侍从。② 禀假:俸禄和借贷,这里指宦官们的非法收入。③ 刑人腐夫:指宦官。④ 埃雾:指现实社会。

【翻译】

陈蕃,字仲举,汝南郡平舆县人。祖父做过河东太守。陈蕃十五岁时,悠闲地独住一间房屋,但庭院脏乱不堪。有一天,父亲的朋友同郡人薛勤来看他们,对陈蕃说:"小孩子家为什么不打扫庭院招待客人呢?"陈蕃说:"大丈夫处世,应当清扫天下,哪能清扫一室啊!"薛勤知道他有澄清天下的志向,认为他很不寻常。

开始时陈蕃在郡上做官,被推荐为孝廉,任命为郎中。遇上母亲去世,按例离官服丧守制。守丧期满后,刺史周景征辟他为别驾从事。因谏争引起意见不合,陈蕃弃官离去。以后三公府署推举他为方正,他都不接受。太尉李固上表推荐,征召他担任议郎,又迁官为乐安太守。当时李膺正作青州刺史,以执政威严著名,下属郡县的官员听说李膺威严,都自行离官而去,唯独陈蕃因廉洁清明的治绩被留任。同郡人周璆,是位品德高尚的人,历任郡守招请他去,他都不肯去,只有陈蕃能延请他来。陈蕃只尊称他的字,而不直呼其名,还特意为他专设一个床榻,他离开后,就把榻悬挂起来。……大将军梁冀威势赫赫,名震天下,派人送信给陈蕃,托他办事,陈蕃拒绝会见使者。信使用欺骗的办法得以拜见,陈蕃非常恼怒,把信使鞭打死了,因此被降职为修武县令。以后渐渐提升，拜为尚书。

当时零陵、桂阳山地的盗贼，为害地方，公卿们商议派兵围剿。皇帝又给州郡长官下诏令，暂时各州郡都可以向中央推荐孝廉、茂才等人才。陈蕃上疏反驳道："从前高祖创立天下大业，海内人民如释重负，官吏抚养百姓，如同爱护自己的儿子。现在零陵、桂阳两郡的百姓，也都是您的赤子。导致赤子们为害的原因，难道不是当地官吏贪污暴虐造成的吗？应该严厉责成三府，暗中审核州牧太守县令等官，那些在位不团结、残害百姓的人，立即向朝廷揭发，另选清正贤明、廉洁奉公、能宣扬法令、爱护百姓的人去代替他们，那么可以不必烦劳大军，盗贼就自动解散平息了。又，三署中的郎官有二千多人，三府里的属官超过规定限额还未加任用，只应选择符合标准的人授予官职，挑出那些昏庸不法者去掉他们。这样，哪里还要烦劳您下暂时推举人才的诏书，来助长请托的风气呢？"陈蕃因此得罪了皇帝身边的人，所以被外放为豫章太守。陈蕃性情严峻方正，不接待宾客，士民也敬畏他的清高。征召他为尚书令，送行的人都没走出外城门。

升为大鸿胪，正遇上白马县令李云上疏直言劝谏，桓帝大为震怒，李云将要被处决。陈蕃上书救李云，因此获罪被罢免而回到家乡。

又征聘他担任议郎，几天之后，升任光禄勋。当时封爵赏赐超过既定的制度，皇宫里的宠臣外戚权势很盛，陈蕃于是上疏劝谏说："……汉高祖约法，不是功臣不得封侯。可是，听说您追记河南尹邓万世父亲邓遵的微小功劳，重新授给尚书令黄俊的先人已绝封的爵位，内侍们通过不正当的途径得到封邑，左右的宠臣无功受赏，授予官职不考虑实际能力，裂土分封不考核实际功勋，以至于一家之中，封侯的有好几个人。所以日月失度，阴阳错乱，稼禾不熟，民财不丰。我知道封赏已经进行，规劝此事已无法挽回，但衷心希望陛下就此为止。又近年征税，百姓十之五六受到伤害，万人饥寒交迫，没有生活依靠。然而皇家宫女数千，吃肉穿绮，油脂粉黛等各项开销，难以计量。俗谚说‘强盗不过五女之门’，是因为女儿多使得家境贫穷。现在后廷宫女，难道不会把国家搞穷吗？……您应该审视得失，择忠从善，下诏将选举人才这类事交给尚书、三公办理，使奖赏处罚，有主管部门，这难道不是很值得庆幸的吗！”桓帝采纳了他的不少意见，放出了五百多宫女，只赐封黄俊为关内侯，邓万世为南乡侯。

延熹六年，桓帝驾临广成苑围猎，陈蕃上疏劝谏说：“我听说帝王到苑囿狩猎，只在仲秋祭祀天地的时候。顺应时节，操演武备，射杀禽兽，有助祭祀，用来增添孝敬之情。如果违背了这些，就算是放纵无羁了。……何况现在有‘三空’的困厄呢？田野空、朝廷空、仓库空，就是所谓的‘三空’。加上用兵不止，四方百姓流离失散，这正是您伤心憔悴、夜不能寐的时候。怎么可以耀武扬威，醉心于车驰马奔的场面呢？又，初秋多雨，是百姓开始播种麦子的时节，您现在坐失鼓励百姓播种的时机，反而让他们从事驱禽赶兽、开辟道路的劳役，这不是贤明圣君体恤百姓的心啊。……”奏书递上后，桓帝没有采纳。

自从陈蕃做了光禄勋后，他同五官中郎将黄琬共同掌管官吏的选举，他们不偏袒权贵，因而被豪门子弟诬陷控告，获罪罢官回乡。不久，被征拜为尚书仆射，转调太中大夫。延熹八年，代替杨秉任太尉。……中常侍苏康、管霸等人再次被皇帝起用，他们排挤诬陷忠良大臣，彼此阿谀勾结。大司农刘祐、廷尉冯绲、河南尹李膺，都因违背皇上的意旨而受到惩罚。陈蕃借朝会之机，坚决地替李膺等人申诉，请求皇上宽免他们，提升他们的官爵。反复敦请，词意恳切。桓帝不理睬，陈蕃因此痛惜流泪，起身出朝。当时小宦官赵津、南阳大恶霸张汜等人，事奉宦官们，仗着他们的权势作恶犯法，太原、南阳二郡的太守刘瓆、成瑨审讯他们，虽有皇帝赦免他们的命令，但仍然讯问到底，处死了他们。宦官们对刘瓆、成瑨怀恨在心，有关部门秉承意旨，于是上奏皇帝刘瓆、成瑨罪当处死。又，山阳太守翟超没收了中常侍侯览的财产，东海相黄浮处决了下邳县令徐宣，翟超、黄浮都受了髡钳之刑，被押往左校服役。陈蕃和司徒刘矩、司空刘茂一起向皇帝劝谏，请求宽免刘瓆、成瑨、翟超、黄浮等人，桓帝不高兴。有关衙门弹劾他们，刘矩、刘茂不敢再说什么了。陈蕃独自一人上疏说："……现在贼寇在外猖獗，是四肢上的病痛；但内政紊乱，却是心腹的祸患。我睡觉睡不着，吃饭吃不饱，实在担心您身边的人一天比一天亲近，进献忠言者日益被疏远，内部祸患越来越严重，外部灾难正在加深。……从前梁冀一门五侯，祸害遍及天下，上天启发您圣明的思想，把他们收捕处死，天下的舆论是希望社会稍得平安。那些昭著的明显的鉴戒才过去不久，覆车的教训就像在昨天似的，可是宦官中的权势者们又相互鼓动勾结。小宦官赵津、大恶霸张汜等人任意贪污暴虐，阿谀奉迎您左右的宠臣，前太原太守刘瓆、南阳太守成瑨，收捕处决了他们。虽说在您下赦令之后不该这样做，然而推求他们的诚心在于为您除去暴虐。那么您又有什么可生气的呢？……又，前山阳太守翟超、东海相黄浮，刚正奉公，疾恶如仇，翟超没收侯览的财产，黄浮处决徐宣，两人都因此获罪受刑，得不到您的赦免宽恕。侯览为非作歹，只被没收钱财已属万幸；徐宣犯有罪过，死有余辜。从前丞相申屠嘉叫来文帝宠臣邓通加以斥责，洛阳令董宣当面斥责光武帝的姐姐湖阳公主，而文帝向申屠嘉请求免杀邓通，光武帝却重赏董宣，没有听说两位大臣因独断专行而被处罚。现在您身边的那些小臣们，恶意伤害党人，勾结起来罗织捏造罪名，导致刘瓆、成瑨专命抗旨的罪名。听到我的这些话，您的宠信们又要号哭申诉了。您应该断绝堵塞内侍宠臣们干预政事之源，接受尚书们到朝廷和尚书省办公，公卿大官每五天朝会一次，选用清正高尚的人，罢免斥退邪恶者。这样，天在上和顺，地在下润洽，美好的符瑞，难道会遥远吗？您虽厌恶憎恨我的话，但凡是做君主的，都有自强的心，所以敢冒死陈奏。”桓帝看了他的奏章后更加恼怒，竟然一点也没有采纳他的意见。朝廷上的众人没有不恨他的。宦官们因此更痛恨陈蕃，他选举出人才送上奏章，宦官们立即借皇帝的名义加以斥责退回，他属下的长史以下许多官吏多被借故治罪，但因为陈蕃是当代名臣，还不敢加害于他。……

延熹九年，李膺等人由于党人事件被关进监狱受审，陈蕃因而上书尽力劝谏：“我听说贤明的国君，信赖辅佐大臣；亡国之主，不愿听大臣的直言。……我看到前司隶校尉李膺、太仆杜密、太尉掾范滂等人刚正清白，死心塌地地为国家，因为他们的忠直违背了您的意旨，横遭拷打审讯，有的被禁锢隔绝，有的或死去或流放到不该他们去的地方。堵住天下人的嘴，将全社会的人变成聋子瞎子，这与秦朝焚书坑儒有什么区别？从前周武王灭了商朝，在商朝忠臣的家门树立标志，为他们培修坟墓。现在您执掌大政，首先杀害贤明忠诚的大臣。对待好人为何那么刻薄，对待恶人为何那么优厚？……国君，统管人世间的大政，执掌四海之内的纲纪，举止进退不能违背先圣的法度和道德规范。错话出口，就会扰乱到四面八方，何况在狱中用髡刑治那些无罪的人，在街市上处决无辜呢？……又，青州、徐州炎热干旱，五谷不收，百姓背井离乡，连粗粮都不够充饥。然而宫女充满后廷，国家财富耗尽在她们身上，外戚私门，贪财受贿。这就是孔子所谓的'国家政权离开了国君，政权掌握在大夫手中'。……上天对于汉家天下，不断地眷眷念顾，所以频频显示灾变，以使陛下醒悟。铲除妖人孽种，关键在您培养自身的道德。我居三公之位，担心自己责任重大，不敢空受俸禄，贪生保命，坐观汉朝天下失败。我的建议如蒙采纳，我即使被杀，身首异处，也不感到遗憾！"桓帝不喜欢陈蕃说话的直切，借陈蕃辟举选用的人才不适当，便罢免了他。

永康元年，桓帝去世。窦皇后执掌朝政，下诏书说："上天降生民众，为他们立君主，让他管理他们，还必须有贤良的辅佐大臣，来巩固王家大业。前太尉陈蕃，忠诚清正，为人坦荡，现在命陈蕃为太傅并管理尚书事宜。"当时刚遭国丧，还没有确立皇位继承人，各尚书害怕触怒朝中权臣，都托病不上朝办事。陈蕃写信责备他们："古人讲究节操，事奉去世君主的态度如同他还活着时一样。现在皇嗣还没有确立，政事日益紧迫，诸君为什么抛弃国家的苦难不管，在家躺着休息呢？在义这方面都很欠缺，哪谈得上仁呢？”各位尚书惶惶不安，都上朝去办公。

灵帝即皇位后，窦太后再次下诏加意表彰陈蕃……“现在封陈蕃为高阳乡侯，给食邑三百户。”陈蕃上书辞让……递上的奏章多达十次，终于没受封。起先，桓帝想立宠爱的田贵人为皇后，陈蕃认为田氏出身卑微，窦氏是良家大族，争立窦氏很坚决，桓帝不得已立窦氏为皇后。所以窦太后执掌朝政后，任用陈蕃。陈蕃和窦太后的父亲大将军窦武同心尽力，起用名流贤士，共同参与国家政治，天下人士没有人不伸长脖子盼望天下太平。然而灵帝的乳母赵娆，早晚都在窦太后身边，中常侍曹节、王甫等同她勾结，讨好太后。太后信任他们，多次下诏令，给他们封爵、任官，而他们的爪牙，大都贪婪暴虐，陈蕃常恨这帮人，决心消灭宦官，正好窦武也有同样的想法。陈蕃认为自己既顺从人们的心愿，又对太后有过功德，认定自己的计划一定能实现，于是先向太后上疏说：“我听说说话不正直，行为不端正，就会欺瞒上天，亏负世人。直言尽意，会受到那群凶恶坏蛋的仇视，马上招致大祸。掂量这两者，我宁愿选择后者得祸，而不敢欺瞒上天。现在京师中、道路上，舆论沸腾喧哗，在说侯览、曹节、王甫、公乘昕、郑飒等人同赵娆夫人等各位宫中女官一起扰乱天下，追随他们的人得到升迁，违背他们意志的人要受到惩罚。现在一朝大臣，如同河中的浮木，东西漂浮，贪图禄位，惧怕被害。您不久前开始摄政的时候，顺应天意，实行诛罚，苏康、管霸等人都被治罪伏法。当时天地清明，人、鬼都高兴。为什么才过几个月您又放纵左右侍从？元凶巨奸，没有比您身边那些人更厉害的。如果现在不马上处决他们，一定会发生变乱，危害国家，祸害难以估量。希望把我的奏章给您的侍从们看，并让天下那些为非作歹的恶棍知道，我陈蕃痛恨他们！”窦太后没有采纳，朝中凡听到的人没有不震惊的。

陈蕃于是同窦武合谋消灭宦官，内容记载在《窦武传》中。到事情泄露时，曹节等人伪造太后的命令杀了窦武等人。陈蕃当时七十多岁，听说变乱发生，率领属官和学生八十多人，一起拔刀冲进承明门，挥臂高喊：“大将军忠诚卫国，宦官造反叛乱，怎么说窦氏不守臣道呢？”王甫当时从宫里出来，同陈蕃相逢，正听到了他的话，就斥责陈蕃说：“先帝刚刚去世，陵墓还未修成，窦武有什么功劳，而兄弟父子一门三人封侯？另外，他弄走很多宫女，饮酒作乐，一月之内，搜刮财富以亿计。大臣这样，算得上是臣道吗？你是国家栋梁，却徇私枉法结成朋党，还到哪里去捉贼子？”于是命令逮捕陈蕃。陈蕃拔剑大声喝叱王甫，王甫的兵士不敢靠近他。于是增兵，把陈蕃等人围了几十层，于是捕住了陈蕃把他关进了宦官掌管的北寺狱中。宦官的随从骑士对陈蕃又踢又踩，骂陈蕃说：“老死鬼，你还能裁减我们的人员，剥夺我们的额外收入吗？”当天就杀害了他。把他的家属流放到比景，宗族、门生、旧部属都免职禁锢。陈蕃的朋友陈留人朱震当时作铚县县令，听到消息后，弃官哭祭陈蕃，收葬陈蕃的尸体。并把陈蕃的儿子陈逸藏在甘陵境内。事情被发觉后，朱震被捕入狱，全家也被关押起来。朱震受到严刑拷打，但他宁死不说出陈逸的去向，所以陈逸能够逃脱搜捕。后来黄巾发难起事，朝廷大赦党人，陈逸便被追寻回来，他后来官至鲁相。朱震字伯厚，当初作州从事的时候，上书揭发济阴太守单匡贪赃罪，而且牵涉到单匡的哥哥中常侍车骑将军单超。桓帝下令逮捕单匡，交给廷尉审理，并斥责单超，单超到监狱认罪道歉。三府有谚语说："车像鸡笼马像狗，疾恶如风朱伯厚。"

史官评论道：桓帝、灵帝时期，像陈蕃这类人都能树立好的风气名声，直言评论沉闷的现实。在艰难险阻中奔走，和宦官同朝较量高低，终于招来杀身大祸。他们不是不能洁身自守，避世隐居，是担忧世人以远离尘俗为高尚，而人伦道德却没有人去关心。他们认为逃离尘世是不义之举，所以多次被罢免但仍然不离开现实；以倡导仁德之心为己任，尽管道路漫长却更加坚定。到遇上桓帝和窦太后交替之际，为窦武出谋划策，自称这是万世一遇的机会。他们庄严地要成就伊尹、太公望那样的辅佐君王的大业！尽管事情没有成功，但他们的信义，足以引导扶持民心。汉代大乱，但没有很快灭亡，一百多年之内，靠的就是陈蕃等人的力量。

张 俭 传

张俭(115—198),仗义执言,冒死弹劾大宦官侯览及其亲属的罪行,受到太学生们的敬仰。建宁二年,党锢之祸再次发生,他离家出逃,所到之处,人们不惜身家性命,掩护隐藏他,足见当时当政者的不得人心。本篇传记是东汉末年纷繁复杂社会历史的一个缩影。

张俭字元节，山阳高平人①，赵王张耳之后也②。父成，江夏太守。俭初举茂才，以刺史非其人，谢病不起。延熹八年，太守翟超请为东部督邮。时中常侍侯览家在防东，残暴百姓，所为不轨。俭举劾览及其母罪恶，请诛之。览遏绝章表，并不得通，由是结仇。乡人朱并，素性佞邪，为俭所弃，并怀怨恚③，遂上书告俭与同郡二十四人为党，于是刊章讨捕④。俭得亡命，困迫遁走，望门投止，莫不重其名行，破家相容。后流转东莱，止李笃家。外黄令毛钦操兵到门，笃引钦谓曰："张俭知名天下，而亡非其罪。纵俭可得，宁忍执之乎？"钦因起抚笃曰："蘧伯玉耻独为君子⑤，足下如何自专仁义？"笃曰："笃虽好义，明廷今日载其半矣[6]。”钦叹息而去。笃因缘送俭出塞，以故得免。其所经历，伏重诛者以十数，宗亲并皆殄灭，郡县为之残破。

【注释】

① 高平：县名，在今山东微山县西北。② 张耳（？—前 202）：楚汉之际诸侯王。秦末起义，武臣为赵王，张耳任丞相。项羽分封诸侯王时被封为常山王。后投奔刘邦，又改立为赵王。③ 恚（huì）：恨、怒。④ 刊章：在诏令上删除告密者的名字。刊，删除。⑤ 蘧（qú）伯玉：春秋时卫国大夫。⑥ 明廷：汉代人们对县令的敬称。

中平元年，党事解，乃还乡里。大将军、三公并辟，又举敦朴，公车特征，起家拜少府，皆不就。献帝初，百姓饥荒，而俭资计差温[1]，乃倾竭财产，与邑里共之，赖其存者以百数。建安初，征为卫尉，不得已而起。俭见曹氏世德已萌，乃阖门悬车[2]，不豫政事。岁余，卒于许下。年八十四。

论曰：“昔魏齐违死，虞卿解印；季布逃亡，朱家甘罪[3]。而张俭见怒时王，颠沛假命，天下闻其风者，莫不怜其壮志，而争为之主。至乃捐城委爵，破族屠身，盖数十百所，岂不贤哉！然俭以区区一掌，而欲独堙江河，终婴疾甚之乱[4]，多见其不知量也[5]。”

【注释】

① 差温：比较宽裕。② 悬车：把车悬挂起来，表示不

再外出。③ 魏齐：战国时魏国国相。虞卿：赵国国相。季布：刘邦的仇人。朱家，季布的朋友。虞卿救魏齐，朱家藏季布，事均见《史记》。④ 疾甚之乱：语出《论语·泰伯》："人而不仁，疾之已甚，乱也。"意思是对于不仁的人，痛恨太甚，也是一种祸害。⑤ 多见其不知量也：语出《论语·子张》。

【翻译】

张俭字元节，山阳郡高平县人，赵王张耳的后代。父亲张成，曾为江夏太守。张俭最初被地方推荐为茂才，因为刺史不是与职位相称的人，称病推辞不就。延熹八年，太守翟超请他作东部督邮。当时的中常侍大宦官侯览家住在防东县，残害百姓，为非作歹。张俭弹劾侯览和他母亲的罪行，请求诛灭他们。侯览截留了张俭上递的奏章，使他的建议都不能上达到皇帝那里。二人因此结仇。同乡人朱并，品行一向邪恶奸滑，为张俭所鄙弃，朱并对他怀恨在心，于是上书控告张俭和同郡二十四人结成朋党，朝廷于是根据删除朱并姓名的告密奏章搜捕张俭等人。张俭得以逃亡，困窘得东躲西藏，四处逃命，望见人家，就去投奔歇脚，没有不敬重他的名声和品行的，都不惜破家灭族来掩护隐藏他。后来流落到东莱境内，藏在李笃家里。外黄县令毛钦率兵围住李笃家门，李笃拉着毛钦，对他说："张俭天下知名，他逃亡不是因为他真有罪，即使你可以得到张俭，难道你忍心抓他吗？"毛钦便起身拍拍李笃说："蘧伯玉以独作君子为耻，你怎么把君子之德的仁义当作自己的专有呢？"李笃说："我虽然喜欢义举，您今天也已经分走其中一半了。”毛钦叹息地离去了。李笃因此得以护送张俭出塞，张俭也因此免受逮捕。他所经过的地方，受他的牵连而被重刑处死者数以十计，他们的亲族也都被诛灭，所在郡县为此而遭残破。

中平元年，党锢解除，张俭才回到故乡。大将军、三公同时征聘他，又推荐为敦朴，朝廷派公车特别征聘，一起用就让他任少府，张俭都没有接受。献帝初年，张俭家乡闹饥荒，张俭家里的财产还比较多，于是拿出所有的财产和同乡人共同享用，靠这些财产活命的人有几百。建安初年，朝廷征聘他为卫尉，万不得已他才接受。后来张俭观察曹操已有取代汉朝的打算，于是闭门隐居，不再参预政事。一年多以后，他在许州去世，终年八十四岁。

史官评论道：“从前魏齐避死，虞卿离职同他一起逃亡；季布逃命，朱家甘冒隐匿之罪。而张俭触怒了当朝天子，颠沛流离，到处逃命，天下人听到他的消息的，都佩服他的壮志，争着做收留他的东道主。以至于弃城丢官，灭身破族的事情，大概发生了几十上百起，难道张俭还不是个贤人吗！然而张俭单凭自己的一只手掌，想独自堵塞江河，最终惹出了痛恨不仁之人过分而引起的祸乱，只是表示他不自量力罢了。”

董卓传

董卓(？—192)本是凉州豪强，自东汉中期以来，朝廷中的宦官、外戚、权臣之争连续不断，而镇压黄巾起义过程中膨胀起来的豪强势力，割据一方，同朝廷分庭抗礼，形成了危及东汉王朝的又一股政治力量。在这种局面下，董卓的势力迅速扩张，后来趁何进同宦官争衡召他入朝增援之机，以武力废立皇帝，挟持天子，控制朝廷，独揽大权。董卓残暴无道，他的统治把东汉社会引向最黑暗的时期，社会经历了一场空前的浩劫，百姓饥寒交迫，流离失所，饱尝了战争带来的灾难。董卓是中国古代邪恶凶暴势力的典型代表之一。

董卓字仲颖，陇西临洮人也①。性粗猛有谋。少尝游羌中，尽与豪帅相结。后归耕于野，诸豪帅有来从之者，卓为杀耕牛，与共宴乐。豪帅感其意，归相敛得杂畜千余头以遗之②。由是以健侠知名。为州兵马掾，常徼守塞下③。卓膂力过人，双带两鞬，左右驰射，为羌胡所畏。

桓帝末，以六郡良家子为羽林郎④，从中郎将张奂为军司马⑤，共击汉阳叛羌⑥，破之，拜郎中，赐缣九千匹。卓曰：“为者则己，有者则士。”乃悉分与吏兵，无所留。稍迁西域戊己校尉，坐事免。后为并州刺史，河东太守。

【注释】

① 临洮：县名，秦置。治所在今甘肃岷县。② 遗(wèi)：赠与。③ 徼(jiào)：巡逻。④ 六郡：指汉阳、陇西、安定、北地、上郡、西河。羽林郎：皇帝的宿卫侍从官，常以上述六郡良家子充任。⑤ 中郎将：这里指羽林中郎将，为羽林郎的统帅。⑥ 汉阳：东汉永平年间以天水郡改汉阳郡，治所在今甘肃甘谷县东。

中平元年①，拜东中郎将，持节②，代卢植击张角于下曲阳，军败抵罪。其冬，北地先零羌及枹罕、河关群盗反叛，遂共立湟中义从胡北宫伯玉、李文侯为将军，杀护羌校尉泠征。伯玉等乃劫致金城人边章、韩遂，使专任军政，共杀金城太守陈懿，攻烧州郡。明年春，将数万骑入寇三辅，侵逼园陵，托诛宦官为名。诏以卓为中郎将，副左车骑将军皇甫嵩征之。……时众军败退，唯卓全师而还，屯于扶风，封斄乡侯③，邑千户。……六年，征卓为少府，不肯就……及灵帝寝疾④，玺书拜卓为并州牧⑤，令以兵属皇甫嵩。卓复上书言曰：“臣既无老谋，又无壮事，天恩误加，掌戎十年。士卒大小相狎弥久，恋臣畜养之恩，为臣奋一旦之命。乞将之北州，效力边垂。”于是驻兵河东，以观时变。及帝崩，大将军何进、司隶校尉袁绍谋诛阉宦，而太后不许，乃私呼卓将兵入朝，以胁太后。卓得召，即时就道，并上书曰：“中常侍张让等窃倖承宠，浊乱海内。臣闻扬汤止沸，莫若去薪；溃痈虽痛，胜于内食。昔赵鞅兴晋阳之甲，以逐君侧之恶人。今臣辄鸣钟鼓如洛阳，请收让等，以清奸秽。”卓未至，而何进败，虎贲中郎将袁术乃烧南宫，欲讨宦官，而中常侍段珪等劫少帝及陈留王夜走小平津。卓远见火起，引兵急进，未明到城西，闻少帝在北芒，因往奉迎。帝见卓将兵卒至，恐怖涕泣。卓与言，不能辞对；与陈留王语，遂及祸乱之事。卓以王为贤，且为董太后所养，卓自以与太后同族，有废立意。

【注释】

① 中平：汉灵帝年号之一，元年，当公元 189 年。② 持节：负有朝廷使命出行，持符节作为凭信。③ 斄（tái）乡：在今陕西扶风县东南。④ 寝疾：卧病不起，即病重。⑤ 玺书：用皇帝玺印加封的公文。

初，卓之入也，步骑不过三千，自嫌兵少，恐不为远近所服。率四五日辄夜潜出军近营，明旦乃大陈旌鼓而还，以为西兵复至，洛中无知者。寻而何进及弟苗先所领部曲皆归于卓，卓又使吕布杀执金吾丁原而并其众。卓兵士大盛。乃讽朝廷策免司空刘弘而自代之。……遂胁太后策废少帝。曰：“皇帝在丧，无人子之心，威仪不类人君，今废为弘农王。”乃立陈留王，是为献帝。又议太后蹴迫永乐太后①，至令忧死，逆妇姑之礼，无孝顺之节，迁于永安宫，遂以弑崩。

卓迁太尉，领前将军事，加节传、斧钺、虎贲②，更封郿侯。卓乃与司徒黄琬、司空杨彪俱带铁锧诣阙上书③，追理陈蕃、窦武及诸党人，以从人望。于是悉复蕃等爵位，擢用子孙。寻进卓为相国，入朝不趋，剑履上殿，封母为池阳君，置令丞。是时洛中贵戚室第相望，金帛财产，家家殷积。卓放纵兵士，突其庐舍，淫略妇女，剽虏资物，谓之“搜牢”。人情崩恐，不保朝夕。及何后葬，开文陵④，卓悉取藏中珍物。又奸乱公主，妻略宫人，虐刑滥罚，睚眦必死⑤，群僚内外莫能自固。卓尝遣军至阳城，时人会于社下，悉令就斩之，驾其车重，载其妇女，以头系于车辕，歌呼而还。又坏五铢钱，更铸小钱，悉取洛阳及长安铜人、钟虡、飞廉、铜马之属⑥，以充铸焉。故货贱物贵⑦，谷石数万。又钱无轮郭文章，不便人用。……卓素闻天下同疾阉官诛杀忠良，及其在事，虽行无道，而犹忍性矫情，擢用群士。乃任吏部尚书汉阳周珌、侍中汝南伍琼、尚书郑公业、长史何颙等。以处士荀爽为司空，其染党锢者陈纪、韩融之徒，皆为列卿。幽滞之士，多所显拔。以尚书韩馥为冀州刺史，侍中刘岱为兖州刺史，陈留孔伷为豫州刺史，颍川张咨为南阳太守。卓所亲爱，并不处显职，但将校而已。

【注释】

① 蹴（cù）：同“蹙”，这里有逼的意思。② 加：指加礼，

比常礼优厚的待遇。节传(zhuàn):身份凭证。节,玺节印章。传,符信。③ 铁锧:铁是铡刀,一说是斧,锧是木椹,为腰斩刑具的两部件。"带铁锧"表示自己冒死而来,准备受刑。④ 文陵:汉灵帝陵墓。⑤ 睚眦(yá zì):怒目而视。借指小怨忿。⑥ 飞廉:传说中的神鸟,这里指铜铸的飞廉。⑦ 货:货币。

初平元年,馥等到官,与袁绍之徒十余人各兴义兵,同盟讨卓,而伍琼、周珌阴为内主。初,灵帝末,黄巾余党郭太等复起西河白波谷,转寇太原,遂破河东,百姓流转三辅,号为"白波贼",众十余万。卓遣中郎将牛辅击之,不能却。及闻东方兵起,惧,乃鸩杀弘农王,欲徙都长安。会公卿议,太尉黄琬、司徒杨彪廷争不能得,而伍琼、周珌又固谏之。卓因大怒曰:"卓初入朝,二子劝用善士,故相从,而诸君到官,举兵相图。此二君卖卓,卓何用相负!"遂斩琼、珌。……旋亦悔之,故表彪、琬为光禄大夫。于是迁天子西都。

初,长安遭赤眉之乱,宫室营寺焚灭无余,是时唯有高庙、京兆府舍,遂便时幸焉。后移未央宫。于是尽徙洛阳人数百万口于长安,步骑驱蹙,更相蹈藉,饥饿寇掠,积尸盈路。卓自屯留毕圭苑中,悉烧宫庙官府居家,二百里内无复孑遗。又使吕布发诸帝陵及公卿以下冢墓,收其珍宝。

时长沙太守孙坚亦率豫州诸郡兵讨卓。卓先遣将徐荣、李蒙四出虏掠。荣遇坚于梁,与战,破坚,生禽颍川太守李旻，亨之①。卓所得义兵士卒，皆以布缠裹，倒立于地，热膏灌杀之。时河内太守王匡屯兵河阳津，将以图卓。卓遣疑兵挑战，而潜使锐卒从小平津过津北，破之，死者略尽。明年，孙坚收合散卒，进屯梁县之阳人②。卓遣将胡轸、吕布攻之。布与轸不相能，军中自惊恐，士卒散乱。坚追击之；轸、布败走。卓遣将李傕诣坚求和，坚拒绝不受，进军大谷，距洛九十里。卓自出与坚战于诸陵墓间，卓败走，却屯黾池，聚兵于陕。坚进洛阳宣阳城门，更击吕布，布复破走。坚乃扫除宗庙，平塞诸陵，分兵出函谷关，至新安、黾池间，以截卓后。卓谓长史刘艾曰："关东诸将数败矣，无能为也。唯孙坚小戆，请将军宜慎之。"乃使东中郎将董越屯黾池，中郎将段煨屯华阴，中郎将牛辅屯安邑，其余中郎将、校尉布在诸县，以御山东。

【注释】

① 亨：即烹，古代的一种酷刑。② 阳人：聚落名，在今河南汝州。

卓讽朝廷使光禄勋宣璠持节拜卓为太师，位在诸侯王上。乃引还长安。百官迎路拜揖，卓遂僭拟车服，乘金华青盖①，爪画两轓②，时人号"竿摩车"③，言其服饰近天子也。以弟旻为左将军，封鄠侯④，兄子璜为侍中、中军校尉，皆典兵事。于是宗族内外，并居列位。其子孙虽在髫龀⑤，男皆封侯，女为邑君。数与百官置酒宴会，淫乐纵恣。乃结垒于长安城东以自居。又筑坞于郿，高厚七丈，号曰“万岁坞”。积谷为三十年储。自云：“事成，雄据天下；不成，守此足以毕老。”尝至郿行坞，公卿已下祖道于横门外[6]，卓施帐幔饮设，诱降北地反者数百人，于坐中杀之。先断其舌，次斩手足，次凿其眼目，以镬煮之。未及得死，偃转杯案间。会者战慄，亡失匕箸，而卓饮食自若。诸将有言语蹉跌[7]，便戮于前。又稍诛关中旧族，陷以叛逆。时太史望气，言当有大臣戮死者。卓乃使人诬卫尉张温与袁术交通，遂笞温于市，杀之，以塞天变。……

【注释】

①金华：用金做成的花。②爪：车盖弓头为爪形。③竿摩：相逼近。④鄠（hù）：县名，地在今陕西户县。⑤髫（tiáo）龀（chèn）：童年。髫，儿童下垂的发。龀，儿童换齿。⑥祖道：古人在出行前祭祀路神称祖道，后指送行的宴会。⑦蹉跌：失足。喻意外失误。

越骑校尉汝南伍孚忿卓凶毒，志手刃之，乃朝服怀佩刀以见卓。孚语毕辞去，卓起送至阁，以手抚其背，孚因出刀刺之，不中。卓自奋得免，急呼左右执杀之，而大诟曰：“虏欲反耶！”孚大言曰：“恨不能磔裂奸贼于都市，以谢天地！”言未毕而毙。时王允与吕布及仆射士孙瑞谋诛卓。有人书“吕”字于布上，负而行于市，歌曰：“布乎！”有告卓者，卓不悟。

三年四月，帝疾新愈，大会未央殿。卓朝服升车，既而马惊堕泥，还入更衣。其少妻止之，卓不从，遂行。乃陈兵夹道，自垒及宫，左步右骑，屯卫周帀，令吕布等捍卫前后。王允乃与士孙瑞密表其事，使瑞自书诏以授布，令骑都尉李肃与布同心勇士十余人，伪著卫士服于北掖门内以待卓。卓将至，马惊不行，怪惧欲还。吕布劝令进，遂入门。肃以戟刺之，卓衷甲不入，伤臂堕车，顾大呼曰："吕布何在？"布曰："有诏讨贼臣。"卓大骂曰："庸狗敢如是邪！"布应声持矛刺卓，趣兵斩之。主簿田仪及卓仓头前赴其尸，布又杀之。驰赍赦书，以令宫陛内外。士卒皆称万岁，百姓歌舞于道。长安中士女卖其珠玉衣装市酒肉相庆者，填满街肆。使皇甫嵩攻卓弟旻于郿坞，杀其母妻男女，尽灭其族。乃尸卓于市。天时始热，卓素充肥，脂流于地。守尸吏燃火置卓脐中，光明达曙，如是积日。诸袁门生又聚董氏之尸，焚灰扬之于路。坞中珍藏有金二、三万斤，银八、九万斤。锦绮、缋縠、纨素，奇玩，积如丘山。……

【翻译】

董卓字仲颖，陇西郡临洮县人。性情粗暴勇猛而有谋略。年青时曾漫游羌族各地，同羌族头领都有结交。后来回家种地，头领们到他这里来的，董卓为他们杀了耕牛，和他们一同宴饮作乐。豪帅们被他的情意感动，回去后搜集到各种牲畜一千多头赠送给他。从此，他以刚健侠勇而闻名。任凉州的兵马掾，曾经在边塞巡防。董卓臂力过人，身上两边都挂弓袋，能在马上左右开弓，羌族人都害怕他。

桓帝末年，董卓以六郡大户子弟的资格任羽林郎，跟随中郎将张奂任军司马，和张奂一起进攻汉阳造反的羌族，打败了他们，被任命为郎中，赏赐细绢九千匹。董卓说："立功的虽然是自己，和自己共有财物的是士兵。"于是把赏赐全分给官兵，无所保留。渐渐升到西域戊己校尉，因事被免职。后担任并州刺史、河东太守。中平元年，担任东中郎将，持天子符节接替卢植，在下曲阳进击张角，战败，以服罪抵偿失误。这年冬天，北地先零羌和枹罕、河关两县的盗贼们反叛朝廷，共同推举湟中地区"义从胡"北宫伯玉、李文侯为将军，杀害了护羌校尉泠征。北宫伯玉等人劫持了金城人边章、韩遂，让他们专管军政事务；他们又一起杀害了金城太守陈懿，进攻焚烧州郡。第二年春天，率几万骑兵侵犯三辅地区，进逼皇帝的陵园，借口是要消灭宦官。朝廷下诏令董卓为中郎将，协助左车骑将军皇甫嵩讨伐他们。……当时讨伐大军各部都败退，只有董卓部没有受损失顺利归来，驻扎在扶风，封为斄乡侯，食邑千户。……中平六年征召董卓为少府，他不肯就职。……到灵帝病重时，皇帝用玺书授命董卓为并州牧，命令他带领军队归属皇甫嵩麾下。董卓又上书说："我既不老谋深算，又没有惊天动地的功绩，蒙皇上错爱，误给恩惠，让我掌管兵权十年。我同大小官兵亲密相处很久，他们留恋我育养的恩情，关键时刻能够为我献出生命。请让我带领他们驻守北部州郡，在边疆效力。"于是驻扎河东，来观望时局的变化。等到灵帝去世，大将军何进、司隶校尉袁绍策划消灭宦官,而太后不允许。于是他们暗中招呼董卓带兵入朝,来胁迫太后。董卓受到召唤,马上出发,同时上书说:"中常侍张让等人窃得宠幸,搞乱了天下,我听说用舀起来再倒回去的办法使开水不滚,不如撤去锅下的柴薪;烂疮虽疼,但要比痈毒侵蚀内脏轻得多。从前赵鞅发动晋阳的军队来驱除国君身边的坏人,现在我就鸣钟击鼓声讨宦官们的罪行,进军洛阳请求逮捕张让等,来扫除朝中的奸邪污秽。"他还没赶到洛阳,何进失败了,虎贲中郎将袁术等人就放火烧了南宫,想讨伐宦官。但中常侍段珪等人劫持少帝和陈留王夜里逃到小平津。董卓远远望见火起,带兵迅速进发,天没亮时到了城西,听说少帝在北芒山,于是前往迎接。少帝看到董卓带兵突然到来,害怕得哭泣。董卓与他谈话,他一句也答不上;又与陈留王交谈,陈留王就叙述了祸乱发生的情形。董卓认为陈留王贤明,而且是董太后抚养的,董卓自认为和董太后同族,这时就有了废少帝立陈留王的想法。

当初,董卓进入京师的时候,步兵、骑兵不超过三千,他对于兵少不满意,担心京城和地方上的官员和将领不服他。于是大约每隔四五天,就在夜间悄悄地率军出城就近安营,第二天早上便大张旗鼓回洛阳,假装作西部军队又到了,洛阳没有人知道其中奥秘的。不久,何进及其弟弟何苗原先所率领的军队都归他统领,他又派吕布杀了执金吾丁原,吞并了他的军队。这样,董卓的兵力十分强大,他便授意朝廷罢免了司空刘弘,自己取而代之。……于是董卓威逼太后,策令废除少帝,说:"皇帝在居丧期间,没有作儿子的心情,威仪也不像一个国君,现在废除他的皇位,封为弘农王。”于是立了陈留王为帝，这就是汉献帝。董卓又提出建议：太后逼迫永乐太后，致使永乐太后郁郁而死，违背了媳妇对婆婆的礼仪，没有孝顺的品德，把她移居到永安宫，接着杀了她。

董卓升任太尉，兼管以前所任将军的事务，受到赐予节传、斧钺、虎贲勇士的待遇，改封为郿侯。董卓于是同司徒黄琬、司空杨彪一起带上刑具铁锁到宫门上书，为陈蕃、窦武以及党人们申诉平反，来顺从人们的愿望。于是全部恢复了陈蕃等人的爵位，起用他们的子孙。不久，董卓升为相国。上朝时他不必向皇帝趋拜，上殿时不解剑，不脱鞋，封他的母亲为池阳君，下面设有令、丞等官员。当时洛阳的贵戚们的府第一个挨一个，金帛财产，家家聚集很多。董卓放纵士兵，冲进他们的房屋，奸淫抢掠妇女，劫夺财物，称为“搜牢”。人心极为混乱恐惧，朝不保夕。到何太后下葬时，挖开文陵，把墓里的珍宝全部掠走了。又奸淫公主，抢劫污辱宫女，滥施刑罚，对他有一点怨恨的人必定身死，朝廷的内外官员没有人能自保。董卓曾派兵到阳城，当时人们正在社坛下聚会，他便命令士兵上去把聚会的人全杀了，驾起装着财货的车，装上抢来的妇女，把被害者的头系在车辕上，狂歌呼号着返回洛阳。又销毁五铢钱，改铸小钱，把洛阳和长安的铜人、钟架，铜制飞廉，铜马之类全部拿来销熔铸钱。因此，钱贱物贵，一石谷值几万钱。另外，钱面没有边轮、花纹，不便人们使用。……董卓平时听说天下人一致痛恨宦官杀害忠良，等到他掌权，虽然施行残暴无道的统治，但仍耐着性子违背本心地提拔任用士人。于是他任用吏部尚书汉阳人周珌、侍中汝南人伍琼、尚书郑公业、长史何颙等人。以隐士荀爽作司空。那些跟党锢之祸有瓜葛的陈纪、韩融等人，都做了九卿。被埋没的人才，很多被重用。让尚书韩馥做冀州刺史，侍中刘岱做兖州刺史，陈留人孔伷做豫州刺史，颍川人张咨做南阳太守。董卓所亲近喜爱的人，并不居要职，只做个将、校罢了。

初平元年，韩馥等到任，同袁绍之类的十余人各自发动义兵，结盟声讨董卓，而伍琼、周珌暗中作他们的内应。起初，灵帝末年，黄巾余部郭太等人又在西河白波谷起事，转而攻打太原，接着攻占了河东，百姓流亡到三辅地区，称他们为“白波贼”，郭太等有十余万人。董卓派中郎将牛辅进攻白波军，不能打退他们。等到听说东部起兵反他的消息后，很害怕，于是用鸩酒毒死了弘农王，想迁都长安。召集公卿讨论，太尉黄琬、司徒杨彪在朝廷上和董卓争辩，没有达到目的，而伍琼、周珌又坚持劝谏。董卓因此大怒说：“我当初入朝主政时，你们二人劝我任用德才兼备的人，所以我听从了你们，但各位到任后，起兵反对我。这是你们两位出卖了我，我又何必辜负你们！”于是杀了伍琼、周珌。……随后又后悔了，所以上表请求任命杨彪、黄琬为光禄大夫。于是他就把汉献帝迁移到西都长安。

起先，长安经历了赤眉战乱，宫室衙门焚毁无余。这时幸存的只有高祖庙和京兆府衙门，于是选择吉日住进去，后来皇帝移居未央宫。在这种情形下，把洛阳几百万人口全部迁往长安。军队驱赶追逼，人们相互拥挤践踏，饥寒交困，又受到抢劫，所以沿途都满布尸体。董卓自己驻扎在毕圭苑中，焚烧了所有的宫庙、官府和民房，洛阳周围二百里内一无所有了。又派吕布挖掘皇帝们的陵墓以及公卿以下官吏的坟墓,收罗墓中的珍宝。

当时长沙太守孙坚也率领豫州各郡的士兵讨伐董卓。董卓先前派将领徐荣、李蒙四处抢劫。徐荣在梁县同孙坚遭遇,和孙坚交战,孙坚被打败,徐荣活捉了颍川太守李旻,烹杀了他。董卓把俘获的讨伐他的士兵,都用布裹起来,倒竖在地上,用热油浇灌的办法杀死。当时河内太守王匡驻兵河阳津,准备起兵反对董卓。董卓派出疑兵进行挑战,暗中派出精锐士卒从小平津过河到达北岸,打败了王匡,王匡部死亡殆尽。第二年,孙坚收集残部,进驻梁县的阳人聚,董卓派将领胡轸、吕布进攻孙坚。吕布和胡轸互不相容,部队中无缘无故地惊恐,士兵散乱,孙坚追击,胡轸、吕布败逃。董卓派将领李傕向孙坚求和,孙坚拒绝了,并进军大谷,距离洛阳有九十里路。董卓亲自出马与孙坚在各皇陵之间交战,董卓失利败逃,退驻黾池。在陕县聚集兵力。孙坚攻入洛阳的宣阳城门,再攻打吕布,吕布又败逃。孙坚于是清扫宗庙,填平皇帝们的陵墓,分出兵力从函谷关出击到新安、黾池一带,来截断董卓的后路。董卓对长史刘艾说:“关东诸将多次败在我手下,他们干不成什么事,只有孙坚这小呆子,各位将军应谨慎地对付。”于是让东中郎将董越驻守黾池,中郎将段煨驻守华阴,中郎将牛辅驻守安邑,其余的中郎将、校尉分布在各县,以抵御来自山东的进攻。

董卓示意朝廷让光禄勋宣播持皇帝符节任命他为太师,地位在诸侯王之上。于是他率军回长安,百官半路叩拜迎接。董卓接着僭越等级仿照皇帝的舆马服饰,车上立有金花装饰的青色车盖，车盖有爪形的弓头，当时人称为“竿摩车”，是说他的服饰同皇帝接近。让弟弟董旻为左将军，封鄠侯，哥哥的儿子董璜作侍中、中军校尉，都掌握兵权。于是他家亲族男女，都在朝廷任职受封。他的子孙尽管年龄幼小，但男的都封了侯，女的都是邑君。他多次同百官设酒宴会、淫乐放纵。在长安城东建造城堡供自己居住。又在郿县建筑坞堡，墙壁高和宽各七丈，号称“万岁坞”。里面储存的粮食够用三十年。他自己说：“事情成功，我就雄据天下；不成功，就退守此地，足可以直到老死。”董卓曾经到郿县巡视坞堡，公卿以下官员都聚在横门外设宴为他饯行。董卓设置幔帐和酒宴，在席间杀了他诱降的北地反叛者几百人。先割他们的舌头，其次砍手脚，接着挖眼睛，然后用煮肉的大锅烹煮。人还没死，卧在杯案之间辗转抽搐。与会者心惊肉跳，吓得筷子和汤匙都掉了。可是董卓却饮酒吃菜，神情自如。诸将说话稍有失误，便当面处死。董卓又逐步把关中一些原先的官宦家族，定为叛逆罪名加以迫害。当时太史观望云气，说有大臣要被杀。董卓于是指使人诬陷卫尉张温与袁术勾结，在街市上杖击张温，杀了他，以此应对天象变化所预示的凶兆。……

越骑校尉汝南人伍孚，痛恨董卓凶狠毒辣，决心亲手杀了他，便穿上朝服怀揣佩刀来见董卓。伍孚说完话告辞，董卓起来送他到小门，用手拍他的肩臂，伍孚乘机抽刀刺他，没有刺中。董卓奋力得以脱身，急忙喊侍卫捉住杀掉伍孚，大骂他：“你想造反吗?”伍孚大声说：“恨不得把你在市上碎尸万段，告慰天地！”话还没说完就死了。当时王允和吕布以及仆射士孙瑞合谋诛杀董卓。有人把“吕”字写在布上，背着在市场上走，唱道：“布啊！”有人把这件事告诉给董卓，他没有领悟。

初平三年四月，献帝病刚好，召集群臣在未央殿朝会。董卓穿上朝服上车，不久马受惊，他掉进泥里，回去换衣服，小妾劝他不要去，董卓不听，于是走了。董卓把士兵列在路的两侧，从他的城堡到未央宫，左边是步卒右边是骑兵，防守周密，命令吕布等人前后保卫。王允就同士孙瑞把他们的计划密奏给皇帝，让士孙瑞写诏令交给吕布，派骑都尉李肃和吕布的十几个心腹勇士，穿上卫士服，在北掖门内等董卓。董卓快要到时，马受惊不走，董卓感到奇怪，心里害怕，打算回去。吕布劝他进去，于是进了北掖门。李肃用戟刺他，董卓外衣里面穿着贴身护甲刺不进去，仅被刺伤了手臂，从车上掉了下来，他回头大喊：“吕布在哪里？”吕布说：“有诏令讨伐你这贼臣。”董卓大骂：“你这癞皮狗敢这样吗？”在董卓喊的同时吕布用矛刺他，急唤士兵们杀了他。董卓的主簿田仪和董卓的奴仆往前跑向董卓尸体，吕布又杀了他们。吕布带着大赦的诏书，骑马奔跑在皇宫内外，宣布皇帝的命令。士兵们都高呼万岁，百姓们在路上载歌载舞。长安城中，男人女子卖掉珠玉服装来买酒肉互相庆贺的，填满了街市。朝廷派皇甫嵩攻打驻守郿坞的董旻，杀了董卓的母亲、妻妾、儿女，灭了他的宗族。于是把董卓的尸体陈列在市上，当时天开始热起来，董卓向来肥胖，油流了一地，守尸的官吏点火放在他的肚脐里，从晚上亮到天明，这样过了有好几天。袁绍、袁术的门生，又把董卓家族的尸体堆在一起，用火焚烧，把骨灰抛洒在路上。郿坞中珍藏有黄金二、三万斤，白银八、九万斤，锦绮、缋縠、白绢以及珍奇玩物，堆积如山。

……

张 鲁 传

张鲁，东汉末五斗米道首领，天师道创立者张道陵之孙。初平二年(191)，任益州牧刘焉的督义司马，率徒众攻取汉中，称师君。东汉统治者无力镇压张鲁，便封他为镇民中郎将，领汉宁太守。这样，张鲁实际上成为一方诸侯。曹操对张鲁的战争，同样是群雄逐鹿的战争，不是对农民起义的镇压。张鲁所建政权持续约三十年，汉中成为东汉末年相对安定的地区。

本文节选自《刘焉传》。

鲁字公旗①。初，祖父陵，顺帝时客于蜀，学道鹤鸣山中，造作符书，以惑百姓。受其道者辄出米五斗，故谓之“米贼”。陵传子衡，衡传于鲁，鲁遂自号“师君”。其来学者，初名为“鬼卒”，后号“祭酒”。祭酒各领部众，众多者名曰“理头”。皆校以诚信，不听欺妄，有病但令首过而已。诸祭酒各起义舍于路，同之亭传，县置米肉以给行旅。食者量腹取足，过多则鬼能病之。犯法者，先加三原，然后行刑。不置长吏，以祭酒为理，民夷信向。朝廷不能讨，遂就拜鲁镇夷中郎将，领汉宁太守，通其贡献。

韩遂、马超之乱，关西民奔鲁者数万家。时人有地中得玉印者，群下欲尊鲁为汉宁王，鲁功曹阎圃谏曰："汉川之民，户出十万，四面险固，财富土沃，上匡天子，则为桓、文，次方窦融②，不失富贵。今承制署置，势足斩断；遽称王号，必为祸先。"鲁从之。

【注释】

① 旗：一作"祺"。据《后汉书·刘焉传》，张鲁是沛国丰（今江苏丰县）人。② 窦融：新莽时任将军，后割据河西五郡。光武即位，归汉，累进大司空，封安丰侯。

鲁自在汉川垂三十年，闻曹操征之，至阳平，欲举汉中降。其弟卫不听，率众数万，拒关固守。操破卫，斩之。鲁闻阳平已陷，将稽颡归降。阎圃谏曰："今以急往，其功为轻，不如且依巴中，然后委质，功必多也。"于是乃奔南山。左右欲悉焚宝货仓库，鲁曰："本欲归命国家，其意未遂。今日之走，以避锋锐，非有恶意。"遂封藏而去。操入南郑，甚嘉之，又以鲁本有善意，遣人慰安之。鲁即与家属出逆。拜镇南将军，封阆中侯，邑万户，将还中国，待以客礼。封鲁五子及阎圃等皆为列侯。鲁卒，谥曰原侯。子富嗣。

【翻译】

张鲁，字公旗。当初汉顺帝时，他的祖父张陵客居蜀地，在鹤鸣山中学道，撰写符书来迷惑百姓。凡是接受他的道的就交纳五斗米，所以人们称他的道为“米贼”。张陵把道首的地位传给儿子张衡，张衡又传给张鲁，张鲁便自称是“师君”。那些来学道的人，最初称为“鬼卒”，以后称为“祭酒”。各个祭酒都率领部众，部众多的叫“理头”。对教徒都要考核他们的诚信，不允许欺哄蒙骗，有了病不进行治疗，只让病人说出自己的罪过而已。各位祭酒都在路边造起义舍，与驿站相同，义舍内挂着米肉供给来往客人；取食的人根据自己的饭量吃饱，吃得过多鬼就会使他生病。犯法的道徒，先赦免三次，以后再犯才加以处罚。不设官长，由祭酒进行管理。民众和少数民族都心悦诚服归附他。朝廷无法征讨，于是差人前往，任命张鲁为镇夷中郎将，兼任汉宁太守，允许他向朝廷进贡。

韩遂、马超发动变乱的时候，关西民众因避乱而投奔张鲁的有好几万家。当时有人从地下挖出一块玉印，众人便想推举张鲁为汉宁王。张鲁的功曹阎圃进谏道：“汉川的民众，超出十万户，四面地形险固，物产丰富，土地肥沃。作为上策，我们如果辅佐天子，就会成就齐桓公、晋文公的霸业；次一等的策略，仿效窦融，也少不了享受富贵。现在接受诏命任太守之职，你的权势足以决定人的生死、处理一方事务；如果急着称王，那一定是大祸的开端。”张鲁采纳了他的建议。

张鲁在汉川将近三十年，听说曹操大军来征讨，已到阳平，就想以汉中之地向曹操投降。他的弟弟张卫不听从张鲁的计划，率领几万军队御关坚守。曹操击败张卫，将他斩首。张鲁听说阳平已经陷落，便打算叩头称臣投降曹操。阎圃劝他说："眼下因为形势危急去降曹，这功劳太小了；不如暂且凭依巴中之地，然后出降，功劳一定就很大了。"于是张鲁率众奔往南山。张鲁左右的人想把宝货仓库全部烧光，张鲁说："我本来就想归顺国家，这愿望没能实现，现在出逃来避避曹军的锋芒，并非有恶意。"于是封好仓库离开了。曹操进入南郑后看到这种情况，对张鲁很赞赏，又因为张鲁本来就有归降之意，便派人去安慰他。张鲁和家人马上出来迎接曹操的使者。曹操任命张鲁为镇南将军，封他为阆中侯，食邑万户。曹操把张鲁带到中原，以宾客之礼相待。封张鲁的五个儿子与阎圃为列侯。张鲁死，赠谥号为原侯。他的儿子张富承袭了他的爵位。

王景传

王景，东汉水利专家。汉平帝时，黄河决口，在汴渠一带泛滥了六十余年，兖、豫二州多遭水患。永平十二年(69)由王景指挥治理黄河。他与助手王吴勘察地势，开凿山阜，采取筑堤、修渠、建水门等措施，使“河、汴分流”，收到防洪、航运和稳定河道等巨大成效。此后，黄河八百年间没有再决堤，使黄河两岸人民免受洪水之苦，生活得以长期安定。

这篇传记介绍了这位水利专家的生平事迹，是我国水利史上的一篇重要文献。

王景字仲通，乐浪詽邯人也①，八世祖仲，本琅邪不其人②，好道术，明天文。诸吕作乱，齐哀王襄谋发兵，而数问于仲。及济北王兴居反，欲委兵师仲，仲惧祸及，乃浮海东奔乐浪山中，因而家焉。父闳，为郡三老。更始败，土人王调杀郡守刘宪，自称大将军、乐浪太守。建武六年，光武遣太守王遵将兵击之。至辽东，闳与郡决曹史杨邑等共杀调迎遵，皆封为列侯，闳独让爵。帝奇而征之，道病卒。

景少学《易》，遂广窥众书，又好天文术数之事[③]，沈深多伎艺。辟司空伏恭府。时有荐景能理水者，显宗诏与将作谒者王吴共修作浚仪渠[④]。吴用景□流法，水乃不复为害。

【注释】

① 讲(rǎn)邯：东汉县名，地在今朝鲜平壤市西北。② 不其(jī)：古县名，地在今山东青岛崂山。③ 术数：指用阴阳五行生克制化的数理，来推断人事吉凶。④ 浚仪渠：在今河南开封市。

初，平帝时，河汴决坏，未及得修。建武十年，阳武令张汜上言："河决积久，日月侵毁，济渠所漂数十许县。修理之费，其功不难，宜改修堤防，以安百姓。"书奏，光武即为发卒。方营河功，而浚仪令乐俊复上言："昔元光之间，人庶炽盛，缘堤垦殖。而瓠子河决[①]，尚二十余年，不即拥塞。今居家稀少，田地饶广，虽未修理，其患犹可。且新被兵革，方兴役力，劳怨既多，民不堪命。宜须平静，更议其事。"光武得此遂止。后汴渠东侵，日月弥广，而水门故处，皆在河中。兖、豫百姓怨叹，以为县官恒兴他役，不先民急。永平十二年，议修汴渠，乃引见景，问以理水形便。景陈其利害，应对敏给，帝善之。又以尝修浚仪，功业有成，乃赐景《山海经》、《河渠书》、《禹贡图》，及钱帛衣物。夏，遂发卒数十万，遣景与王吴修渠筑堤，自荥阳东至千乘海口千余里。景乃商度地势，凿山阜，破砥绩[②]，直截沟涧，防遏冲要，疏决壅积，十里立一水门，令更相洄注，无复溃漏之患。景虽简省役费，然犹以百亿计。明年夏，渠成。帝亲自巡行，诏滨河郡国置河堤员吏，如西京旧制。景由是知名。王吴及诸从事掾史皆增秩一等。景三迁为侍御史。十五年，从驾东巡狩，至无盐[③]，帝美其功绩，拜河堤谒者，赐车马缣钱。

【注释】

① 瓠子：黄河一段堤岸名，在今河南滑县境内。② 绩：应作“碛”字。砥碛，指河中的沙堆、石头。③ 无盐：汉县名，地在今山东东平县东。

建初七年，迁徐州刺史。先是杜陵杜笃奏上《论都赋》，欲令车驾迁还长安。耆老闻者，皆动怀土之心，莫不眷然伫立西望。景以宫庙已立，恐人情疑惑，会时有神雀诸瑞，乃作《金人论》，颂洛邑之美，天人之符，文有可采。

明年，迁庐江太守。先是，百姓不知牛耕，致地力有余而食常不足。郡界有楚相孙叔敖所起芍陂稻田[①]，景乃驱率吏民，修起芜废，教用犁耕。由是垦辟倍多，境内丰给。遂铭石刻誓，令民知常禁。又训令蚕织，为作法制，皆著于乡亭，庐江传其文词。卒于官。

初，景以为《六经》所载，皆有卜筮，作事举止，质

于蓍龟。而众书错糅，吉凶相反。乃参纪众家数术文书、冢宅禁忌、堪舆日相之属适于事用者，集为《大衍玄基》云。

【注释】

① 芍(què)陂：蓄水地名，在今安徽寿县安丰塘以东。

【翻译】

王景字仲通，是乐浪郡讲邯县人。他的八世祖王仲，原是琅邪郡不其县人，爱好道术，精通天文。西汉初吕氏作乱，齐哀王刘襄谋划发兵，多次向王仲征询意见。到了济北王刘兴居起兵反吕时，刘襄想把军队交给王仲率领。王仲害怕遭祸，便乘船渡海东奔乐浪山中，从此在那里安了家。王景的父亲王闳任乐浪郡的三老，更始政权失败后，当地人王调杀死郡守刘宪，自称大将军、乐浪太守。建武六年，光武帝派太守王遵率兵进攻王调。军队到了辽东，王闳和郡功曹史杨邑等人共同杀死王调迎接王遵，王闳与杨邑等人都被封为列侯，王闳却偏偏推辞不受爵位。光武帝觉得王闳很不一般，便征召他到京师来，王闳走到半路上病死了。

王景年少学《易》，后又博览群书，并喜好天文术数一类的知识。王景性格沉稳，多才多艺，被征召到司空伏恭府内任职。当时有人荐举他能治理水患，汉明帝便下诏命他与将作谒者王吴共修浚仪渠。王吴采用王景的"堰流法"，使黄河不再构成灾害。

起初，在西汉平帝时，黄河、汴水决口，没来得及修治。

建武十年，阳武县令张汜上书说："黄河决口这么久了。一天天地侵蚀毁坏堤岸，济渠所淹没的有几十个县，修理的花费和操办并不困难，应当改筑和修理堤防，来安定百姓。"张汜的上书送达朝廷，光武帝立即为此调集民工，将要进行治理黄河的工程。浚仪县令乐俊又上书说："从前在汉武帝元光年间，黄河两岸人口众多，沿堤开垦种植。然而瓠子地段的黄河决口长达二十多年，也没有立即兴工堵塞。现在黄河沿岸住家稀少，田地宽广，即使河堤没有加以修理，目前水患也还过得去。况且国家刚刚遭受战乱，正在动用民工，老百姓的忧苦和怨恨多得很，已经忍受不了朝廷征发的命令。应该等到社会安定了以后，再商议这件事情。"光武帝采纳了他的建议，便中止了修治黄河的计划。后来汴渠向东溢流，被洪水淹没的地方越来越多，原来设水闸的地方，如今已淹没在黄河中了。兖州、豫州的老百姓忧怨叹息，认为皇家总是征发其他劳役，而不以民众急需的黄患治理为首要的事。永平十二年，朝廷商议修治汴渠之事，汉明帝就召见了王景，向他询问了治理水患的形势和利弊得失。王景便陈述了治河的利与害，对答如流。明帝大为赞赏。又因为王景曾经负责修治浚仪渠，取得很大成绩，于是赐给他《山海经》、《河渠书》、《禹贡图》以及钱帛衣物。这年夏天，征发民工数十万，派王景与王吴负责从荥阳以东到千乘海口一千多里的修渠筑堤的工程。王景勘察地形，开凿山阜，破除河心的石头和淤沙，径直截断沟涧支流，筑堤阻遏冲要之处，疏通河道中堵塞之处，每隔十里立一个闸门，使河水回旋灌注，不再有堤岸决口、渗漏的祸患。王景虽然尽量节省民工和费用，但是开支还是数以千万计。第二年夏天,水渠修成。明帝亲自巡行汴渠,命令沿河郡国,按照西汉旧制设置守堤官吏。王景由此而闻名天下。王吴和一起治河的官吏们,都增加一级俸禄。王景则连升三级为侍御史。永平十五年,王景随从明帝向东巡狩到达无盐县,明帝对王景治河的功绩大加赞赏,任命他为河堤谒者,赐给他车马细绢钱币。

建初七年,王景升为徐州刺史。在这之前,杜陵人杜笃奏上《论都赋》,想让明帝把国都迁回长安,许多听到这篇赋的老人都产生了怀念故土之心,没有不满怀眷念,长久站立西望长安的。王景则认为宫殿宗庙已经在洛阳建立,迁都恐怕引起民众的疑惑。恰逢这时有神雀等祥瑞出现,他便写作《金人论》,歌颂洛阳的美丽,议论天人感应的道理,文章有很多可取之处。

建初八年,王景迁庐江太守。在他到任前,那地方的老百姓不懂得用牛耕地,致使土地肥沃,而粮食却总是不足。该郡境内有从前楚相孙叔敖所开辟的芍陂稻田,王景便率领官吏百姓,把荒废了的蓄水池修理好,教民用犁耕种。从此,被开垦的荒地成倍增长,庐江境内富饶充足。然后,王景又让人在石碑上刻下诫辞,使老百姓了解法典禁令。又下令让老百姓学习养蚕织丝,为大家制定了技术规章,均在各乡亭公布。于是庐江郡到处流传着王景的文辞。王景最后死于任上。

起初,王景认为《六经》所载的内容,都有卜筮,兴办事业一举一动,都要进行占卜来征问。但是众书错乱,所言吉凶相反。他便参考诸家数术文书,修墓建房的禁忌,天地风水、日辰禁忌等等比较实用的项目,编集成《大衍玄基》一书。

阳 球 传

本篇简要记述了酷吏阳球的生平。阳球自幼就喜欢申韩之学，曾历任县令、郡守，执法严苛。他不满当时宦官专权的局面，曾对宦官进行过惩治。但东汉末年宦官权势炽盛，皇帝也受其控制。因此在与宦官的斗争中，阳球难免成为失败者，最后死于宦官之手。

阳球字方正，渔阳泉州人也①。家世大姓冠盖。球能击剑，习弓马。性严厉，好申韩之学②。郡吏有辱其母者，球结少年数十人，杀吏，灭其家，由是知名。初举孝廉，补尚书侍郎，闲达故事，其章奏处议，常为台阁所崇信。出为高唐令，以严苛过理，郡守收举，会赦见原。辟司徒刘宠府，举高第。九江山贼起，连月不解。三府上球有理奸才，拜九江太守。球到，设方略，凶贼殄破，收郡中奸吏尽杀之。迁平原相。出教曰："相前莅高唐，志扫奸鄙，遂为贵郡所见枉举。昔桓公释管仲射钩之仇，高祖赦季布逃亡之罪。虽以不德，敢忘前义。况君臣分定③，而可怀宿昔哉！今一蠲往愆，期诸来效。若受教之后而不改奸状者，不得复有所容矣。"

郡中咸畏服焉。

【注释】

① 泉州：古县名。故城在今天津武清东南。② 申韩之学：即申不害、韩非的法家学说。③ 君臣分定：汉人认为，太守为一郡之长，对下属是君臣关系。

时天下大旱，司空张颢条奏长吏苛酷贪污者，皆罢免之。球坐严苦，征诣廷尉，当免官。灵帝以球九江时有功，拜议郎。迁将作大匠，坐事论。顷之，拜尚书令。奏罢鸿都文学，曰："伏承有诏敕中尚方为鸿都文学乐松、江览等三十二人，图象立赞，以劝学者。臣闻《传》曰：'君举必书。书而不法，后嗣何观！'案松、览等皆出于微蔑，斗筲小人，依凭世戚，附托权豪，俯眉承睫，徼进明时。或献赋一篇，或鸟篆盈简，而位升郎中，形图丹青。亦有笔不点牍，辞不辩心，假手请字，妖伪百品，莫不被蒙殊恩，蝉蜕滓浊。是以有识掩口，天下嗟叹。臣闻图象之设，以昭劝戒，欲令人君动鉴得失。未闻竖子小人诈作文颂而可妄窃天官，垂象图素者也。今太学、东观足以宣明圣化。愿罢鸿都之选，以消天下之谤。"书奏不省。

时中常侍王甫、曹节等奸虐弄权，扇动外内，球曾拊髀发愤曰："若阳球作司隶，此曹子安得容乎？"光和二年，迁为司隶校尉。王甫休沐里舍，球诣阙谢恩，奏收甫及中常侍淳于登、袁赦、封朂，中黄门刘毅，小黄门庞训、朱禹、齐盛等，及子弟为守令者，奸猾纵恣，罪合灭族。太尉段颎谄附佞倖，宜并诛戮。于是悉收甫、颎等送洛阳狱，及甫子永乐少府萌、沛相吉。球自临考甫等，五毒备极。萌谓球曰："父子既当伏诛，少以楚毒假借老父。"球曰："若罪恶无状，死不灭责，乃欲求假借邪？"萌乃骂曰："尔前奉事吾父子如奴，奴敢反汝主乎！今日困吾，行自及也！"球使以土窒萌口，箠朴交至，父子悉死杖下。颎亦自杀。乃僵磔甫尸于夏城门，大署牓曰"贼臣王甫"①。尽没入财产，妻子皆徙比景②。

球既诛甫，复欲以次表曹节等，乃敕中都官从事曰："且先去大猾，当次案豪右。"权门闻之，莫不屏气。诸奢饰之物，皆各缄滕③，不敢陈设。京师畏震。

时顺帝虞贵人葬，百官会丧还，曹节见磔甫尸道次，慨然抆泪曰④："我曹自可相食，何宜使犬舐其汁乎？"语诸常侍：今且俱入，勿过里舍也。节直入省，白帝曰："阳球故酷暴吏，前三府奏当免官，以九江微功，复见擢用。愆过之人，好为妄作，不宜使在司隶，以骋毒虐。"帝乃徙球为卫尉。时球出谒陵，节敕尚书令召拜，不得稽留尺一。球被召急，因求见帝，叩头曰："臣无清高之行，横蒙鹰犬之任。前虽纠诛王甫、段颎，盖简落狐狸，未足宣示天下。愿假臣一月，必令豺狼鸱枭，各服其辜。"叩头流血。殿上呵叱曰："卫尉扞诏邪⑤！"至于再三，乃受拜。其冬，司徒刘郃与球议收案张让、曹节，节等知之，共诬白郃等。语已见《陈球传》。遂收球送洛阳狱，诛死，妻子徙边。

【注释】

① 榜(bǎng):同“榜”。② 比景:古政区名,隋代始设。治所在今越南平治天省北部。③ 滕(téng):封闭,约束。④ 抆(wěn):擦。⑤ 扞(hàn):同“捍”。

【翻译】

阳球字方正,是渔阳郡泉州县人,他家世代为官,是豪族。他善于剑术,精于骑射。他生性严厉,喜欢申不害、韩非的学说。有个郡府官吏侮辱了他母亲,阳球就聚集了几十个青年,杀了那个官吏并灭了他全家,阳球因此出了名。最初他被荐举为孝廉,补缺为尚书侍郎,他熟悉往事。所以他的章奏和对事情处理的建议,常常得到尚书们的推崇和信任。调到地方上任高唐县令,因为严厉苛刻不合情理,被郡守抓起来办罪,恰好遇赦被宽恕。后来又被征聘到司徒刘宠的官府任职,经考核列为优秀。九江郡山中盗贼起事,几个月都没有平息。太尉、司徒、司空三府奏上阳球有处理奸徒贼行的才能,朝廷任命他为九江太守。阳球到任,设下计谋,很快就把盗贼击破消灭了,又将郡中犯法作奸的官吏逮捕,全部处死。调他做平原国相,到任就发布命令说:“我以前做高唐县令,志在扫除奸邪,于是受到贵郡的推举。从前齐桓公不计较管仲射中他带钩的仇恨,汉高祖赦免季布逃亡的罪过。我虽然没有德行,岂敢忘记前人的大义。况且我们上下的名分已定,怎么能老计较过去的错误呢?如今我把你们过去的罪恶一概免除,寄希望于今后的效验。如果接到我的命令后,仍不改正邪恶行为的人,我就不再容忍宽待了!"郡中上下都害怕而服从他。

当时天下大旱,司空张颢上奏列出苛刻、残酷、贪污的官吏,将他们一律免官。阳球因为严猛苛刻,被召到廷尉那里,应当受到免职的处分。汉灵帝因他任九江太守时有功,授予议郎之职。后升为将作大匠,因事被弹劾。不久又任尚书令。他上奏要求罢去鸿都文学,说"有诏书命令中尚方给鸿都文学乐松、江览等三十二人画像配上赞语,用以勉励学者。我听说《左传》上有这样的话:'国君做事情一定要记下来,记载却不足以效法,后代子孙看些什么呢?'据查乐松、江览等人,都出身寒微,是不值一顾的小人物,他们依附外戚权贵,俯首低眉,察颜观色,在清明的时代企求步步晋升。他们中有的献赋一篇,有的在简册上写满花哨的篆文,就升官为郎中,还要给他们画像、留名史册;也有的人字都不会写,说话辞不达意,请别人代写文章献上,妖异怪谬,形形色色,没有哪个不蒙受皇上的特别恩宠,就像蝉从污泥中脱壳一样,由庶民百姓当了大官。因而有识之士掩口而笑,四面八方惊讶感叹。臣下听说图像的设立,是用来昭示勉励和惩戒的,想让帝王每有举动就从中看到自己的得失。没听说过小人虚伪地作了几篇歌颂的文字,就可以窃取朝廷的官职,在洁白的绢上留下画像。现在太学、东观足以宣扬彰明圣贤的教化,希望废除鸿都学士的选拔,来消除天下的议论。"奏章送上,汉灵帝没有理会。

当时,中常侍王甫、曹节等人奸邪暴虐,玩弄权柄,在宫廷内外莫不受其煽动、怂恿。阳球曾拍着大腿气愤地说："如果我阳球当司隶校尉，哪里容得下这帮家伙？"光和二年，阳球升为司隶校尉。一次王甫回私宅休假，阳球到皇宫里向顺帝谢恩，奏请逮捕王甫和中常侍淳于登、袁赦、封昂，中黄门刘毅，小黄门庞训、朱禹、齐盛等人，及其担任郡守县令的子弟。说他们奸邪狡猾，恣意妄为，罪该灭族。太尉段颎谄谀阿附佞倖的宦官，应当一并诛戮。于是把王甫、段颎及王甫的儿子永乐少府王萌、沛国的相国王吉一块关进了洛阳监狱。阳球亲自前去审讯王甫等人，鞭、棰、灼、徽、纆等五种刑具全用到极点了。王萌对阳球说："我们父子既然该杀头，请宽待我的老父，少对他用肉刑。"阳球说："你罪大恶极，无法形容，死有余辜，还想求得宽待吗？"王萌便骂道："你从前侍奉我们父子像奴仆一样，你这个奴仆竟敢反抗主子吗？今天你考讯我，不久将要轮到你自己了！"阳球命人用土堵住王萌的口，棍棒交加，父子都死在杖下。段颎也自杀了。于是阳球在夏城门车裂了王甫的尸体，在榜上大字写着："贼臣王甫。"没收了王甫的全部家产，妻子儿女全都被迁徙到比景郡。

阳球杀了王甫以后，又想逐个劾奏曹节等人，便命令中都官从事说："暂且先除掉大坏蛋，其次就该审讯豪强。"权门豪族听到后，都不敢吭声了。赶忙把各种奢侈华丽的装饰品，都封存起来藏好，不敢再摆设出来。整个京城都畏惧震动了。

当时顺帝的虞贵人下葬，百官参加葬礼后回城，曹节看见道旁的王甫被车裂的尸体，愤慨地抹着眼泪说："我辈可以自相残杀，哪能让狗舐他的血呢？"对一起去参加葬礼的宦官们说，现在权且一道回宫，不要到自己的宅第。曹节径直进宫，报告灵帝说："阳球原是个残暴的官吏，以前三司奏劾他应免官，因为在九江的微小功劳，又被提拔使用。有罪过的人，喜欢肆意妄为，不适合让他担任司隶校尉，以便他任意肆行残酷暴虐。"于是灵帝贬谪阳球为卫尉。这时，阳球正外出拜谒皇陵。曹节指示尚书令把他召回授官，不许拖延诏书的下达。阳球被紧急召回，便求见皇帝，向灵帝叩头说："臣下没有清高的德行，突然被委以打击邪恶的重任。以前虽纠治诛杀了王甫、段颎，但漏掉了曹节这些狐狸，不足以向天下表明朝廷的圣明。请给我一个月的时间，必定让豺狼鸱枭都得到应有的处罚。"阳球叩头叩得头破血流。殿上传来呵叱声："卫尉阳球要违抗诏命吗?"呵叱了好几次，阳球才接受了卫尉的任命。这年冬天，司徒刘郃与阳球商议，准备逮捕、审讯张让、曹节。曹节等知道后，共同诬告刘郃等人。此事已见于《陈球传》。于是逮捕了阳球，把他关进洛阳监狱，处死，妻子儿女被流迁到边疆。

宦者列传序

宦官是寄生在我国封建社会统治阶级内部的一个怪瘤。他们凭借与皇帝亲近的特殊奴才地位,逐渐发展成为一种势力。

东汉中后期,继位的皇帝多为幼主,致使母后临朝,外戚执政。幼帝成年后要收回权柄,只有依靠朝夕相伴的宦官。于是,宦官得以全面干预军国大事,甚至裂土封侯,达到了封建社会中宦官专权的第一个高峰。他们操纵皇帝,结党营私,残害忠良,鱼肉百姓,弄得朝廷黑暗,社会动乱,是导致东汉王朝衰败的重要因素之一。

这篇序对宦官的由来和发展作了简单的回顾,并着重评述了东汉宦官干政所造成的国家衰落的史实。本篇标题是选译者所加。

《易》曰:“天垂象,圣人则之。”宦者四星,在皇位之侧,故《周礼》置官,亦备其数。阍者守中门之禁,寺人掌女宫之戒。又云“王之正内者五人”。《月令》:“仲冬,命阉尹审门闾,谨房室。”《诗》之《小雅》,亦有《巷伯》刺谗之篇。然宦人之在王朝者,其来旧矣。将以其体非全气,情志专良,通关中人,易以役养乎？ 然而后世因之，才任稍广。 其能者，则勃貂、管苏有功于楚、晋[①]，景监、缪贤著庸于秦、赵[②]。 及其敝也，则竖刁乱齐[③]，伊戾祸宋[④]。 汉兴，仍袭秦制，置中常侍官。 然亦引用士人，以参其选，皆银珰左貂，给事殿省。 及高后称制，乃以张卿为大谒者，出入卧内，受宣诏命。 文帝时，有赵谈、北宫伯子，颇见亲倖。 至于孝武，亦爱李延年。 帝数宴后庭，或潜游离馆，故请奏机事，多以宦人主之。 至元帝之世，史游为黄门令，勤心纳忠，有所补益。 其后弘恭、石显以佞险自进，卒有萧、周之祸[⑤]，损秽帝德焉。

【注释】

① 勃貂：即寺人披，春秋时晋国的宦官，曾使晋文公免于吕甥、郤芮之难。管苏：春秋时楚国宦官，常以道义谏楚共王。② 景监：战国时秦孝公的宦官，荐商鞅于孝公。缪贤：战国时赵国宦官，推荐蔺相如出使秦国。③ 竖刁：春秋时齐国宦官，齐桓公死后，他杀群臣，立公子无亏，酿成变乱。④ 伊戾：春秋时宋国宦官，曾陷害宋国的太子。⑤ 萧、周之祸：萧望之和周堪，因建议罢中常侍官，忤石显而遭害，萧望之自杀，周堪被禁锢。

中兴之初。 宦官悉用阉人，不复杂调他士。 至永平中，始置员数，中常侍四人，小黄门十人。 和帝即祚幼弱，而窦宪兄弟专总权威，内外臣僚，莫由亲接，所与居者，唯阉宦而已。 故郑众得专谋禁中，终除大憝[①]。

遂享分土之封，超登宫卿之位，于是中官始盛焉。

自明帝以后，迄乎延平，委用渐大，而其员稍增，中常侍至有十人，小黄门二十人，改以金珰右貂，兼领卿署之职。邓后以女主临政，而万机殷远，朝臣国议，无由参断帷幄，称制下令，不出房闱之间，不得不委用刑人②，寄之国命。手握王爵，口含天宪，非复掖廷永巷之职，闺牖房闼之任也。其后孙程定立顺之功，曹腾参建桓之策，续以五侯合谋，梁冀受钺，迹因公正，恩固主心，故中外服从，上下屏气。或称伊、霍之勋无谢于往载；或谓良、平之划复兴于当今。虽时有忠公，而竟见排斥。举动回山海，呼吸变霜露，阿旨曲求，则光宠三族；直情忤意，则参夷五宗③。汉之纲纪大乱矣。

【注释】

① 憝（duì）：奸恶。② 刑人：指宦官。因为宦官都经过阉割，与受刑相近，所以称之为刑人。③ 参夷：夷灭三族。夷，灭。

若夫高冠长剑，纡朱怀金者，布满宫闱；苴茅分虎，南面臣人者，盖以十数。府署第馆，棋列于都鄙；子弟支附，过半于州国。南金、和宝、冰纨、雾縠之积，盈仞珍藏；嫱媛侍儿、歌童舞女之玩，充备绮室。狗马饰雕文，土木被缇绣。皆剥割萌黎，竞恣奢欲。构害明贤，专树党类。其有更相援引，希附权强者，皆腐身熏子，以自衒达①。同敝相济②，故其徒有繁，败国蠹政之事，不可单书[③]。所以海内嗟毒，志士穷棲，寇剧缘间，摇乱区夏。虽忠良怀愤，时或奋发，而言出祸从，旋见孥戮。因复大考钩党，转相诬染。凡称善士，莫不离被灾毒[④]。窦武、何进，位崇戚近，乘九服之嚣怨[⑤]，协群英之势力，而以疑留不断，致于殄败。斯亦运之极乎！虽袁绍龚行，芟夷无余，然以暴易乱，亦何云及！自曹腾说梁冀，竟立昏弱，魏武因之，遂迁龟、鼎[⑥]。所谓"君以此始，必以此终"[⑦]，信乎其然矣！

【注释】

① 衒(xuàn)达：显贵。② 敝：恶。③ 单：通"殚"。尽。④ 离：通"罹"，遭。⑤ 九服：指服从天子的全部领域。从都城郊区之外算起，由近及远，有侯服、甸服等九个等级。⑥ 龟、鼎：宝器，这里喻指帝位。⑦ 语出《左传》。

【翻译】

《周易》中说："天上垂示征象，圣人就效法它。"天上有四颗名为宦者的星，在帝座星的旁边，所以《周礼》设宦官，也符合这个数目。阍者担任王宫内各门的守卫，寺人掌管宫中的内侍和女官的戒命。《周礼》还说："王的卧室有五人侍候。"《月令》记载说："仲冬十一月，命令主管阉人的官检查门闾、谨守房室的出入开闭。"《诗经·小雅》里也有宦者所作的讽刺周幽王过失的《巷伯》一诗。可见宦官在朝廷上任事由来已久了。这是因为他们身体中的阳气不健全，所以性情专一而心无邪念，既能和宫内的人接触，又便于使唤吧？然而后世沿袭使用宦者的制度，宦者的才能和所承担的任务较前代有所扩大。他们中有才能的，如勃貂、管苏有功于晋国和楚国，景监、缪贤分别在秦国和赵国因为推荐了商鞅和蔺相如而立功。至于宦者中那些造成弊害的，就有竖刁祸乱齐国，伊戾祸乱宋国等。汉朝建国，沿用秦朝制度，设了中常侍这一官职。但也选用士人来参加中常侍官的选拔，他们都戴着上面装饰有银珰，左边垂着貂尾的帽子，在宫中和台省供职。到了吕后临朝称制，便用张卿为大谒者，出入她的住处，接受和传达诏命。文帝时有赵谈、北宫伯子很得宠信。到汉武帝，他也宠爱李延年。武帝多次在后宫宴饮，或是悄悄地到离宫别馆游玩，所以上奏机密大事，多由宦者主持其事。到元帝时期，史游为黄门令，办事勤恳忠心，对政事多有帮助。后来弘恭、石显靠着阴险奸猾得以升迁终于导致了萧、周之祸，损害和玷污了天子的美德。

东汉重建王朝之初，宦官全部使用阉人，不再杂用其他士人。到永平年间，开始定下了人员数额，中常侍四人，小黄门十人。和帝即位年幼，窦宪兄弟把持朝政，朝廷内外的官员没有能接近和帝的，跟和帝在一块生活的只有宦官而已。因此宦官郑众得以在禁宫中独自与皇帝谋划，终于诛除了大奸臣窦宪。于是郑众被封为鄛乡侯，和帝又破格提拔他为管理宫中事宜的大长秋。于是宦官的势力开始强盛起来。

从明帝以后直到延平年间，对宦官的委派任用范围逐渐扩大，而宦官的员额渐渐增加。中常侍达到十人，小黄门二十人，帽子上的装饰全部改为金珰右貂，兼任九卿等外朝官的职务。邓太后以女主身份主持朝政时，政事纷繁，朝臣议处国家大事，无法到宫廷里去参与谋划；下达诏令，不超出皇后所居的宫室，不得不任用宦者，把国家政令托给他们。这样，宦官就手操封爵大权，口含王法诏命，不再只是担任掖廷、永巷之类的职务，执行守卫皇宫门户的任务了。到后来宦官孙程立了拥立顺帝的大功，曹腾参与了拥立桓帝的谋划，紧接着靠后来封为五个侯爵的单超、徐璜、具瑗、左悺、唐衡的合谋，使外戚梁冀受到诛杀。他们的这些功绩靠的是公允正大，他们的恩情被皇帝牢牢记在心中，因此朝廷内外都服帖顺从，上上下下不敢非议。有的人称赞他们有伊尹、霍光一样的功勋，无愧于前代；有的人说张良、陈平那样高明的谋划，现在又出现了。虽然当时也有忠心为公之臣，却竟然遭到排斥。这些宦官们的举动能移山倒海，呼吸能改变人间的冷暖。对他们的旨意百般顺从，对他们的索求想方设法满足的，就光耀三族；直抒情怀、违背他们心意的，则远近亲族都要遭到夷灭。汉代的朝纲法纪乱到了极点。

那戴高冠挂长剑，佩朱绶带金印的宦官，布满宫庭之中；封列侯拜郡守，南面统治他人的宦官，恐怕数以十计。他们的府署馆第，星罗棋布在大小城市；子弟宗族及依附者，分布在超过半数的郡国；南方的黄金、和氏璧一样的美玉、细薄透明的绢纱的储藏，装满了宝库；姬妾侍女、歌童舞女一类的玩物，充斥着华丽的屋室；狗马用花绸装饰，建筑用锦绣绸缎裱糊。他们都掠夺戕害黎民百姓，争相放纵奢侈的欲望。他们诬蔑陷害贤良，专门树立党羽。甚至有相互拉扯攀引，希图趋炎附势的，都不惜自阉其身，或刑割子弟，以求显贵。他们臭味相投相互帮衬，所以党羽众多，败坏国家、祸害朝政的罪行罄竹难书。所以全国到处叹息怨恨，志士仁人无法安身，寇盗剧贼乘机而起，动摇扰乱了华夏。虽然忠良之人心怀愤恨，时而有人奋不顾身地痛斥宦官，但言出祸及，立即遭到杀害。宦官趁机又大肆掀起党锢之狱，获罪者转相诬告牵引，大凡被称为好人的，没有不遭到迫害的。窦武、何进地位崇高，是很亲近的外戚，乘天下对宦官专横日益不满之机，联合了各路英豪的力量，却因迟疑不决，反被宦官杀害而失败。这也是汉朝国运下降到极点了吧！虽然袁绍恭行天罚，将宦官斩杀罄尽，然而以暴虐取代祸乱，哪里说得上是达到了安定汉室的目的！自从曹腾劝说梁冀终于立了个昏弱的桓帝，魏武帝曹操袭用此法，挟制昏弱的天子，终于使皇帝的传国宝器为曹魏所有。所谓“你由这里开始，也必定在这点上结束”，汉朝开始宠信宦官，终因宦官而灭的情况确实就是如此！

蔡伦传

蔡伦(？—121)，东汉宦官。他考察、总结西汉以来用麻质纤维造纸的经验，创造用树皮、麻头及破布、鱼网造纸之法，在技术上也作了改进，使造纸原料来源扩大，纸质提高。造纸是我国古代的四大发明之一，对人类社会文明有着深远的影响，蔡伦在这方面作出了巨大的贡献。

蔡伦字敬仲，桂阳人也①。以永平末始给事宫掖，建初中，为小黄门。及和帝即位，转中常侍，与参帷幄。伦有才学，尽心敦慎，数犯严颜，匡弼得失。每至休沐，辄闭门绝宾，暴体田野。后加位尚方令②。

永元九年，监作秘剑及诸器械，莫不精工坚密，为后世法。自古书契多编以竹简，其用缣帛者谓之为纸③。缣贵而简重，并不便于人。伦乃造意，用树肤、麻头及敝布、鱼网以为纸。元兴元年，奏上之。帝善其能，自是莫不从用焉，故天下咸称“蔡侯纸”。

【注释】

① 桂阳：郡名。治所在今湖南郴州。② 尚方令：为尚

方的主官，尚方是主造皇室所用刀剑及玩好器物的机构。③ 纸：指丝质方形絮。

元初元年，邓太后以伦久宿卫，封为龙亭侯，邑三百户。后为长乐太仆。四年，帝以经传之文多不正定，乃选通儒谒者刘珍及博士良史诣东观①，各雠校家法，令伦监典其事。

伦初受窦后讽旨，诬陷安帝祖母宋贵人。及太后崩，安帝始亲万机，敕使自致廷尉②。伦耻受辱，乃沐浴整衣冠，饮药而死，国除。

【注释】

① 东观：为洛阳宫殿名，是国家藏书和修史的地方。按，根据《刘珍传》和《安帝纪》，此事在永初年间。② 廷尉：秦汉官名，九卿之一，掌刑狱。

【翻译】

蔡伦，字敬仲，桂阳郡人。汉明帝永平末年，开始在皇宫内廷供职，章帝建初年间，升为小黄门。和帝即位，蔡伦成为传达诏令和掌理文书的中常侍，参与政令的制定。蔡伦很有才学，尽心公事，笃厚谨慎，多次冒犯皇帝的意旨，辅助匡正皇帝的得失。每到休假日，他就闭门在家，不接待宾客，或者去郊外出游。后来升任尚方令。

和帝永元九年，蔡伦监督制作皇室丧葬所用的刀剑和其他器物，都很精良坚固，为后世所效法。自古以来的文字，多刻写在竹简上，然后编成册；那些使用缣帛的，叫做纸。缣帛昂贵而竹简笨重，对人都不方便。蔡伦于是创新设计，用树皮、麻头和破布、渔网造纸。和帝元兴元年，他将造出的纸奏上和帝，和帝很赞赏蔡伦的才干。从此以后，大家都跟着使用这种纸，因此天下都把它称作“蔡侯纸”。

汉安帝元初元年，邓太后以蔡伦在内廷日久，封他为龙亭侯，赏赐封地三百户，后又封任长乐宫太仆。元初四年，安帝因经传文字有很多错乱，没有写定，于是选派精通儒学的谒者刘珍和博士良史到东观，各以自家经师的学说校勘典籍，命令蔡伦去监管此项工作。

当初，蔡伦接受窦太后暗示的旨意，诬陷汉安帝的祖母宋贵人。等到窦太后去世，安帝开始亲自掌管朝政，敕命蔡伦自己到廷尉那里去认罪。蔡伦耻于遭受狱吏的侮辱，沐浴后，把衣服帽子穿戴整齐，服毒自尽。所封的侯国被除名。

单超等传

单超、徐璜、具瑗、左悺、唐衡，都是东汉著名宦官，因辅佐汉桓帝除掉外戚权臣梁冀，得以封侯。从此，他们左右皇帝，把持权柄，结党营私，无恶不作，与外戚集团争权夺利，势同水火，造成了十分黑暗的政治局面。

宦官专权是东汉中后期政治腐败的重要因素，宦官是人们深恶痛绝的对象之一。范晔在这篇传记中，对单超为首的宦官集团给予了无情的揭露。

单超，河南人；徐璜，下邳良城人①；具瑗，魏郡元城人②；左悺，河南平阴人③；唐衡，颍川郾人也④。桓帝初，超、璜、瑗为中常侍，悺、衡为小黄门史。初，梁冀两妹为顺、桓二帝皇后，冀代父商为大将军，再世权戚，威震天下。冀自诛太尉李固、杜乔等，骄横益甚，皇后乘势忌恣，多所鸩毒，上下钳口，莫有言者。帝逼畏久，恒怀不平，恐言泄，不敢谋之。

延熹二年，皇后崩，帝因如厕，独呼衡问："左右与外舍不相得者皆谁乎[⑤]？”衡对曰：“单超、左悺，前诣河南尹不疑，礼敬小简，不疑收其兄弟送洛阳狱，二人诣门谢，乃得解。徐璜、具瑗常私忿疾外舍放横，口不敢道。”于是帝呼超、悺入室，谓曰：“梁将军兄弟专固国朝，迫胁外内，公卿以下，从其风旨。今欲诛之，于常侍意何如？”超等对曰：“诚国奸贼，当诛日久。臣等弱劣，未知圣意何如耳。”帝曰：“审然者，常侍密图之。”对曰：“图之不难，但恐陛下腹中狐疑。”帝曰：“奸臣胁国，当伏其罪，何疑乎？”于是更召璜、瑗等五人，遂定其议。帝啮超臂出血为盟。于是诏收冀及宗亲党与，悉诛之。悺、衡迁中常侍。封超新丰侯，二万户；璜，武原侯，瑗，东武阳侯，各万五千户，赐钱各千五百万；悺，上蔡侯，衡，汝阳侯，各万五千户，赐钱各千五百万。五人同日封，故世谓之“五侯”。又封小黄门刘普、赵忠等八人为乡侯。自是权归宦官，朝廷日乱矣。

【注释】

① 良城：汉县名，在今江苏邳州东南。② 元城：汉县名，在今河北大名东。③ 平阴：汉县名，在今河南孟津东北。④ 郾：汉县名，在今河南漯河郾城南。⑤ 外舍：外戚。

超病，帝遣使者就拜车骑将军。明年薨，赐东园秘器、棺中玉具[①]，赠侯、将军印绶，使者理丧。及葬，发五营骑士、侍御史护丧，将作大匠起冢茔。其后四侯转横，天下为之语曰：“左回天，具独坐，徐卧虎，唐两堕②。”皆竞起第宅，楼观壮丽，穷极伎巧。金银罽旄施于犬马③。多取良人美女，以为姬妾，皆珍饰华侈，拟则宫人。其仆从皆乘牛车而从列骑。又养其疏属，或乞嗣异姓，或买苍头为子，并以传国袭封。兄弟姻戚，皆宰州临郡，辜较百姓④，与盗贼无异。超弟安为河东太守，弟子匡为济阴太守，璜弟盛为河内太守，悺弟敏为陈留太守，瑗兄恭为沛相，皆为所在蠹害。璜兄子宣为下邳令，暴虐尤甚。先是求故汝南太守下邳李暠女，不能得。及到县，遂将吏卒至暠家，载其女归，戏射杀之，埋著寺内。时下邳县属东海，汝南黄浮为东海相，有告言宣者，浮乃收宣家属，无少长悉考之。掾史以下固谏争⑤，浮曰：“徐宣国贼，今日杀之，明日坐死，足以瞑目矣。”即案宣罪弃市，暴其尸以示百姓，郡中震慄。璜于是诉怨于帝，帝大怒，浮坐髡钳，输作右校⑥。五侯宗族宾客虐遍天下，民不堪命，起为寇贼。

七年，衡卒，亦赠车骑将军，如超故事。璜卒，赙赠钱布，赐冢茔地。

明年，司隶校尉韩演因奏悺罪恶及其兄太仆南乡侯称请讬州郡、聚敛为奸、宾客放纵、侵犯吏民。悺、称皆自杀。演又奏瑗兄沛相恭臧罪，征诣廷尉。瑗诣狱谢，上还东武侯印绶，诏贬为都乡侯，卒于家。超及璜、衡袭封者，并降为乡侯，租入岁皆三百万，子弟分封者悉夺爵土。刘普等贬为关内侯。

【注释】

① 东园秘器：汉有官署称东园，掌王公贵族墓内器物

的制作，故称棺木为东园秘器。② 两堕：随意所为，没有准则。③ 罽(jì)：用毛织成的毡子。毦(ěr)：以羽毛作饰物。罽毦在当时是高贵的东西。④ 辜较：垄断，剥夺他人。⑤ 掾(yuàn)史：分曹治事的属吏、胥吏。⑥ 输作右校：押送到将作大将属下的右校去服役。

【翻译】

单超，河南人。徐璜，下邳国良城县人。具瑗，魏郡元城县人。左悺，河南平阴县人。唐衡，颍川郡郾县人。桓帝初年，单超、徐璜、具瑗为中常侍，左悺、唐衡为小黄门史。先前，梁冀的两个妹妹分别为顺帝和桓帝的皇后，他接替父亲梁商为大将军，两代都是执掌大权的外戚，威震天下，梁冀自从诛杀了太尉李固、杜乔等以后，更加骄横。梁皇后也仗着父兄之势，忌妒之心更加发展，很多妃嫔被她用毒酒害死，因而朝廷上下缄口沉默，没有人敢说话。桓帝被梁家势力胁迫得很久了，心中常怀不平，但又害怕走漏风声，不敢策划除掉梁冀。

汉桓帝延熹二年，梁皇后去世。一天，桓帝趁着上厕所的机会，单独把唐衡一人叫过来，问道："我身边的人与外戚有矛盾的都有谁？"唐衡回答："单超、左悺，以前去见河南尹梁不疑，礼节上稍有简慢，不疑就捉拿了单超、左悺的兄弟，送到洛阳监狱处置，单超、左悺二人登门道歉，事情才算了结。徐璜、具瑗常常暗中忿恨外戚放纵专横，只是口头上不敢说罢了。"于是桓帝叫单超、左悺进屋，对他们说："梁将军兄弟牢固地把持国家大权，胁迫朝廷内外的官员，大臣自公卿以下都唯其旨意是听。现在准备杀掉梁冀,常侍意下如何?”单超等回答说:“梁冀确实是国家的奸贼,早该诛杀。但我们力量单薄,地位低下,不知陛下意思怎样?”桓帝说:“如果真是这样,你们就秘密地筹划这件事。”单超回答:“诛杀梁冀不难,只恐怕陛下又中途犹豫退缩。”桓帝说:“奸臣威胁国家,应受到惩罚,有什么犹豫的?”于是又召集徐璜、具瑗等五人商议,作出诛杀梁冀的决定。桓帝把单超的手臂咬破出血,作为誓约。于是下诏逮捕梁冀及其宗亲党羽,全部诛杀。事后,左悺、唐衡升为中常侍。单超被封为新丰侯,食邑两万户;徐璜封为武原侯、具瑗封为东武阳侯,每人食邑一万五千户,赏钱每人一千五百万;左悺封为上蔡侯、唐衡封为汝阳侯,每人食邑一万三千户,各得赏钱一千三百万。五人同日受封为侯,所以社会上称他们为“五侯”。小黄门刘普、赵忠等八人也被封为乡侯。从此以后,朝廷大权落于宦官手中,东汉朝廷日益混乱。

单超患病,桓帝派遣使者到他家中任他为车骑将军。次年,单超去世,桓帝赏赐棺木、棺中玉器,赠予侯爵、将军印绶,又派使者料理丧事。到下葬的时候,派遣五营骑士、侍御史护送丧葬,命将作大匠修建坟茔。这以后,璜、瑗、悺、衡四侯变得专横起来,天下的人为此编出谚语说:“左悺力能回天,具瑗骄贵无偶,徐璜是只卧虎,唐衡任性胡为。”他们争相营建第宅,高楼观阁壮观华丽,极尽装饰技巧之能事。他们的狗马,也穿金戴银,用毡子、羽饰装扮。掠取很多良家美女,充当姬妾,把她们打扮得奢侈华丽,都是仿效宫女的装束规格。外出时,他们的仆从也乘坐牛车,率领着马队行进。又把他们的一些远房亲属养在身边，或者请求皇帝准许他们以异姓作为继嗣，或者买来私家的奴隶当儿子，都用他们来继承封地和爵位。他们的兄弟、姻亲，都当上了州郡长官，鱼肉百姓，与盗贼没有两样。单超的弟弟单安任河东太守；单安的儿子单匡任济阴太守；徐璜的弟弟徐盛任河内太守；左悺的弟弟左敏任陈留太守；具瑗的哥哥具恭任沛国的相，这些人都是当地的大害。徐璜哥哥的儿子徐宣任下邳县令，暴虐更加厉害。在他任下邳令以前想娶原汝南太守下邳人李暠的女儿，没有达到目的。等到他到下邳县任职后，就带领吏卒到李暠家，用车载回他的女儿，戏耍着将她活活射死，尸体就埋在官衙内。当时下邳县属于东海郡，汝南人黄浮是东海国的相，有人向黄浮告徐宣的状，黄浮就逮捕了徐宣及其家属，不管老少都进行拷问。东海的掾史以下的官吏都十分坚决地劝告黄浮不能这样做，黄浮说："徐宣是国家的盗贼，今天杀了他，即使明天我因此而获罪身死，也足以瞑目了！"即刻判处徐宣死刑，陈尸街头示众，整个东海郡为之震惊颤慄。于是，徐璜在桓帝面前诉说对黄浮的怨恨，桓帝大怒，将黄浮处以削发钳颈的刑罚，押送将作大匠属下的右校去服役。单超、徐璜等五侯的宗族宾客虐毒遍天下，老百姓无法忍受，纷纷啸聚山林，进行反抗。

延熹七年，唐衡去世，也赠封车骑将军，丧事安排一如单超先例。徐璜去世，桓帝赠送大量钱帛财物以助丧事，赐给墓葬地。

次年，司隶校尉韩演向桓帝上奏左悺罪恶，并上奏他的兄长太仆南乡侯左称打通州郡长官的关节，聚敛货财，为非作歹，门下宾客也非法妄为，侵犯一般官吏和百姓。

左悺、左称都畏罪自杀。韩演又上奏具瑗的哥哥沛相具恭贪赃纳贿罪，于是征召具恭到廷尉听审。具瑗亲自去监狱请罪，奉还东武侯的印绶。桓帝下诏贬具瑗为东乡侯，后来死在家中。承袭单超、徐璜、唐衡三人爵位的，一起被降为乡侯，每年的田租收入都为三百万钱。子弟中凡是分封了爵位、食邑的，都被剥夺。刘普、赵忠等也被贬为关内侯。

许 慎 传

许慎(约58—约147),东汉经学家、文字学家,是汉代学术的代表人物之一。所著《说文解字》,为我国第一部说解文字原始形体结构及考究字源的文字学专著,对后世影响颇大。这篇选自《后汉书·儒林列传》的小传,简明地概括了许慎的一生。

许慎字叔重,汝南召陵人也①。性淳笃,少博学经籍,马融常推敬之。时人为之语曰:“五经无双许叔重。”为郡功曹,举孝廉。再迁,除洨长。卒于家。初,慎以五经传说臧否不同,于是撰为《五经异义》,又作《说文解字》十四篇,皆传于世。

【注释】

① 召陵:今河南漯河郾城。

【翻译】

许慎,字叔重,是东汉汝南郡召陵县人。生性朴实厚重，年轻时博览群经典籍。当代大经学家马融曾对他表示推崇和敬重。当时的人有这样的说法：“在五经的学问上，没有哪一个比得上许叔重！”许慎先做过汝南郡佐吏功曹，郡里又把他举荐为孝廉。经过两次升擢，担任洨县长。许慎晚年死于家中。当初，许慎认为儒家五部经典的注释、说解是非标准不一致，于是撰写了《五经异义》一书；后又著《说文解字》十四篇，都传于后世。

逸民列传序

本文对那些超然世外的隐者，以赞扬的口吻进行了表述；指出隐士自古就有，且越往后越多；分析了隐士所以退隐的各种原因，认为他们是世间英才；希望统治者“举逸民”，请他们出山，以达到“天下归心”的理想境地。

封建社会的许多士大夫，面对腐朽黑暗的社会现实，怀才不遇，无力抗争，又不愿屈节与当权者同流合污，因此只得超脱隐遁，避居山林，以追求清静无为之志。也有的是以隐遁待征聘，求得宦达的捷速。因此对于隐士，不宜给予过高的褒扬。本篇标题为选译者所加。

《易》称：“《遁》之时义大矣哉。”又曰：“不事王侯，高尚其事。”是以尧称则天，不屈颍阳之高①；武尽美矣，终全孤竹之洁②。自兹以降，风流弥繁，长往之轨未殊，而感致之数匪一。或隐居以求其志，或回避以全其道，或静己以镇其躁，或去危以图其安，或垢俗以动其概，或疵物以激其清③。然观其甘心畎亩之中，憔悴江海之上，岂必亲鱼鸟乐林草哉？亦云性分所至而已。故蒙耻之宾[④]，屡黜不去其国；蹈海之节[⑤]，千乘莫移其情。适使矫易去就，则不能相为矣。彼虽硁硁有类沽名者[⑥]，然而蝉蜕嚣埃之中，自致寰区之外，异夫饰智巧以逐浮利者乎！荀卿有言曰："志意修则骄富贵，道义重则轻王公也。"

【注释】

① 颍阳：指巢父、许由，都在颍阳隐居。相传尧曾想让位于巢、许，他们都不接受。② 孤竹：指孤竹君的儿子伯夷、叔齐，在殷商灭亡之后不食周粟，周武王并没有难为他们。③ 疵物：鄙视富贵。④ 蒙耻之宾：指春秋时鲁国柳下惠，他三次被罢官，却仍不离开鲁国。⑤ 蹈海之节：指战国时鲁仲连义不帝秦事。他在秦围赵都邯郸时，反对魏国说客辛垣衍尊秦为帝以退秦兵的主张，并说："如果秦君为帝，我将跳东海而死。"后秦兵撤离，赵王赐给他封土，他不接受，隐居海上。⑥ 硁硁(kēng)：固执的样子。

汉室中微，王莽篡位，士之蕴藉义愤甚矣。是时裂冠毁冕[①]，相携持而去之者，盖不可胜数。扬雄曰："鸿飞冥冥，弋者何篡焉[②]。"言其违患之远也。光武侧席幽人，求之若不及，旌帛蒲车之所征贲[③]，相望于岩中矣。若薛方、逢萌聘而不肯至，严光、周党、王霸至而不能屈。群方咸遂，志士怀仁，斯固所谓"举逸民，天下归心"者乎！肃宗亦礼郑均而征高风，以成其节。自后帝德稍衰，邪孽当朝，处子耿介，羞与卿相等列，至乃抗愤而不顾，多失其中行焉。盖录其绝尘不反，同夫作者④，列之此篇。

【注释】

①裂冠毁冕：指弃官不做。冠冕，官员礼服。②篡：取。③旌帛：汉代朝廷招聘民间人才，致送束帛，以示表彰贤才，称旌帛。旌，表彰。蒲车：用蒲草裹轮的车。古代征聘隐士时使用。征贲（bì）：聘请。④作者：见机而作的人。

【翻译】

《易经》说："《遁》卦所含的退隐避世的现实意义太大了啊！"又说："不为王侯做事，把自己隐遁之事视为高尚。"所以说人们称赞尧能效法上天，却不能使颍阳隐士巢父、许由的高雅操守屈从；周武王可说是一个很完美的人物了，最终只能成全孤竹君的儿子伯夷、叔齐不食周粟的清白名声。从那以后，退隐世外的风气越来越盛，隐士退隐的行迹没有多大差别，但触发他们以至退隐的真正原因并不相同。有的隐居是为追求他的理想境界；有的避世是为了成全他的道义；有的是为了使自己清静来压制烦躁的心绪；有的是为了避开危险而寻求安全；有的愤疾世俗的肮脏而以此建树高尚的节操；有的蔑视富贵而以此激励自己的清廉品德。但是看看隐士甘心在田野江海上生活、受苦，难道他们一定是喜欢与飞禽游鱼朝夕为伴、欣赏林木花草吗？也就是由于人们的性情和天分不同所造成的罢了。因此，柳下惠虽蒙受耻辱，屡次被罢官而不愿离开他的国家；鲁仲连有抗御强暴，宁可投海而不尊秦为帝的气节，即使千乘之国国君的地位也不能让他动心、改变禀性。仅仅让他们各自的去留行为对换一下，那他们也就达不到对方的情况。他们虽然固执得几乎像沽名钓誉的人，然而他们摆脱喧闹的尘世，让自己超脱人世之外，难道不是与那些挖空心思来追逐虚浮利禄的人有很大区别吗？荀子说："树立起远大的志向就会蔑视富贵，修养成高尚的道德情操就会轻视王公。"

汉朝半途衰微，王莽篡权，有志之士满腔义愤是很强烈的。那时候弃官不做、相邀退隐的人不可胜数。扬雄说："鸿飞得高高的，想射取的人怎能得到它们啊！"是说它们躲避祸患躲得很远。光武帝侧身而坐以待隐士，访求他们十分迫切，用旌帛蒲车征聘的隐士，在山路上络绎不绝。如薛方、逢萌虽被征聘却不肯出山当官，严光、周党、王霸虽出山而不愿屈从权势。这样各方都称心，退隐志士归向仁义之主，这就是所谓"提拔被遗落的人才，天下人就会心悦诚服"的道理吧。汉章帝对郑均也能以礼相待，并且征召高凤，来让他们成就自己的节操。章帝以后的皇帝德政渐衰，奸邪当政，隐士耿直，不愿和这些达官贵人为伍，竟至于极力表达他们的激愤不回头，因而大多违背了他们的中和之志。现记录那些弃绝尘世不再归返的逸民，和那些观察时机而采取不同方式超脱的隐士，把他们列在本篇之中。

严 光 传

严光，东汉初隐士。这篇载于《后汉书·逸民列传》的严光生平，在人物形象的刻画上很成功。短短数百字，将一个隐逸高士对统治者权威所表示出的藐视生动地展现出来，充溢着奇情壮采。

严光字子陵，一名遵，会稽余姚人也①。少有高名，与光武同游学。及光武即位，乃变名姓，隐身不见。帝思其贤，乃令以物色访之。后齐国上言："有一男子披羊裘钓泽中。"帝疑其光，乃备安车玄纁②，遣使聘之。三反而后至。舍于北军，给床褥，太官朝夕进膳。司徒侯霸与光素旧，遣使奉书。使人因谓光曰："公闻先生至，区区欲即诣造，迫于典司，是以不获。愿因日暮自屈语言。"光不答，乃投札与之，口授曰："君房足下③，位至鼎足，甚善。怀仁辅义天下悦，阿谀顺旨要领绝。"霸得书封奏之。帝笑曰："狂奴故态也！"车驾即日幸其馆。光卧不起，帝即其卧所抚光腹曰："咄咄子陵！不可相助为理邪？"光又眠不应。良久，乃张目熟视曰："昔唐尧著德，巢父洗耳。士故有志，何至相迫乎！”帝曰：“子陵，我竟不能下汝邪？”于是升舆叹息而去。复引光入，论道旧故，相对累日。帝从容问光曰：“朕何如昔时？”对曰：“陛下差增于往。”因共偃卧，光以足加帝腹上。明日，太史奏客星犯御座甚急。帝笑曰：“朕故人严子陵共卧耳。”除为谏议大夫，不屈。乃耕于富春山④，后人名其钓处为严陵濑焉。建武十七年，复特征。不至。年八十，终于家。帝伤惜之，诏下郡县赐钱百万、谷千斛。

【注释】

① 会稽余姚：今浙江余姚。② 玄纁：玄，黑色。纁，浅红色。这种衣料颜色复杂，要经过六次漂染方成。古帝王征召处士用玄纁，后世因以玄纁作为币帛的代词。③ 君房：侯霸字君房。④ 富春山：在今浙江富阳。

【翻译】

严光，字子陵，又名遵，会稽郡余姚县人。年轻时，就有很大的名气，曾和光武帝刘秀在一起游历求学。刘秀做了皇帝后，严光改变了自己的姓名，隐居起来不去见刘秀。光武帝想到严光的贤能，于是下令按他的形貌特征四处察访。不久，齐国来报告：“有一个男子，身披羊裘，在湖泽中钓鱼。”光武帝怀疑这个人就是严光，马上准备好安车、币帛，派使者去征召严光。使者往返三次，严光才应召到了京师洛阳。住在屯守京师的军营中，由朝廷赐给床褥，由太官早晚给他送饭。司徒侯霸与严光是旧交,派人送来书信。使者趁便对严光说:“司徒闻知先生来到京师,他本想立即登门拜访,迫于主管的事务繁杂,因此不能亲来,希望在傍晚时,委曲你到他那里叙谈。”严光没有回答,却把笔札丢给来人记录,口授回信道:“君房先生,您做了三公这样的大官,很好。心怀仁德,辅佐大义,天下就会高兴;一味阿谀皇帝的意旨就应该处死。”侯霸得到严光的书信,就密封起来呈送光武帝看。光武帝笑着说:“狂家伙还是以前那个样子!”光武帝当天亲乘车驾去严光的住地。严光睡在床上不起身,光武帝来到他的卧房,摸着严光的腹部说:“唉!子陵,不能帮助我治理国家吗?”严光还是睡着不回答。过了一会儿,才睁开眼睛,认真地看着光武帝说:“从前唐尧圣德昭著,要让天下给巢父,巢父听到之后,马上去水边洗自己的耳朵,表示不愿听这种话。士人本有自己的志向,何必相逼呢?”光武帝说:“子陵,我竟然不能让你屈就我吗?”于是光武帝上车感叹而去。后来,又召严光进宫,叙说旧事,一连几天对坐谈话。光武帝随便地问严光:“我比以前怎样?”严光回答说:“比过去稍稍高大了一点。”接着,两人同床而卧,严光把脚压在光武帝的肚子上。第二天,太史奏报天象,客星侵犯了天上的紫微垣,离帝星非常近。光武帝笑着说:“我和老友严子陵同床共卧而已。”光武帝任命严光为谏议大夫,严光坚辞不受,随后归隐躬耕于富春山。后人把他钓鱼的地方起名叫严陵濑。建武十七年,又特别征召严光,但他不来。严光八十岁时死在家中。光武帝很伤感惋惜他,下诏给郡县,赏赐严家钱百万、谷千斛。

曹世叔妻传

本文选自《后汉书·列女传》。

曹世叔妻，即班昭（49—约 120），东汉史学家、文学家。封建社会男尊女卑，妻从夫称，所以《后汉书·列女传》首先称她为曹世叔妻。这篇传记叙述了班昭在文学、史学上的成就。

《后汉书》的《列女传》是为有特殊表现的妇女创设的，不仅注意节操，尤其重视才行品德的各个方面，与后世的《列女传》只讲封建礼教的“节烈”迥然不同。在一千多年前的封建社会中，范晔能在史书中为妇女单独立传，洵为卓见特识之举。本篇标题为选译者所加。

扶风曹世叔妻者，同郡班彪之女也，名昭，字惠班，一名姬。博学高才。世叔早卒，有节行法度。兄固著《汉书》，其八表及《天文志》未及竟而卒，和帝诏昭就东观藏书阁踵而成之。帝数召入宫，令皇后诸贵人师事焉，号曰大家①。每有贡献异物，辄诏大家作赋颂。及邓太后临朝，与闻政事。以出入之勤，特封子成关内侯，官至齐相。时《汉书》始出，多未能通者，同郡马融伏于阁下，从昭受读，后又诏融兄续继昭成之。永初中，太后兄大将军邓骘以母忧，上书乞身。太后不欲许，以问昭。昭因上疏曰：“伏惟皇太后陛下，躬盛德之美，隆唐虞之政，辟四门而开四聪，采狂夫之瞽言，纳刍荛之谋虑。妾昭得以愚朽，身当圣明，敢不披露肝胆，以效万一。妾闻谦让之风，德莫大焉。故典坟述美，神祇降福。昔夷、齐去国，天下服其廉高；太伯违邠，孔子称为三让，所以光昭令德，扬名于后者也。《论语》曰：‘能以礼让为国，于从政乎何有！’由是言之，推让之诚，其致远矣。今四舅深执忠孝，引身自退，而以方垂未静，拒而不许；如后有毫毛加于今日，诚恐推让之名，不可再得。缘见逮及，故敢昧死竭其愚情。自知言不足采，以示虫螘之赤心。”太后从而许之，于是骘等各还里第焉。

作《女诫》七篇②，有助内训。……马融善之，令妻女习焉。昭女妹曹丰生亦有才惠，为书以难之，辞有可观。昭年七十余卒，皇太后素服举哀，使者监护丧事。所著赋、颂、铭、诔、问、注、哀词、书、论、上疏、遗令，凡十六篇。子妇丁氏为撰集之，又作《大家赞》焉。

【注释】

① 大家（gū）：家，读为姑，与“姑”同。大家，女之尊称。②《女诫》七篇：一《卑弱》，二《夫妇》，三《敬慎》，四《妇女》，五《专心》，六《曲从》，七《和叔妹》。是一部主张男尊女卑、曲从夫主的著作。

【翻译】

扶风人曹世叔的妻子，是同郡班彪的女儿。名叫班昭，字惠班，又叫姬。学问广博，才智高超。曹世叔很年轻就去世了。班昭气节品行很好，一举一动都合法度。班昭的哥哥班固，写了一部《汉书》，但书中的八表和《天文志》没有来得及写完就去世了。汉和帝下诏，令班昭进入东观藏书阁，继续完成《汉书》。和帝还经常召班昭进宫，让皇后和宫中贵人们把她当作老师，称她为“大家”。每当有珍异物品贡献入朝时，和帝就诏令班昭作赋作颂。到邓太后当朝处理国事之时，班昭也参与了政事的计议。由于班昭辛勤地为朝廷与皇宫服务，她的儿子曹成被破格封为关内侯，官做到齐国的相。当时，《汉书》刚刚问世，很多人读不懂，班昭的同乡马融在藏书阁跟她学习诵读。后来，朝廷又命令马融的哥哥马续接替班昭完成《汉书》。汉安帝永初年间，邓太后的哥哥大将军邓骘因为母亲去世，上书要求辞官还乡，邓太后不想同意，向班昭征求意见。班昭因此上疏说：“臣下认为皇太后陛下，自身具备盛大美好的恩德，尊崇光大唐尧虞舜般的政治，敞开明堂四门向天下传布政教，倾听四方意见，狂妄者的无知之见、鄙陋者的主意，也加以采纳。我能够凭浅拙朽钝的能力，遇上这样光明的盛世，哪能不表白自己的忠诚，用来报效朝廷万分之一的恩德。我听说谦让的风格，是品德中最高尚的，所以古代的典籍称颂它，神灵降福保佑谦让的人。从前，伯夷、叔齐争让君位，一起离开故国，天下都佩服他们廉洁高尚；吴太伯因为让弟弟季历继承父位，自己离开了邠，孔子称赞他三让天下，这都是他们的美德光照当代、传播名声于后世的原因。《论语》说：'能够用礼让治理国家，让他治理政事有什么困难呢？'这样说来，推让的真诚，所能达到的效果就很深远了。现在四位国舅坚持忠孝的节操，主动要求辞官回乡，然而陛下因为边境还未安宁，拒不同意他们的请求；如果今后发生了细小的过错，掩盖了今日的德行，实在令人担心推让的美名就不能够再得到了。根据我的见识所知，因此冒死表尽我愚昧的心迹。我自知我的话不足采取，不过是为了显示我的微不足道的赤诚之心。"邓太后听从了班昭的意见，同意邓骘等的请求。于是，邓骘等人都各自回归家乡。

班昭写了一部《女诫》，共七篇，它有助于对妇女进行教育训诫。……马融认为《女诫》很好，叫自己的妻子女儿都学习这本书。班昭丈夫的妹妹曹丰生也很有才慧，写书对《女诫》进行驳难，文中的言词有些是值得一看的。班昭活到七十多岁去世，皇太后穿上素服表示哀悼，并派使者督察料理班昭的丧事。班昭所写的赋、颂、铭、诔、问、注、哀词、书、论、上疏、遗令，共十六篇。她的儿媳丁氏把班昭的作品汇为一集，还写了一篇《大家赞》。

乐羊子妻传

本篇选自《后汉书·列女传》。通过乐羊子妻规劝丈夫和临难守节的事迹,表彰了一个平民妇女的嘉言懿行和贞义节操。本篇标题为选译者所加。

河南乐羊子之妻者，不知何氏之女也。羊子尝行路，得遗金一饼，还以与妻。妻曰：“妾闻志士不饮盗泉之水①，廉者不受嗟来之食②，况拾遗求利，以污其行乎！”羊子大惭，乃捐金于野，而远寻师学。一年来归，妻跪问其故。羊子曰：“久行怀思，无它异也。”妻乃引刀趋机而言曰：“此织生自蚕茧，成于机杼，一丝緖而累③，以至于寸，累寸不已，遂成丈匹。今若断斯织也，则捐失成功，稽废时月。夫子积学，当日知其所亡④，以就懿德。若中道而归，何异断斯织乎？”羊子感其言，复还终业，遂七年不反。

妻常躬勤养姑，又远馈羊子。尝有它舍鸡谬入园中，姑盗杀而食之，妻对鸡不餐而泣。姑怪问其故，妻曰：“自伤居贫，使食有它肉。”姑竟弃之。后盗欲有犯妻者，乃先劫其姑。妻闻，操刀而出，盗人曰：“释汝刀，从我者可全；不从我者，则杀汝姑。”妻仰天而叹，举刀刎颈而死。盗亦不杀其姑。太守闻之，即捕杀贼盗，而赐妻缣帛，以礼葬之，号曰“贞义”。

【注释】

① 盗泉：在今山东泗水县。② 嗟来之食：《礼记·檀弓》：“齐大饥，黔敖为食于路，以待饿者。有饿者贸贸然来，黔敖曰：‘嗟，来食！’饿者扬目与视之，曰：‘予唯不食嗟来之食，以至于斯。’终不食而死。”③ 绊(guàn)：纺织丝绸的过程中，将细丝贯入机杼称绊。④ 日知其所亡：这是孔子的话。见《论语·子张》。

【翻译】

河南人乐羊子之妻，不知她是姓什么的人家的女儿。乐羊子曾经在路上行走，拾到一块别人丢失的金子，回家后，把它交给妻子。妻子说：“我听说有志向的人不喝盗泉的水，廉洁的人不接受他人轻蔑施与的食物，何况拾路上的遗物占便宜来玷污自己的品行呢？”乐羊子十分惭愧，于是把拾来的金子丢弃到田野里，远离家乡去寻师求学。一年以后，乐羊子回家来了，妻子跪着问他回来的原因。乐羊子说：“出去长久了，想念家里的人，没有其他特殊原因。”于是，妻子拿起刀来走向织机，说道：“这些织物是从蚕茧抽出丝，再由机杼织成的，一梭子一梭子地积累，才能织到一寸长，一寸一寸不停地积累而不停歇，终于织成一丈一匹。现在如果把这织物割断了,就会失去将要取得的成功,耽搁、浪费时间。君子积累学识,应当‘每天都知道自己所缺乏的知识’,来造就美德。如果你学到半路就回来,与割断这织物有什么两样呢?”乐羊子被她的这番话感动了,又回去修完了学业,竟然有七年没有回家。

乐羊子妻时常亲自奉养婆婆,十分殷勤,还要给远方的乐羊子送去物品。一次,邻居家的鸡误入她家的园子,婆婆把鸡偷偷捉住杀了做菜吃,乐羊子妻看着鸡,不吃饭,流下眼泪。婆婆感到奇怪,问她是什么原因,她说:“我伤感我们贫穷,以致让饭菜中有别家的鸡肉。”婆婆终于把鸡肉倒了。后来,强盗想欺辱羊子妻,就先把她的婆婆抓住。她听到后提着刀走出来,强盗说:“放下你的刀,听从我,你们可以保全;不听从我,就杀你婆婆。”她仰起头来长叹,举刀自刎而死,强盗也没有杀她婆婆。太守知道这件事后,马上派吏捕捉强盗,将他处死,同时赐予绢帛为乐羊子妻办丧事,按照礼仪安葬她,赠号为“贞义”。

编 后 记

2011年我社出版了“古代文史名著选译丛书（134种）”，该丛书是由全国高校古籍整理委员会主持，汇集北京大学、复旦大学等十八所高校古籍所专家学者力量完成的一部高水平、高质量的传统文化普及读物。出版后也得到了读者认可，获得业内好评。

该丛书于2016年入选国家新闻出版广电总局评选的“首届向全国推荐中华优秀传统文化普及图书”名单。为了更好地传播优秀传统文化，我们从中精选了30种文史经典，重新修订、设计，作为珍藏版呈现给读者。

中华优秀传统文化不仅是中华民族的宝贵财富，也是中华民族的精神家园。凤凰出版社谨向为本丛书的编辑出版付出巨大心血的专家学者致以崇高敬意！

古代文史名著选译丛书（珍藏版）书目

书名	译注者	审阅者
论语注译	孙钦善	宗福邦
老子注译	张玉春　金国泰	安平秋
庄子选译	马美信	章培恒
孟子选译	刘聿鑫　刘晓东	黄　葵
荀子选译	雪　克　王云路	董治安　许嘉璐
诗经选译	程俊英　蒋见元	刘仁清
楚辞选译	徐建华　金舒年	金开诚
左传选译	陈世铙	董治安
史记选译	李国祥　李长弓　张三夕	安平秋
汉书选译	张世俊　任巧珍	李国祥
后汉书选译	李国祥　杨　昶　彭益林	许嘉璐
三国志选译	刘　琳	黄　葵
资治通鉴选译	李　庆	黄永年
文心雕龙选译	周振甫	黄永年
世说新语选译	柳士镇　钱南秀	周勋初
颜氏家训选译	黄永年	许嘉璐
陶渊明诗文选译	谢先俊　王勋敏	平慧善
李白诗选译	詹　锳等	章培恒
杜甫诗选译	倪其心　吴　鸥	黄永年
李商隐诗选译	陈永正	倪其心
王维诗选译	邓安生　刘　畅　杨永明	倪其心
苏轼诗文词选译	曾枣庄　曾　弢	章培恒
李清照诗文词选译	平慧善	马樟根
辛弃疾词选译	杨　忠	刘烈茂
王阳明诗文选译	吴　格	章培恒
唐才子传选译	张　萍　陆三强	黄永年
徐霞客游记选译	周晓薇　马雪芹　焦　杰	黄永年　马樟根
阅微草堂笔记选译	黄国声	安平秋
西厢记选译	王立言	董治安
聊斋志异选译	刘烈茂　欧阳世昌	章培恒